JN430508

흰 연꽃의 눈

흰 연꽃의 눈

맹난자 지음

도서
출판 북인

무無에 이르는 도정道程이었다

여든네 번째 가을을 맞는다.
몸이 떠나기를 기다리며
묵은 곳간을 털었다.

심연의 바닥에 두레박을 기울였으나
더는 퍼올릴 것이 남아 있지 않았다.

여기 수록된 글들은 없어져도 무방할
그림자의 잔해.

양피지 위에 썼다가 지운, 그리고 다시 눌러쓴 글자들.
결국은 무無에 이르는 도정道程이었다.

창밖 까마귀가 가아 가아 가라고 한다
바람 따라 갈란다

허수입虛受入

등 뒤에 와닿는 가을 햇살이 따스하다.
참 좋다.

　변변찮은 이 글이 유고집이 되지 않도록 애를 써준 제자 허순애
와 원고 정리를 도와준 한복용, 그리고 도타운 신의로써 다섯 번
째 수필집을 발간해준 도서출판 북인의 우의友意는 잊을 수 없다.
아울러 책을 읽어준 독자에게도 감사드린다. 감사드릴 게 많은 세
상을 향하여 허리를 굽힌다.

2025년 가을
맹난자 합장

| 차례

이 봄날에
— 어떻게 살 것인가

사방에 봄꽃이 한창이다. 인적이 끊어진 봉분에도 봄볕이 흐르고 새싹이 돋아 있겠지. 삭발한 두상같이 손끝에 싸르르 까끌한 이백의 무덤을 손으로 쓰다듬으며 청산을 다녀온 지도 어느새 20여 년이 지났다.

약해진 시력 탓인가, 요즘 들어 입성은 허름하나마 예의 바른 두 촌부의 모습이 자꾸만 눈앞에 어른거린다. 이백의 두 딸이다. 이유는 알 수 없다. 왜 그녀들이 나의 심상을 지배하는지.

이백李白(701~762)이 죽고 50년 뒤, 그와 교유가 깊었던 법륜의 아들 범전정이 환남 지방의 관찰사로 부임했다. 그는 부임하자마자 이백의 후손을 찾기 시작했다.

삼사 년 뒤, 겨우 손녀 두 사람을 찾아냈는데 둘 다 농부의 아낙이 되어 있었다. 이백이 사랑하던 외아들 백금은 평생 관직에 나아간 적도 없었고 아버지가 서거한 30년 뒤에 세상을 떠났다. 아낙들은 자신들에게 오빠가 하나 있었지만, 아버지가 죽자 집을 나간 뒤 소식이 끊겼다는 것과 할아버지의 무덤이 고총처럼 무너져가고 있다는 사연과 생전에 할아버지가 남조南朝의 시인 사조謝兆와 인연이 깊은 사 씨네 청산을 몹시 사랑했다는 이야기를 범전정에게 털어놓았다. 범전정은 손녀들의 소원을 듣고 용산 동마에 있던 이백의 무덤을 당도 동남쪽의 청산으로 옮겨주었다. 관찰사가 원하는 바를 묻자 세상에 대해 아무 바라는 바 없이 소박한 그녀들도 어느 날, 볕바른 산비탈에서 백골이 되었겠지.

"어미 잃은 가여운 딸 평양과 어린 아들 백금을 걱정하며 누가 등을 어루만져주랴"며 애처로워하던 이백의 식솔들이다. 따뜻한 봄볕 아래에서 나는 시인 이백을 생각한다.

봄밤, 복숭아와 오얏꽃이 핀 뜰에 친족들이 모여 시회詩會를 열며 그는 다음과 같이 포문(「춘야연도이워서春夜宴桃李園序」)을 열었다.

"대저 하늘과 땅이라는 것은 만물의 주막집이며 시간이라는 것은 백대百代의 지나가는 나그네일러라. 거품 같은 인생[浮生]이 꿈과 같으니 그 기뻐함이 얼마나 되겠는가. 옛사람이 촛불을 잡고 밤에 논 것은 참으로 까닭이 있음이로다."(하략)

"거품 같은 인생이 꿈과 같으니而浮生若夢"를 소리내어 외운다.

이백은 한때 신선술과 연금술에 빠져 스스로 '방사方士'가 된 몸이라며 '불사약을 얻어 봉래, 영주로 높이 날 수 있으리'(「유태산遊泰山에서」)라 했지만 결국 그는 사공謝公의 청산에 묻혔다.

수메르의 우루크 왕 길가메시는 친구의 죽음을 보고 죽지 않겠다는 결심으로 영생永生을 찾는 일에 빠져 초원을 헤매었다. 어느 날 그는 여인숙을 지키는 포도주의 여신과 만났다.

"길가메시. 자신을 방황으로 몰고 있는 까닭은 무엇 때문인가요? 당신이 찾고 있는 영생은 발견할 수 없어요. 신들은 인간을 창조하면서 인간에게는 필멸必滅의 삶을 배정했고, 자신들은 불멸不滅의 삶을 가져갔지요. 길가메시, 배를 채우세요. 매일 밤낮으로 즐기고 매일 축제를 벌이고 춤추고 노세요. (…) 이것이 인간이 즐길 운명인 거예요. 그렇지만 영생은 인간의 몫이 아니지요."(「길가메시 서사시」 347쪽)

길가메시는 우트나피쉬팀에게 불로초를 얻었지만 그것을 뱀에게 강탈당하고 만다. 몹시 좌절한 그에게 우트나피쉬팀이 일러준 말도 포도주 여신의 말과 다르지 않았다.
"슬퍼한다고 죽지 않는 것이 아니다. 집으로 돌아가 재미있는 일을 하며 아름다운 여자를 사랑하라."

4816년 전의 영웅, 길가메시가 우리에게 들려주고 싶었던 "어떻게 살 것인가?"에 대한 답도 이것이었다. 이에 생자필멸生者必滅을 되뇌던 임어당林語堂의 충고가 떠오른다.

"목숨은 오직 하나뿐, 그러니 즐겁게 누려야 한다. 헛되이 영원을 바란다면 이 지상 생활의 건전한 즐거움은 깨지고 만다. 즐겁기 위해 노력해야 한다"고 말하면서 인생의 명암을 그대로 받아들여 자신은 불편함이 없다고 했다.

천의天意에 따르는 길이 도道라고 임어당은 언급한다. 천도天道에 순천順天하는 사상이야말로 중국적 자연관이다.

봄날, 백대의 이 나그네는 하릴없이 에피큐리언(길가메시, 몽테뉴, 셰익스피어, 이백, 임어당)들의 행적을 더듬어보고 있다.

몽테뉴는 낙마落馬 사고로 죽음을 경험한 뒤, 빈사 상태에서 느낀 미묘하고도 둥실 떠 있는 기분을 삶에 도입하려 애썼다.

"어떻게 살 것인가? 인생은 그 자체의 목표이자 목적이다."

몽테뉴의 이 구절을 특히 좋아한 사람은 버지니아 울프였다. 몽테뉴는 병세가 깊어지면서 자신은 벌써 인생의 즐거움에 대한 집착이 줄어들었고 그 효용과 쾌미快味를 점차 잊어버리게 되었으므로 전처럼 두렵지 않은 눈으로 죽음을 바라보고 있다고 했다. 그는 오히려 건강한 때가 병에 걸렸을 때보다 훨씬 병을 두려워했다는 것을 알아차리게 되었다고 한다.

우리의 모든 날은 죽음으로 달음질치고 있다. 마지막 날에는 모두 거기에 도달할 것이다. 그러니 자연을 넘어서려는 오만함, 부질없는 야망을 버리고 전적으로 자연에 맡기라고 충고한다. 결국 몽테뉴 삶의 지혜도 '즐기자. 떳떳하게 즐기자'로 요약된다.

『생활의 발견』에서 임어당이 말한 "인생에는 목적이나 의미가 반드시 있어야만 한다고 생각지 않는다"는 대목에 밑줄을 그었던 일이 떠오른다.

"이렇게 살고 있는 것으로 족하지 않은가?"

그의 질문을 다시 반문反問해본다. 이 확실한 체감體感 말고 무엇이 더 있겠는가.

영혼과 진리를 알고 싶어했던 파우스트 박사, 아니 괴테를 또 생각한다. 늘 운이 좋은 사람으로 치부되었으나 자신의 인생에는 노력과 근심만이 있었을 뿐이라는 괴테는 60년의 퇴고를 거쳐 『파우스트』에서 인생 대단원의 막을 이렇게 내린다.

황제에게 봉토받은 습지를 낙토樂土로 만들기 위해 조수와 싸우며 그는 이렇게 외친다.

"자유도 생명도 그것을 매일매일 싸워 얻는 자만이 누릴 자격이 있는 것."

백 살이 된 파우스트는 '나는 지금 최고의 순간을 누린다'며 눈을 감는다. 그의 영혼을 안고 나타난 천사들이 공중에서 노래한다.

"영靈의 세계에서 거룩한 한 사람이 악의 세계에서 구원되었도다. 언제나 노력하며 애쓰는 자를 우리는 구할 수가 있다."

스물두 살의 괴테는 어느 날 셰익스피어를 읽고 이렇게 외쳤다.

"그의 첫 페이지를 읽고 나는 평생 그의 것이 되었다. 첫 번째 작품을 다 읽고 났을 때, 나는 마치 선천적인 장님이 기적의 손에 의해 시각을 찾은 것 같은 느낌이었다."

천재가 천재를 알아보는 모양이다. 괴테와 달리 셰익스피어는 초등학교 학력밖에 없었다. 가세가 기울어 밑바닥에서부터 온갖 잡역을 가리지 않고 견뎌낸 그의 눈물과 고통. 인간에 대한 기미機微와 통찰, 그것이 그의 작품 속 캐릭터들을 만들어냈을 것이다. 4대 비극과 5대 희극의 인물들을. 생의 달관자 임어당은 셰익스피어를 가리켜 "대자연 그 자체와 같았다"고 적었다. 종교적이지 않으면서도 인생을 넓게, 있는 그대로 바라보았으며 "그는 그저 살았고 인생을 보았고, 그리고 죽은 것에 지나지 않았다"고 찬탄했지만, 그는 단지 '그저 산' 게 아니었다. 그는 힘껏 살았고, 최선을 다해 살았으며, 인생의 허망함과 무의미함을 보았고, 모든 것을 수용한 채, 담담히 죽어갔다고 해야 옳을 것이다.

'언제나 노력하며 애쓰는 자,' 생의 완성자라 불린 괴테와 셰익스피어를 떠올린다. 그리고 밤에 촛불을 잡고 놀자던 이백, 인생을 즐기라던 길가메쉬와 몽테뉴, 임어당을 생각한다. 떨어지는 봄꽃 사이로, 이 봄날에 나는 또 어쩔 수 없이 그들의 무상無常한 비애를 거기에서 만난다.

『인간·철학·수필』(제3집) 2021년 10월

눈 온 날 아침

이른 새벽, 은총처럼 눈이 내린다. 싸락싸락.

헐벗은 나뭇가지와 칙칙한 땅은 점점 두께를 더하는 흰 옷으로 남루를 벗는다. 어느새 풍요로운 순백의 세상이 펼쳐진다. 그것을 바라보는 내 마음도 따라서 순일純一해진다.

'가을 물은 하늘과 더불어 한 빛깔이라秋水共長天一色'던 시인 왕발王勃(「등왕각」)도 나와 같은 심정이었을까. 나는 지금 하늘과 땅과 더불어 '천지공설 아일색天地共雪 我一色'으로 마음은 온통 흰 빛깔로 눈이 부시다. 마음은 본래 없다는데 무엇이 이토록 내 마음을 순일한 세계로 이끄는 것일까. 만약 눈앞에 펼쳐진 대상雪境이 없다면 그리고 그것을 바라보는 눈眼根이 없다면, 또한 그것을 판단하는 인식識이 없다면 그래도 마음이 생겨날 수 있을까. 불가에서는 마음이란 근·경·식이 상호 연기적 작용을 통하여 펼쳐낸 세계라고 말한다.

영국의 철학자 데이비드 흄(1711~1778)도 '마음은 어떤 관계에 의해 결합된 상이相異한 지각知覺들의 모음에 불과한 것'이라고 언급한 것처럼 마음은 우리의 감각기관(눈·귀·코·혀·몸)이 대상을 따라 일으킨 인식 작용의 표출이다. 따라서 대상이 없다면 마음도 일어나지 않는다. 그리고 보면 마음 또한 인연으로 생겨난 것이다. 인연으로 생겨난 것은 본래 실체가 없다는 의미가 아닌가.

털장갑을 끼고 눈 덮인 홍제동 뒷산에 올라 화장터 굴뚝에서 피어오르는 연기를 오랫동안 마주한 적이 있었다. 이장移葬 공고를 받고도 놓쳐버린 동생의 시신을 떠올리며 속죄의 눈물로 서 있던 65년 전. 야산을 덮은 흰 눈밭과 하늘로 퍼지던 허연 잿빛 연기 속에서 동생의 실체를 느껴보려 애썼다. 수시로 모양을 달리하며 하늘을 유영하는 구름들은 생사의 실체 없음을 기표記標하는 통고로 다가왔다.

돌을 던지면 쨍! 하고 갈라지듯, 유리처럼 투명한 겨울 하늘. 의식은 더없이 맑은데, 내가 디딘 땅은 비현실 같았다. 상실, 슬픔, 고통의 세월이 흐른 뒤 그것들은 모두 비현실로 지나갔다. 마음은 본디 없다고 하는데, 그렇다면 나의 슬픔과 분노는 다만 생각이 그린 허공의 붓 자국 같은 것이었을까. 시간이 흐른 뒤, 감정은 점점 여과되고 그것들은 모두 들판의 신기루처럼 여겨졌다.

지금 내 눈앞에 가득 들어찬 순백의 고요가 나를 적멸寂滅로 이끈다. 목전의 설경을 바라보며 눈의 시원始原은 어디로부터일까. 그리고 나의 존재는? 하는데 갑자기 전구가 나간 듯, 눈앞의 풍경도 사라지고 나도 없다. 설경雪境의 공성空性인가.

텅 빈 적막, 눈 온 날 아침에 내가 마주한 세상이다.

문학人신문, 2025년 6월 19일자

존재자가 존재를 보다

한밤중, 누웠다가 일어나 앉기를 서너 차례. 결국 아예 일어나 앉고 말았다.

전류가 흐르듯 손가락이 타는 듯이 아픈데 진통제도 듣지 않는다. 그나마 일어나 앉으면 조금은 덜하다. 이 증세는 여성, 노인, 당뇨병 환자에게 많다고 하는데 이 세 가지 모두에 해당된다. 울퉁불퉁 평탄치 못한 길을 오래 달려온 수레가 망가진 탓이다. 파거破車는 불행不行이요, 이제 수레를 버릴 때가 온 것 아닌가.

망가진 뇌를 의식하며 신경만으로 살고 있다고 외친 일본의 어느 작가처럼, 예리한 통증으로 나는 내 몸이라는 현존을 자각한다. 혈관장애, 아무래도 가장 두려운 건 코마 상태이다. 불편한 몸으로 나날을 지낸다. 오른손이라 밥을 먹기도, 글을 쓰기도 어렵다. 어떤 인연에 의해 가합假合된 이 존재가, 한시적인 이 무상無常한 존재가 결국은 사라질 것이면서도 한밤중에 깨어나 지금 여기

유니크하게 존재하고 있다.

금년에는 봄이 빠른 탓일까, 꽃들도 서둘러 피고 진다. 형상形相이 있는 것은 영원할 수 없다. 분분히 날리는 꽃잎을 보며 료오칸良寬선사의 시구를 떠올린다.

'떨어지는 벚꽃, 남아 있는 벚꽃도 떨어질 벚꽃'

현존現存의 자각, 이 시구가 현존재를 일깨우며 무상無常의 법문으로 다가온다. 현존재는 종말에 와 있는 존재가 아니라 종말에 이르는 존재, 즉 '죽음에 이르는 존재'라고 설파한 하이데거가 문득 떠오른다. 그는 노자『도덕경』을 번역하면서 주관과 객관이 무너진 세계, 분별 이전의 세계를 파악하며 의식이 끊어지면서 에고가 무너질 때, 드러나는 것을 '존재사건'이라고 불렀다. 존재자(생멸·현상)가 아니라 '존재' 자체實有(본질)에 주목하는 성숙한 인간이 되자고 한다.

『두이노의 비가』에서 "존재하라. 그리고 동시에 비존재의 조건을 알라"던 릴케도 겹쳐 떠오른다. 비존재의 조건을 알 때, 인간은 사유모워긴다는 것이다. 존재와 비존재, 유有와 무無, 현상과 본질을 생각하게 된다.

작용은 있으나 형체가 없는 도道. 그게 나를 여기까지 이끌었다. 본질[体]은 현상[用]과 다르지 않다. '생멸멸이生滅滅已 적멸위락寂滅爲樂'임을 안다. 즉 생멸은 무자성이기에, 본래 적멸인 것이다.

불가에서 오온개공五蘊皆空을 깨달은 경지에서는 더 이상 죽음이 존재하지 않는다고 한다. 죽은 것은 육신이지 본질적 자아가 아니기 때문이다. 무아적 존재인 이 몸에 '나'는 없고. 나의 주재主宰도 없다. 그런데 무엇이 삼경三更에 벌떡 일어나 푸르른 달빛과 마주하고 있는가. 거실 창문을 통해 들어온 달빛은 지금 나를 둥근 원 안에 감싸고 있다. 존재가 존재자를 보는 것일까?

파란색 조명 안에 칼 차고 앉은 춘향의 옥사 풍경이 눈앞을 스쳐간다. 내가 잠시 그녀의 모습이 된 듯하다. 또 다른 옥사 풍경이 내 심상을 지배한다. 처형이 집행되기 전날, 좁은 독방에 갇힌 뫼르소(「이방인」의 주인공)가 떠오른다.

"그는 창문으로 흘러드는 별빛 찬란한 밤하늘과 고요. 저 무관심한 자연과의 합일에 스스로 행복감에 젖는다"고 작가는 썼다. 찾아온 사제를 쫓아버리고, 희망조차 버린 뫼르소의 마음에는 그 어떤 것도 머물지 않으리라. '저 무심한 자연과의 합일' 그의 마음이 되어본다. 무념無念 그리고 텅 빈 고요뿐. 나 또한 아무것도 바라지 않는 그의 무심無心에 용해되고 마는 것이다. 마음을 일으키는 어떤 경계도, 대상 또한 없다. 죽음에 대해 아무런 유감이 없다. 적막 속의 충일充溢이랄까. 나는 '행복' 대신 평정平靜이라고 쓰고 싶다. 몸이 겪는 아픔을 데리고 시린 달빛 속에 우두커니 앉은 그 사람은 이제 비존재非存在로의 환원還元을 꿈꾼다.

『인간·철학·수필』(제5집) 2023년 9월

흰 연꽃의 눈

일본 작가 나쓰메 소세키의 만년처럼, 요즘 나도 거실 창밖 유리문 안에 갇혀 지낸다. 계절의 순환을 그저 바깥 풍경에 의지해 느낀다. 기척 없던 나무에 연둣빛이 감돌더니 목련꽃이 만개했다. 생명으로 눈부신 봄, 우리 부부는 거실과 안방에서 불편한 호흡으로 이 봄을 건너고 있다. 약봉지를 찢어 그의 손바닥에 수북이 올려주면 "이렇게 오래 살게 해서 무얼 해?" 콧줄에 의지하고 있는 지아비의 말에 대꾸할 말조차 옹색하다.

요즘 내 가슴속에서도 누군가 가느다란 실로 현絃을 켜는 것처럼 작은 풀벌레 소리가 난다. '꾸꾸' 할 때도 있고 명부冥府에서 보내는 타전인가 하다가 개의치 않기로 한다. 활짝 핀 목련 꽃잎들이 뒤틀린 사지로 나를 바라보고 있다. 저렇게는 되지 말아야 할 텐데….

내가 해야 할 일은 90세의 환자를 선종善終으로 배웅하고, 이 몸도 낙화洛花하는 일이다.

오늘 따라 늘 그 자리에 있었건만 잊고 지냈던 거실 좌측 벽면의 액자가 눈길을 붙잡는다.

'유마불이문維摩不二門'

50여 년 전, 은사 김구용 선생께서 써주신 글귀이다. 거기에 김동화 선생님의 차분한 음성도 실려온다. '생사즉열반生死卽涅槃' '번뇌즉보리煩惱卽菩提'. 『금강경』 강의를 마치고 선생께서 택한 교재가 『유마경』이었다. 『유마경』은 『금강경』처럼 반야부의 일부로, 선생께서는 당시 대학생 연극에 몰두한 나를 배려하신 듯 이 경전이 극적 구성으로 되었음을 몇 번씩이나 강조하셨다.

책이 귀하던 1965년, 광우 스님께 책을 빌려와 사무실에서 봉조棒組로 긁어 등사관 인쇄로 일요일 아침마다 가져갔건만 귀에 남은 것은 '생사즉열반' '번뇌즉보리(지혜)'가 둘이 아니라는 불이不二의 말씀이었다. 생사生死 따로, 열반涅槃 따로 있는 게 아니라 그 둘이 '즉卽해 있다는 것을 알아라' 넌지시 말씀하시는 것 같다.

생사불이生死不二, 생사일여生死一如. 거기에 머물러 있던 내 관점이 오늘은 왜 그 '즉卽' 자에 휘감겨 드는지 알 수 없다.

번뇌를 떠나 보리(지혜)가 따로 있는 게 아니라 그 둘이 즉卽해 있다는 것. 생사와 열반이 따로 있는 게 아니라 서로 함께한다는 것은, 파도가 물을 떠난 적이 없듯 '생사와 열반이 상공화相共和'라는 말씀(법성게)이 아닌가. 파도의 현상이 곧 바닷물의 본질이요,

26

현상과 본질이 등배 지간이듯 파도와 바닷물은 둘이 아니다. 분단分段 생사하는 우리의 현상이 곧 열반적정涅槃寂靜이요, 본질이라는 그 관계성을 더듬어보게 된다.

저 목련나무의 꽃이 다 떨어진 날, 나무는 다시 한가한 평정심에 들리라. 나 또한 그렇게 하리라. 모든 존재는 연기緣起이므로 실체가 없는 공空이다. 그러나 인연으로 발생한 현상으로서의 존재는 유有가 아닌가. 있으면서 없는 '색즉시공色卽是空'이요, 없으면서 있는 '공즉시색空卽是色'이다. 있는 것도 아니고 없는 것도 아닌 그 '즉卽'에서 비유非有와 비무非無, 진공묘유眞空妙有를 깨닫는다. 현상과 본질, 생사와 열반, 이 둘이 서로 맞물려 연관되어 있다는 것은 대립과 모순이 기실은 하나라는 것, 그것이 궁극적 진리가 아닐까 한다. 무아無我에서 진아眞我를 생각하게 된다.

김동화 선생님 댁으로 『신행불교』 원고를 받으러 간 어느 날, 선생님께서는 내게 불명을 내려주셨다. 『실상묘법연화경實相妙法蓮華經』에서 따와 '실상實相'이라 하셨다. '실상'은 있는 그대로의 타타타tathātā, 진여眞如를 말함이다.

『연화경』의 연꽃은 꽃과 열매를 동시에 품고 있는 화과동시花果同時다. 원인과 결과가 동시에 있다. 마치 임신한 여인의 태胎 속에 이미 죽음이 싹트고 있는 것처럼, 생과 사가 즉卽해 있다. 모양은 변했지만 그 본질은 그대로 있다. 후설을 빌려오자면 그것은 본질을 드러내는 '형상적形相的 환원'이다. 그 연꽃의 화과동시는 음과 양을 한몸에 지닌 듯하다. 생사라는 것도 기실 음과 양의 대대처럼 보이나 그것들은 서로 꼬리를 품고 있는 부음이포양負陰而抱陽인 것이다.

일태극一太極 안의 음양처럼, 그것들은 대립이 아닌, 모순과 대립을 초월한 '상공화相共和', 그 상보성이 생사生死의 본질이 아닐까 싶다.

오래 전 내게 역易을 가르쳐주신 노석老石 유충엽 선생이 지어주신 호는 관여觀如이다. 모든 존재의 여여如如한 모습을 있는 그대로 관觀하라는 '관여'. 이 또한 '실상實相'과 다르지 않은 동의어이다. 두 분 선생님의 심장深臟한 의중을 짐작해본다.

무슨 인연일까. 나의 어머니 이름은 김묘연金妙蓮. 김구용 선생은 '백화시실白華詩室' 주인의 당체시다.

관여 실상實相은 흰 연꽃의 눈, 그 이슬방울에서 생과 사의 즉卽을 본다. 나 이제 그만 공기空氣 속으로 돌아갔으면 한다.

『인간·철학·수필』(제7집) 2025년 9월

나의 수필 행로

짧아진 햇볕 사이로 나뭇잎들의 귀근歸根을 바라본다. 내게 허여된 시간은 얼마나 될까. 의자를 당겨 앉아 지난 내 글들을 뒤적여본다. 화전민의 밭고랑처럼 이어진 내 삶의 궤적들. 자유당 시절, 타의로 일찍 옷을 벗어야 했던 젊은 가장의 좌절과 분노. 아끼던 책을 모두 없애고 집을 줄여 이사온 셋집에서 남동생이 뇌염으로 숨졌다. 중학교 1학년. 장남을 잃은 아버지는 밤마다 약주를 드시고는 '한 많은 미아리 고개'를 외쳤고, 초점을 잃은 눈에 점차 말이 없어진 어머니.

나는 방문을 닫아걸고 거미줄 같은 원고지 칸에 매달려 있었다. 명색은 콩쿠르에 낼 작품을 쓰는 거였지만, 실은 도피할 수 없는 한계상황에 대한 나의 사투였다. 펜에 잉크를 찍어 손가락이 아프도록 글을 쓰고, 파지를 거듭하던 고등학교 2학년 시절에 난 슬픔을 알았다. 슬픔과 함께 파스와 나이드라지드를 한 움큼씩 먹어야 했다. 대학생이 되어 식구들 모르게 동생의 무덤을 자주 찾았다. 그곳에 가면 마음이 편안했다. 허난설헌의 「곡자哭子」를 읽어주며 오누이의 정을 다지기도 했다.

심약한 어머니는 고통을 감내하지 못하고 쉰도 못 다 채운 나이에 빈집에서 혼자 운명하셨다. 사인은 심장마비. 죽음은 정말 예고가 없었다. 내 밑에 동생을 셋이나 놔두고 어찌 눈을 감으셨는지. 어린아이를 셋씩이나 두고 자살한 남편의 시신 앞에서 "여보, 오히려 잘 되었네요"라고 중얼거리던 아쿠타가와 류노스케 부인의 말을 곱씹게 된다.

"잘 되었다니…."

류노스케는 생후 7개월경 어머니가 정신이상을 일으켜 외삼촌에게 양자로 입적되었다. 어머니의 광기가 유전될지도 모른다는 공포감이 평생 그를 괴롭혔다고 한다. 작가로 촉망받게 되자 그를 다시 찾아가려는 친부와 양부 사이에서 그가 토로한 말은 "인생의 비극 제1막은 부모 자식이 되었다는 데서 비롯되었다"는 것이었다. 그는 죽기 얼마 전, "나의 어머니는 광인이었다"로 이야기를 털어놓기 시작했다.

그가 『죽은 자의 명부』에서 밝힌 어머니의 '마르고 가녀린 옆얼굴'이라는 대목에서 나는 내 어머니의 얼굴을 떠올렸다. 그의 어머니는 왜 광인이 되었을까? 큰딸의 참척, 두 달 뒤에 태어난 아들 아쿠타가와를 액년厄年에 태어난 자식이라서 거리에 내다버린 슬품, 제일 믿고 의지하던 오빠의 죽음. 방탕한 남편의 외도와 혼외 자식. 그 모든 것들이 산후우울증과 겹쳐 마음의 병이 된 것이었다. 여자의 생애 중 자녀의 참척과 남편의 외도만 한 상처가 또 어디 있으랴. 6·25 피란 중, 병사한 내 여동생은 거적에 싸여 지게에 실려나갔다. 두 분은 죽은 나이도 40대, 내상內傷도 비슷했다. 천재적인 작가로서의 아쿠타가와를 나는 좋아했지만 다른 한편, 내 무의식은 광인의 어머니를 둔 그의 고통에 동참된 것이 아니었나 싶기도 하다.

우리는 무의식을 통해서 마음의 흐름을 읽을 수 있다. 그동안 내 발길이 닿은 곳은 작가들의 묘지이거나 모파상이 혼자 숨진 블랑시 박사의 정신병원, 혹은 보들레르가 눈을 감은 돔가의 정신병원 등이었다. 쇠창살이 촘촘한 1층 창가를 온통 덩굴장미가 붉게 덮고 있었다. 이른 아침, 그때 영문도 모르는 한 컷의 장면이 떠올랐다. 쇠창살 안에 타인처럼 앉아 있던 어머니의 모습. 그리고 한약 냄새가 나는 의원 집으로 엄마를 보러가면 물끄러미 건너다보실 뿐, 점심밥만 먹고 돌아나오던 서운한 발길. 자동차 바퀴가 지나간 자리에 고인 빗물, 가솔린의 분광 현상인지 수은 같은 액체 속에 무지갯빛이 어른대다가 금세 연분홍빛으로 바뀌어버렸다. 그 앞에 쪼그려 앉아 있던 일곱 살짜리 계집애는 60여 년이 흐른 어느 날, 진달래꽃잎을 한 장 따서 손톱 끝으로 눌러보았다. 손끝에 닿는 물기, 눈물 같아서 미안했다. 자세히 들여다보니 말간 분홍 꽃 속에 감추어진 멍든 보랏빛의 아픔. 그것이 참고 있는 듯, 엄마의 속마음 같았다. 진달래꽃 빛깔은 어머니가 자주 입으시던 한복 색이다.

작은 웅덩이 속에 갇혀 있던 나만의 한 세계. "연분홍 치마가 봄바람에 휘날리는 영상 화면에 유혼遊魂처럼 서 계시던 어머니"(「뒤늦게 찾아온 이 빛깔은」)라고 써놓고 갑자기 북받쳐오르는 뜨거운 것을 삼켜야 했다. 순간 내 몸 안에 갇혀 있던 슬픔의 세포들이 녹아내리면서 마음이 한동안 정화淨化되는 듯했다.

수필쓰기는 이처럼 무의식의 마음과 접속하는 일이며, 울체된 업식을 녹여내는 수행의 도정道程이 아닐까 생각된다.

분석심리학자 카를 융은 정신병은 의식과 무의식의 불합치에서 일어난다고 한다. 그러므로 무의식 안의 내용을 의식에 통합시킬 것을 강조한다. '무의식의 의식화', 이것이 바로 수필쓰기에서는 가능하다. 자전극『밤으로의 긴 여로』를 쓰는 내내 울어서 저녁이면 눈이 빨개져 서재에서 나왔다는 유진 오닐도 고통스러운 자아와의 대면을 통해 어둠의 긴 통로에서 벗어날 수 있었으리라. 거미가 제 몸에서 젖은 실을 뽑아내 집을 짓듯이 제 몸으로 녹여 쓰는 수필이야말로 제일 정직한 작가의 직접적인 토로이다. 고해하듯 눈물로 쓰지 않은 글에서는 무지개가 뜨지 않는다. 오닐과 아쿠타가와의 가엾은 어머니를 끌어안고 내 어머니의 다친 '마음'을 그동안 나는 숙제처럼 품고 지냈다.

인간의 마음은 무엇이며 어떻게 해서 망가지며 어떻게 해야 그 미망迷妄의 질곡에서 벗어날 수 있을까?

내게 1차 화두는 '마음'이었고 2차 화두는 '죽음'이었다.

1982년 가을, 수업 도중에 받아든 전화는 연탄가스 중독으로 산소통에 들어가 계신 시부모님의 용태를 알려왔다. 시어머님은 의식불명인 채로 3년을 사셨고, 아버님은 누워서 5년을 지냈다. 학교를 사직하고 아버님을 우리 집으로 모셔왔다.

풍선에서 바람이 새어나가듯 소멸로 이르는 과정, 사람들의 최후 모습은, 최후 진술은 무엇이었을까? '죽음'이 알고 싶었다. 역사적 인물의 평전과 전기를 읽으면서 자료를 모았다. 그것이 16년 뒤에 '역사 속에서 빛나는 인물 101명의 죽음 이야기'라는 부제를 달고 태어난 『남산이 북산을 보며 웃네』(1998. 4 도서출판 세훈)였다. 그리고 『에세이문학』에 실린 「몽파르나스의 묘지기행」을 읽은 김영사의 제안으로 태어난 것이 영혼의 순례, 묘지기행 『인생은 아름다워라』(2004. 3)였다. 29명의 작가 묘지 탐방으로 작가 자신의 죽음관이 어떻게 작품에 관여되었는지에 집중하였다. 그 후 23명의 작가를 보태 『그들 앞에 서면 내 영혼에 불이 켜진다』 I · II 권이 2012년 2월에 '수필과비평사'에서 출판되었다.

30여 년을 '죽음'에 붙들려 있다보니 어느새 팔십객八十客이 되어 죽음이 코앞에 다가왔다. 나의 졸저를 보신 주역 선생님(약연 서정기)은 "괜히 수고했네, 생사란 주야晝夜와 같아서 한 번 낮 되

고 한 번 밤 되는 자연의 순환과 같은 것이라네"라는 말씀을 해주
셨고, 아직도 그 말씀이 귀에 남아 있다.

어느 날 문득 볼품없이 쪼그라든 내 몸을 보면서 '몸으로써 최
상의 진리를 실현한다'는 붓다의 말씀이 가슴속에서 방망이질쳤
다. 결국 '나'라는 존재는 몸[色]과 마음(수상행식受想行識의 정신작
용)의 다섯 개의 요소 즉, 오온五蘊의 집합체에 불과하다. 이 낱낱
의 요소 속에는 고정불변한 실체란 없는 것인데….

무상無常한 내 몸으로서 최상의 진리인 '무아법無我法'에 다가간
다. 한 꺼풀, 눈의 미망이 걷히는 듯했다.

희끗희끗 흐린 하늘에 눈발이 날리기 시작하는데, 그만 떠나도
좋을 시간. 돌아보니 내 수필 행로가 닿은 곳은 안심입명安心立命,
그 작은 포구였다.

『에세이스트』 2025년 봄호.

마음 밖에 법이 없다

저것은 깃발이 움직이는 거야.
아니야 바람이 움직이는 거야.

법성사에서 사미의 대화를 듣고 있던 혜능 스님의 말씀은 "저
것은 깃발이 움직이고 있는 것도 아니고, 바람이 움직이는 것도
아니다. 오직 그대들의 마음이 움직일 뿐이다"였다.

탑골승방 친구 스님에게 빌려온 책에서 읽은 내용이었다. '바
람'이 맞는 것 같은데 오직 '마음'이라니 마음이 어떻게 깃발을 움
직일 수 있단 말인가? 초등학교 5학년짜리에게 그 미궁은 안타까
운 비밀로 자리잡았다. 많은 세월이 흘러 원효 스님의 「오도송」으
로 다시 한번 마음의 지축이 흔들렸다.

마음이 생하는 까닭에 온갖 것들이 생기고 心生卽 種種法生

마음이 멸하면 땅막과 무덤이 둘이 아니네心滅卽 龕墳不二.

삼계는 오직 마음이요, 모든 현상은 오직 앎뿐이다三界唯心 萬法唯識.

마음 밖에 아무것도 없는데 무엇을 따로 구하랴心外無法 胡用別求.

서기 650년 원효 스님은 의상과 함께 당나라 유학길에 올랐다. 날 저물고 비까지 쏟아져 굴과 비슷한 땅막에 들어갔다. 아침에 보니 어젯밤 달게 마신 물이 해골에 고인 물임을 알고 토악질하다가 원효는 한 생각 돌이켜 일체유심조一切唯心造의 도리를 깨달았다. "심외무법心外無法. 마음 밖에 법이 없는데 무엇을 구하랴"며 유학 도중 발길을 돌렸다. 모든 것은 마음이 만들었다는 것이다. 오직 식識만 있고 대상은 없다唯識無境는 말과 같은 뜻이다. 왜냐하면 인식된 것은 오직 마음 안에 있으며 분별되어지는 대상은 이미 존재하지 않기 때문이다. 오직 현상은 마음일 뿐이라는 '만법유식萬法唯識'에 아직도 내가 머물고 있는 것은 '마음'이 모든 고통의 원인이며, 생사윤회의 근본임을 가르친 붓다의 그 말씀 때문이었다.

유식학唯識學을 성립시킨 학자는 AD 4세기경 인도의 무착無着, Ásanga과 「유식 30송」을 지은 그의 아우 세친世親, Vasubandhu이었다. 유식학에서는 '마음이 곧 식識'이라 한다. 식의 기능은 감각의 대상을 알아차리고, 존재 형성에 중요한 역할을 한다.

마음이 어떻게 생사윤회에 관여하는가?

마음이란 우리 몸의 다섯 가지 감각기관인 오근五根(눈·귀·코·혀·피부)이 외부 현상과 만나고 자신의 과거 경험들의 화합으로 발생하는 인식 과정 또는 심리 과정을 말한다. 오근은 육체의 기관이고, 의근意根은 정신작용이다. 유식唯識에서는 마음을 심心(8 아뢰야식), 의意(7 말나식), 식識(6 의식)으로 체계화하며(5근의 전오식前五識을 포함) 여덟 가지의 8식으로 상정한다. 제5 감각식은 색깔, 형태, 소리 등을 통한 직접적인 지각이다. 이는 오직 현재의 객관 대상만을 인식 대상으로 하며 추론이나 자아의 굴절 같은 작용이 없다. 그러나 제6 의식은 전 5식과 달리 비교, 판단, 오류를 범하는 분별 작용을 한다. 제7 말나식은 무아無我의 심체를 착각하고 내가 있다는 아집·법집 등으로 근본 번뇌를 일으키고 업력을 조성케 하므로 윤회의 원동력이 된다. 제6식과 제7 말나식이 업을 지으면 그로부터 남겨지는 업력 종자가 아뢰야식을 이룬다. 제8 아뢰야식은 과거 경험의 종자 즉 정신적 에너지인 모든 업력을 보존하고 있으므로 함장식이라 부른다. 이 아뢰야식은 깨달음을 방해하는 번뇌와 어리석음에 오염되어 있지는 않다. 살아 있는 동안에는 자기 정체성을 유지시켜주는 존재지속심으로, 사망 후에는 다음 생을 이끄는 재생연결식再生連結識으로 작용한다. 한 개체의 재생을 가져오는 것은 업業의 형성력에 의해 조건 지어진 식識이다. 그러나 이러한 아뢰야식 또한 조

건에 의지하여 발생한 것이므로 항구恒久한 것은 아니다. 연기緣
起된 것이기 때문이다.

아타나식

붓다는 임종 무렵 생명의 요점에 대해 이렇게 밝혔다.

나는 지혜가 없는 일반인들에게는 전혀 설하지 않았다. 어리석
은 이들에게 설해주고 나면 그들은 우주 중에 어떤 하나의 동력
이 본래 있는 생명으로 여기고, 또 무아無我인 것을 하나의 아我가
있는 것으로 여겨 의식분별을 일으키고 생명의 본래 하나가 있는
것으로 붙들어 쥐고 있기 때문이다. 생명은 본래가 없다. 마치 바
람처럼, 구름처럼 유동적流動的인 현상만이 있을 뿐이라며 "아타
나식은 심히 깊고 미세하여 일체의 종자種子가 폭포처럼 흐른다"
고 말씀했다. 모든 유물적인 종자나 유심일체적인 종자가 와르르
쏟아지면서 함께 유동流動하는 현상에서 생명이 발생한다는 것이
다. 세친은 그의 「유심 30송」에서 이 대목을 이렇게 적고 있다.

식識과 심법心法은 오직 업에 오염되지 않은 자성을 갖는
다. 찰나적으로 끊임없이 흐르는 것이 마치 파도를 타고 흐르
는 물과 같다.

아타나식阿陀那識은 아뢰야식阿賴耶識의 별명으로 아다나Adana
에 어원을 둔다. 이것은 모든 종자는 물론 정신계나 육체까지도
잘 유지시켜준다는 뜻에서 상속집지위相續執持位라 부르며 이때의
제8식을 아타나식이라 부른다.

아타나식이 보존하고 있는 업종자는 찰나 생멸을 되풀이하는
생멸법이어야 한다. 왜냐하면 찰나에 생멸하는 종자만이 만법萬
法을 발생緣起할 수 있기 때문이라고 한다. 여기서 나는 잠시 이런
생각이 들었다. 빅뱅 당시 모든 입자는 질량이 없었다. 그런데 우
주가 점차 팽창하면서 온도가 낮아져 배경장과 함께 형성된 힉스
입자가 나타나 입자들에게 질량을 부여하고 순식간에 사라지지
않았더라면 우리가 존재할 수 없었던 것처럼 아타나식의 작용도
그와 같은 게 아닐까 하는.

그렇게 상상해보고도 잘 이해되지 않는 대목은 찰나멸하는 아
타나식이 어떻게 우리의 존재를 형성再生(윤회)하는가였다.

유기체의 철학자 화이트헤드(1861~1947)의 책『과정과 실재』를
펴들었다. 현실세계는 과정이라는 것, 그리고 과정은 현실적 존재
(궁극적 존재)의 생성이라는 것으로 그는 세계를 설명하였다.

부단히 생성하고 생성하자마자 찰나멸無常하는 존재를 실체로
서의 존재가 아니라 '생성하는 과정의 연기적 존재'로 파악했던 것
이다. 찰나멸은 사물의 속성이 아니라 사물 그 자체라며 현실적
존재는 생성하자마자 소멸하는 '찰나멸'을 본성으로 한다는 것이

다. 여기에 아타나식을 대입시켜본다. 그리고 우리의 존재가 어떻게 형성되었는지를 상상한다. 화이트헤드는 이를 근간으로 하여 무아無我철학, 비실체철학, 과정철학을 구축한 바 있다.

자아는 지속의 흐름이다

'흐름'을 철학의 핵심으로 삼은 프랑스의 생명철학자 앙리 베르그송Henri Bergson(1859~1941)에 의하면 자아는 지속durée의 흐름이다. 지속은 창조적 생성이고 스스로 만들어가는 질서에 속한다며, 정신의 질서는 지속이며 생명의 세계에는 진화가 있고, 그 진화는 '지속'이라는 것이다. 시간도 지속적이며 끊임없이 변화하는 연속체로 무엇보다 우리의 내면 속에 지속적으로 진행하고 있는 '의식의 흐름 자체'라고 언급한다.

그에게 있어 생명의 운동은 타자화되어가는 과정으로서의 변화임에도 자기동일성自己同一性을 잃지 않는 운동 즉 '지속持續'을 의미한다. 죽은 자는 다시 태어난 자와 동일한 존재가 아니다. 왜냐하면 존재를 구성하는 모든 요소는 나타나자마자 즉시 사라져버리므로 아무것도 한 존재에서 다른 존재로 옮겨가지 않는다. 그럼에도 죽은 자는 재생하는 자와 전적으로 다르지도 않다. 나비의 경우를 보면 알에서 애벌레로, 애벌레는 번데기로, 그 번데기가 비약飛躍하여 나비로 날아오른다. 나비는 애벌레와 같지 않지만 그렇다고 완전히 다른 것도 아니다.

나는 이 경우, 원인과 조건의 상호작용으로 결과가 달라진 변이 이숙變異而熟된 즉 성숙된 과보로 다르게 익은 이숙식異熟識(아뢰 야식의 또 다른 이름임) 이것을 베르그송의 생의 비약élan vital 또는 창조적 진화에 비견할 수 있지 않을까 생각한다.

왜냐하면 유식에서 말하는 업력 종자는 모든 것을 창조할 수 있는 기능이 있기 때문에 '뢰야연기'라 하는데 이 아뢰야식은 항상 지속적이면서 발전적이기 때문이다. 또한 종자는 자신의 성질과 꼭 같은 성질의 결과를 나타낼 수 있어야 한다는 자기동일성과 그 체体를 같이하는 이들의 견해일치가 반가웠다.

베르그송이 말하는 생명의 운동, 그 지속의 원리는 '변화 속의 불변不變', '타자화 과정 속의 자기동일성'을 일컫는다. 변화 속의 불변이란 불생불멸不生不滅을 뜻한다. 죽되 죽지 않는 것. 변천 소멸해 가는 과정에서 모든 생명은 변역變易 생사生死하지만 생명의 본체에서는 생사를 따르지 않는 한 물건이 있으니 그것이 '마음'이다.

영각지성靈覺之性

죽는 것은 현상이요, 죽지 않는 것은 본체다. 이것은 '도道'라고 해도 틀리지 않고 '마음'이라고 해도 틀리지 않는다.

"이 마음은 일찍이 생겨나지도 않았고 일찍이 멸하지도 않았느니라. 이 마음은 본래도 있고 지금도 있으며本有今有 본래도 깨끗하고 지금도 깨끗해서本淨今淨 빛나게 닦을 필요가 없다. 다만 물들이지만 말라(但莫汚染)"고 말씀한 이는 중국 당대唐代의 마조馬祖 스님이었다.

"마음을 알고자 하는가?
지금 말하고 있는 그것이 바로 너의 마음이니라."

그러니 행하고 머물고 안고 눕는 이 부사의한 작용 이대로가 진여眞如이며 다른 때를 기다려 진여나 해탈을 구하지 말라고 덧붙였다. 왜냐하면 우리의 심층 마음에는 오염되지 않는 본래 청정한 마음眞如性·佛性이 있으며 보고 듣고 일체를 다 알아보는 본각성本覺性(영각지성)이 있기 때문이다. 고려의 지눌 스님은 이같이 본래적 각성으로 깨어 있는, 즉 '자신을 신령하게 아는 이것'을 공적영지空寂靈知라고 표현했다.

우리의 마음은 늘 깨어 있고 자아의식에 오염되지 않은 청정무구한 절대의 진여성(제8 아뢰야식)과 지혜를 방해하는 번뇌성(제7 말나식)을 동시에 갖고 있다.

달마 스님은 이를 정심淨心과 염심染心으로 설명하였다. 깨끗한 마음, 정심은 진심眞心이며 물든 마음, 염심은 망심妄心이다. 망심은 인연을 만드는 반연심에 집착한다. 원효 스님은 마음을 두 가지 측면, 진여문眞如門과 생멸문生滅門으로 나누어 물을 '진여'라 하고 물결을 '생멸'이라 하였다. 물은 본래 있는 것이고, 물결은 생겼다가 없어지는 것이니 진여 쪽에서 보면 생멸은 실체가 없으므로 환영幻影과 같은 것이라 하였다.

나고 죽는 생멸이 없는 진여심, 그것이 우리 마음의 본체이다. 마음은 본래 청정무구한 여래장如來藏·佛性인데 우리가 몸의 과보를 받는 까닭은 제6식 제7식의 망식妄識이 일으킨 번뇌 때문이다. 마음의 본래 모습은 고요한 바닷물의 진여인데 무아를 모르는 아상我相과 아집에 기반한 집착이 번뇌의 물결을 일으켜 그 업력으로 생사를 반복·윤회한다는 것이다.

번뇌란 욕망이며 그 불꽃이 추구하는 갈애渴愛이다. 우리는 잘못된 한 생각, 그 의도에 의해 업을 짓고 그 업으로 윤회를 받는다. 업은 들판이며, 식識은 씨앗, 갈애는 수분의 역할을 한다.

사실 우리 몸과 마음속에 '나'라는 실체는 없다. 무아를 대신해서 존재하는 것을 말하자면 법(존재)의 흐름뿐이다. 업의 본질은 작용이다. 법의 흐름이란 작용의 흐름이며, 그 '흐름'이 폭포처럼 업식을 상속相續하는 것이다.

업력종자(아타나식)가 폭포처럼 와르르 쏟아지면서 함께 유동流動하는 현상에서 생명이 발생한다는 그 장면을 나는 놓치지 않고 눈앞에 그려본다. '불수자성 수연성不守自性 隨緣性' 자성을 지키지 않고 인연을 따라 이룬다는 「법성게」 일구가 들어와 그림의 구도를 완성한다. 법의 성품이 그러하다는 것이다.

다시 한번 화이트 헤드의 『과정과 실재』를 상기하게 된다.

우리는 생성하는 과정의 연기적 존재들이라는 것을.

마음에서 발생하는 모든 번뇌는 자성이 없다. 따라서 번뇌 망상은 실체가 없으며 모두가 분별심의 허상인 것으로 공空한 것이다. 이러한 공관空觀을 터득하여 번뇌를 지혜로 전환轉識得智함으로써 마음의 평안과 해탈을 얻는 데 유식학의 의의가 있다고 하겠다.

윤회의 주체인 아뢰야식阿賴耶識, 그것까지도 연기緣起된 식識의 공空함을 앎으로써 이미 번뇌가 정화淨化되었기에 재생에서 벗어날 수가 있는 것이다.

돌이켜 생각한다. 마조 스님의 말씀대로 '한 생각 망심妄心이 곧 생사의 근본'이니, 분별하고 간택하는 취사심을 멈출 것을 다짐한다.

한 생각 쉬는 것이 지혜라는 '헐즉보리歇卽菩提'의 말씀을 가만히 되뇐다.

『수필과비평』 2025년 11월호.

글쓰기는 하나의 깨달음이다
— 롤랑 바르트의 글쓰기와 나

1

주역을 공부하던 1980년대, 이름도 생소한 롤랑 바르트의 책 『기호의 제국』이 눈에 들어왔다. 책장을 펼치다가 이내 덮고 만 것은 주역(기호)과 다른 얘기였고 뜻이 분명하게 이해되지 않아서였다. 많은 세월이 흘러 에세이를 쓰는 사람으로서 프랑스의 문화비평가이며 기호학자인 롤랑 바르트(1915~1980)를 다시 주목하게 된 것은 그의 글쓰기에 대한 신념과 태도 때문이었다. 롤랑 바르트는 레비스트로스, 미셸 푸코, 자크 라캉 등과 함께 프랑스를 대표하는 구조주의자이다.

그는 특히 문학과 대중문화 속에 숨은 의미를 찾아내는 기호학과 신화나 이데올로기의 작동 방식을 분석하는 데 관심이 많았다. 또한 글쓰기 이론과 실천 문제에 천착하며 '저자의 죽음' '독자의 탄생'을 선언하기도 했다. 문학비평에 대한 저서 『영도의 글쓰기』,

여러 문학적 주제에 대한 수필을 담은 『비평논문』, 기호의 과학에 대한 『기호학의 요소』, 『기호의 제국』, 『텍스트의 즐거움』, 『롤랑 바르트가 쓴 롤랑 바르트』 등의 저서를 남겼다.

기호의 시작은 5,500년 전, 중국 황하에서 출토된 「하도河圖」에서 비롯하며 복희伏羲라는 제왕에 의해 정리된 그 '주역周易'은 최초의 기호학인 동시에 부호(64괘) 과학이라 할 수 있다.

독일의 철학자 라이프니츠(1646~1716)는 역易의 음양을 각각 기호화하여 구체적인 현실계를 기호로 환원하여 기호로써 세계를 내다보려고 하였다. 무수한 구체적 현상계를 음과 양이라는 상징적인 기호로 환원해서 이 기호를 논리연산자論理演算子로 삼아 자연과학은 물론 철학, 형이상학, 종교에 이르기까지 일체의 문제를 통일적으로 해결해보려고 시도했다. 후대 사람들은 그를 '현대 기호주의의 선구자'로 꼽는다.

"우리들의 사상은 말(언어) 없이 성립하지만 어떤 기호 없이는 불가능하다. 우리는 우리의 사상을 타인에게 표시하는 정도에서가 아니라 우리들의 사상 그 자체를 돕기 위하여 기호가 필요하다"고 라이프니츠는 언급했으며 "기호로 간단히 표현하는 것은 사물의 본질을 가장 잘 찌를 때이고, 그럴수록 생각하는 수고는 놀랄 만큼 감축된다"고 한 그의 말이 뇌리를 떠나지 않았다.

"기호는 또 다른 기호의 얼굴 위에 나타날 수밖에 없는 하나의 파열이다." 바르트의 『기호의 제국』에 보이는 문장이다. 그는 표의문자와 상형문자의 나라인 일본의 모든 그림주의graphism에 매료되어 ('고베신문'에 실린 자신의 얼굴과 육중한 스모 선수의 얼굴을 포함해서) 인간의 얼굴 모두는 글로 쓰인 '텍스트'이며 하나의 비문碑文 혹은 인용문으로 대체시킨다. 바르트에 의하면 기호는 기표(단어)와 기의(개념)가 결합한 것이다. 그러니까 『기호의 제국』은 기호체계로서의 일본문화를 기록한 모음집이었다.

바르트에게 일본이라는 나라는 이국적인 이미지로 가득 찬 미식가의 메뉴와도 같았다. 거기에는 선禪과 깨달음, 하이쿠, 스모 선수, 꽃꽂이, 가부키, 젓가락, 사시미, 스키야키 등이 있다. 바르트는 일본에서 읽고 또한 접한 모든 문화현상은 단순한 사물이나 사건이 아니라 쓰인 '텍스트'라고 말한다. 그것도 단순한 논리나 사건 중심으로 쓰인 것이 아니라 마치 하이쿠처럼 언어를 통해 언어의 갑작스러운 중지에 이르려는 몸짓으로서의 글쓰기를 통해 보여준다는 것이다. 특히 일본의 시인 마쓰오 바쇼芭蕉(1644~1697)의 하이쿠에 매료된 그는 그림이나 사진을 곁들인 자신의 글쓰기에도 하이쿠를 표방하고 있다. 예문 하나를 보자.

선禪의 정원

화초도 발자국도 없는 것

사람은 어디에 있을까?

바윗돌의 움직임 안에,

써레의 흔적 안에,

글쓰기의 노력 안에

~『기호의 제국』93쪽

바르트는 하이쿠가 기의記意를 증발시키거나 사라지게 하고 그 후에는 구름처럼 얇은 기표만 남기기 때문에 하이쿠를 좋아한다고 술회했다. 그는 이 책에서 '글쓰기가 깨달음'이라고 선언한다.

"글을 쓴다는 것은 그 나름대로 하나의 깨달음悟り이다. 깨달음(선禪의 경지에 도달하는 것)은 지식이나 주체를 동요하게 만드는 강력한 지진과도 같다. 그것은 말의 텅 빈 상태vide de parole다. 이런 말의 텅 빈 상태에서 나의 글쓰기가 이루어진다. 의미가 모두 배제되었을 때 선禪은 이런 텅 빈 상태의 특질들을 뽑아내 정원이나 몸짓, 집, 꽃꽂이, 얼굴, 폭력에 대해 글을 쓸 수 있게 한다."

~『기호의 제국』12쪽

글쓰기는 그에게 선의 깨달음, 즉 내면의 각성이다. 깨달음은 강력한 지진, 말의 텅 빈 상태. 의미가 모두 배제되었을 때, 선禪의 상태에서 바르트는 글쓰기가 이루어진다고 말한다. 그는 선과 깨달음을 무無 또는 공空, Le Vide으로 기호화한다.

어떤 선사가 무無 자의 공안을 가지고 참선하다가 갑자기 깨달음에 이르러 다음과 같은 시悟道를 쓰게 되었다.

無!無!無!無!無!

無!無!無!無!無!

無!無!無!無!無!

無!無!無!無!無!

(기호학의 공안을 패선화한다면 다음과 같은 것이 될 것이다.)

만약 기호학적 꾸러미가 포장(기호)과 내용물(메시지)로 이루어져 있다면 포장이 다 벗겨지고 난 뒤의 내용물(메시지)은 과연 무엇일까? 그 대답은 물론 무無이다. 바르트는 「無!」라는 글자 옆에 "無, 텅 빈 것"(『기호의 제국』, 11쪽)이라 써넣고 있다. 글을 쓸 때 메시지로서의 영零을 강조(『영도의 글쓰기』)하듯 전혀 어떤 지시적인 사건도 없는 영(제로)이 충분한 메시지가 될 수 있다는 것이다.

"무언어는 언어의 불완전한 무한성을 깨뜨리는 2차적 사고의 폐기"라는 것이다.

무언어의 상태etat d'a-langage가 곧 '해탈'이라고 그는 말한다. '침

묵은 언어의 충일성을 알리는 기호'라는 그의 말도 놓치고 싶지
않다.

바르트와 동시대를 산 멕시코의 시인, 옥타비오 파스(1914~
1998)는 그의 시 이론서인『활과 리라』에서 불교의 공空이나, 주역
의 태극太極, 노자가 말한 도道 등은 언어로써는 설명이 쉽지 않다
며 형언불가능形言不可能에서 오는 '침묵'에 대해 이런 말을 남겼다.

  "비트겐슈타인, 하이데거, 레비스트로스와 불교는 사상의
  핵심이 공통적으로 언어의 문제에 귀결된다. 즉 모든 단어言語
  는 침묵 속에서 용해되고 만다."

그러나 침묵도 하나의 메시지를 담고 있다는 것이 파스의 견해
다. 석가가 한 송이 꽃을 들었을 때, 가섭이 미소로 답하던 이 무
언극無言劇, '이심전심'으로써 그들은 정법안장正法眼藏을 주고받았
다. 언어 이전의 소통이다. 글을 쓸 때 메시지로서의 영零을 강조
한 바르트의 경우와 같다. 왜냐하면 영(침묵)은 맥락에 따라 의미
가 있을 수 있기 때문이다.

이들의 이러한 유사점이 내겐 큰 반가움이었다. 바르트는 1964
년에『기호학의 요소』를 출간하고 1966년에 일본을 방문하여 '구
조주의 기호학'에 대한 강연을 한 바 있다. 그는 일본 여행 후『기
호의 제국』(1970)을 발표했다. 멕시코의 시인 옥타비오 파스

(1914~1989)는 1965년『기호의 순환』을 출간하고 바쇼의 오두막을 찾은 것은 1954년의 일이다. 그가 바르트처럼 바쇼에게 이끌린 것도 다름아닌 독특한 시 형식의 하이쿠 때문이었다. 파스는 바쇼의 하이쿠 기행『오쿠로 가는 작은 길』을 스페인어로 번역했으며 자신도 하이쿠로 많은 시를 짓고 바쇼암에서 여섯 수의 하이쿠를 남기기도 했다. 파스는 자신이 하이쿠에서 배운 것은 '이미지의 비약적 병치, 말의 절약, 일상어의 사용, 시에 있어서 객관성의 도입'이라고 밝힌 바 있다.

오늘날 시인의 작업이란 말詩과 사물의 사이, 표현과 실제 사이의 간격을 좁히는 피나는 투쟁을 감수해야 한다고 그는 힘주어 말했다. 말이 가진 전략된 의미를 붕괴하고, 말라르메의 '무의미 시'나 '침묵'을 주목하며 언어의 극도 생략인 하이쿠의 시 형식을 천착하고 주역周易을 끌어들여 시 쓰기를 실험했다. "언어가 원래 말할 수 없는 것을 이미지를 통하여 어떻게 말할 수 있는가의 경지를 보여주기 위해 작업해야 한다"며 그는 일찍이 '주역'을 주목했다. 우리가 궁금한 사항을 주역의 시초점占에 물으면 신명神明은 말로 할 수 없으므로 괘卦라는 이미지를 통해 그 답을 알려준다. 괘(기호)를 통해 언어를 배제한 수작酬酌이 이루어지는 것이다. 글자가 없던 시대에 음양의 부호로 된 괘의 이미지를 통해 이처럼 문답을 주고받았던 것이다. 파스는 시각적 기호를 자신의 시작詩作에도 활용했다.

노벨문학상 수상작가인 그는 외교관 생활 중 두 차례에 걸쳐 일본에서 2년간 살았고, 인도 주재 멕시코 대사로서 6년 동안 인도에서 머물렀다. 동양사상을 체득하기에 충분한 시간이었다. 『육조단경』을 비롯한 선禪불교에 관한 책을 많이 읽었으며 장자에 심취하고 중국 시와 하이쿠, 렌가에 이르기까지 그가 읽지 않은 동양문학이 있을까 싶을 정도였다. 그가 바쇼의 시를 설명하는 대목에서도 선불교의 사상은 심도 있게 언급된다.

"선불교에 의하면 각覺의 순간은 지금 여기, 모든 순간이면서 한순간, 전 우주와 그 우주를 지탱하는 기氣가 한꺼번에 무너지는 순간의 계시라고 말한다. 이 순간은 시간을 부정하고 우리를 진리와 마주 보게 한다. (…) 생명은 죽음으로 엮여 있다. 언어로써 말하지 않고 그 삶과 죽음의 연계를 설명할 수 있는 표현이 있을까? 있다. 그게 하이쿠다. 하이쿠는 사실에 대한 비판의 언어. 의미 형성에 대한 곁눈질의 조소 언어. 바쇼의 하이쿠는 우리에게 '깨달음의 문'을 열어준다. 의미와 무의미, 삶과 죽음이 공존한다. 대립의 붕괴나 융합으로 도달할 수 없는 경지가 '마음의 정지' 상태"라고 그는 규정한다.

롤랑 바르트는 앞에서 '글쓰기가 깨달음'이라고 선언하며 '무언의 상태가 곧 해탈'이라고 언급한 바 있다. 옥타비오 파스를 여기까지 데려온 것은 너무나도 닮은 두 사람을 병치시켜 나의 이해를 돕기 위해서였다. 고백하자면 나는 옥타비오 파스를 공부한 뒤 롤랑 바르트가 전과 다르게 어렵지 않았다. 벚꽃이 한창인 도쿄 에도가와 강변을 따라 어느 이른 아침, 나는 바쇼암을 찾아간 적이 있다. 오두막의 도코노마에서 마주한 족자의 글귀.

古池や 蛙飛こむ 水のをと
해묵은 연못이여 개구리 뛰어드는 물소리

별안간 첨벙! 하며 개구리 뛰어드는(현상) 물소리에 오래된 연못의 정적靜寂이 깨어지고 마는 느낌. 오히려 묘사하지 않음으로써 드러나는 본체道.

연못의 고요는 모든 법이 움직이지 않는 본래적本來寂의 도道 자리. 그것을 본체라고 한다면 첨벙 뛰어드는 개구리의 동작은 현상적인 작용이라고 할 수 있다. 현상有으로써 본체無가 드러난 것이다. 열일곱 자로 어느 한순간, 대상의 본질을 포착해낸다. 아무런 설명 없이 불쑥 내던지는 하이쿠의 시 세계.

바쇼가 문하생들에게 충고하던 가르침이 떠오른다. "모습은 먼저 보이고 마음은 뒤로 감추라."

시는 사물로 하여금 말하게 해야 한다는 것이 그의 주장이었다. 기의(마음)를 감춘 후 구름처럼 얇은 기표(시詩=말)만 남기 때문에 하이쿠를 좋아한다는 바르트와 일치된 견해이다.

바르트는 하이쿠를 "가까이하기 쉬운 세계이면서 그러나 아무것도 말하려 하지 않는 이중의 성격을 가지고 있는 문예"(『기호의 제국』)라고 파악했다. 하이쿠의 특징은 선가에서 표방하는 '불언不言의 언言'과도 상통한다. 여기에 아무것도 말하려고 하지 않는 하이쿠를 '언어의 중지 상태'로 규정한 롤랑 바르트. 또한 하이쿠를 '마음의 정지 상태'로 파악한 옥타비오 파스. 두 사람이 추구하는 목표는 결국 선적 '깨달음'이다. 그리하여 '글을 쓴다는 것은 그 나름대로 하나의 깨달음'이라는 롤랑 바르트의 대전제에 동참하게 되고 마는 것이다.

2

에드문트 후설(1859~1938)에 의해 창시된 현상학은 의식 활동에 선행하는 그 '존재'의 의미를 밝히고자 애썼다. 왜냐하면 먼저 어떤 것이 '존재'해야만 그 사람 다음으로 그것이 의식에 주어질 수 있다는 것이다. 따라서 하이데거는 현상학도 궁극적인 차원에서는 '존재'에 대한 연구가 될 수밖에 없다고 말했다. 이러한 현상학적 철학의 대척지에서 수립된 것이 구조주의다. 구조주의자들은 삶의 질서, 존재자들의 질서란 의식이 아닌 더 심층적인 구조에 기초한다며 그 구조를 언어학적 구조에서 찾으려고 했다.

'무의식이 언어와 같이 구조화되어 있다'는 라캉은 텍스트에서 무의식적 욕망의 움직임을 이해하는 길을 열었고, 바르트는 "나는 언어 밖에서 그것을 표적으로 삼으면서 활동할 수 없다. 또한 나는 언어 안에서 그것을 무기로 삼으면서 활동할 수도 없다"고 하며 '현대문학을 언어의 영원한 혁명'이라 불렀고 '글쓰기 혹은 텍스트와 동의어'라고 언급했다. (콜레주 드 프랑스의 교수 취임 연설에서)

"나는 하나의 텍스트를 쓴다. 그리고 나는 그것을 롤랑 바르트라고 부른다"며 그가 내놓은 자전적 에세이는 『롤랑 바르트가 쓴 롤랑 바르트』(1975)이다.

그는 바르트를 '나' '그' '자기 자신' 등 다양한 방식으로 호명하며 200개의 단장斷章 형태로 글쓰기를 하고 있다. 바르트에게 단장 형식은 사고의 고착을 지속적으로 경계하는 전략이라고 했다. 그는 관심의 대상을 지속적으로 바꾸며 장르를 뒤섞고 장르 사이의 경계를 파괴한다. 그가 단장을 자신의 미학적 도구로 삼은 이유는 그것이 '전복적이고 분류에 저항하며, 전통적인 차이를 포섭하는 경계 공간을 이루기 때문'이라는 설명에 나는 주목한다. 자기 자신을 부단히 해체하려 했다는 이 책에서 나는 어느 날 그의 글 한 편(「늑골조각la côtelette」)에 마음을 빼앗겼다. 동병상련일까? 각혈처럼 그의 단장이 내 손바닥에 떨어지는 느낌이었다. 그날에 쓴 일기다.

롤랑 바르트는 서랍에 보관된 자기 뼛조각을 발코니에서 내던져버렸다. 그는 기흉 수술을 하기 위해 늑골 한 조각을 떼어낸 일이 있는데 의사는 토막난 상태로 그것을 가제에 싸서 바르트에게 돌려주었다. 양 등살 부분의 뼈와 유사하게 생긴 일종의 음경 모양의 뼈였는데 그것을 귀중한 물건과 함께 서랍에 넣어두고 없애버리지도 못하면서 어찌해야 할 바를 몰랐다. 그러던 어느 날 서랍이란 쓸모없어진 물건들을 산 채로 보관한다는 구실 아래 그들에 대한 침울하고 고통스러운 임종의 시간을 준비해주는 것이라며 '어느 날 나의 육체에 행했던 일을 소개한다'며 그는 「늑골조각」이라는 짧은 글을 남겼다.

"… 나는 발코니에서 늑골조각과 가제를 내던져버렸다. 마치 내가 세르반도니 거리에서 낭만적으로 자신의 재(어떤 개가 와서 냄새를 맡고 가버릴 바로 그 재)를 흩뿌리고 있는 것처럼" 버렸다는 것이다.

그때 나는 오래 전, 치과에 두고 온 내 어금니가 떠올랐다. 스테인리스 용기에 담긴 내 몸의 일부였던 뼛조각을 그곳에 두고 돌아서는 발걸음이 편치 못했다. 잇몸에 깊게 팬 자리를 혀로 더듬으며 자꾸만 뒤가 돌아보아졌다. 60년을 함께 해온 그 충직한 놈은 어떻게 처리되었을까? 한편 더 오래 전, 실에 묶여 뽑혀나온 앞니를 지붕에 던지며 하시던 어른들의 말씀이 생각났다.

"까치야, 까치야 헌 이 줄게 새 이 다오."

그때 지붕 위에 던져진 내 이빨은 정말 까치가 물어갔을까? 그것들이 어떻게 사라졌는지에 대한 결말의 귀추는 늘 불분명했다.

불분명한 채로 그동안 나는 많은 것들을 떠나보내고 또 잊고 지내왔다. 지상에 흔적도 없이 사라진 그것들은 대체 어디로 갔을까?

냉동고 서랍에 보관된 시신이거나 손때 묻은 서랍 속의 애장품들은 실체 없는 부품들의 조합, 결국은 시공간 밖으로 내처질 물건들이었다. 마치 롤랑 바르트가 자기 시신의 재를 허공에 흩뿌린 것처럼 언젠가는 없어지고 말 것들이다.

서랍은 그 과정으로 가는 동안의 유예된 시간, 그것은 우리의 현존現存과도 같다는 생각이 들었다.

—「서랍」에서

이렇게 쓰고 난 뒤 나는 제목을 '서랍'이라고 붙였다. 뼛조각과 실존, 백색의 글쓰기다. 그가 한결 가깝게 느껴졌다.

"텍스트의 밖에는 아무것도 없다. 존재하는 것은 텍스트뿐"이라던 자크 데리다(1930~2004)와 '작가보다는 텍스트를 연구해야 한다'던 바르트를 다시 이해하게 된다.

'저자의 죽음'을 선언한 바르트는 저자에 중점을 두는 문학비평, 즉 저자의 생각이나 의미를 알아내는 데 중점을 두는 비평에 반대했다(작가의 배제를 뜻함). 그래서 그는 작가보다는 텍스트를 연구할 것을 촉구했고 "텍스트는 하나의 메시지를 말하는 단어의 연계선이 아니다. 그보다 텍스트는 다양한 글쓰기의 다차원적 공간"이라며 그 자신 다양한 글쓰기를 치열하게 시도했다.

"텍스트는 이미지를 '주해'하지 않는다. 또한 이미지가 텍스트를 '설명'하는 것도 아니다. (…) 텍스트와 이미지는 서로 교차하면서 몸, 얼굴, 그리고 글쓰기라는 기표를 확실히 순환시키고 교환하며 그 안에서 기호記號의 퇴각을 읽으려 한다"는 기호학자로서의 바르트, 그리고 무엇보다 에세이스트로서의 그를 나는 좋아한다.

바르트는 1980년 2월, 지인들과 점심을 마치고 그가 재직한 콜레주 드 프랑스 앞에서 교통사고로 사망했다. 기의(마음)를 감춘 후, 얇은 구름(기표)처럼 갑자기 증발했다. 어쩌면 그의 죽음도 하나의 기호처럼 생각되는 것이다.

『인간·철학·수필』(제1집) 2019년 9월

제2부

아름다움, 그 비의어를 생각하다

행복에 대하여

인생 고갯마루를 넘으니 바랄 게 더는 남지 않은 나이가 되었다. 글의 제목을 생각한다. 나도 행복한 때가 있었나? 젖은 신발을 신고 나는 일찍부터 행복보다는 그 반대편 사람들에게 마음이 쓰였다. 동병상련 때문이었을까. 특히 절망에 빠진 작가들의 삶과 그들의 불행을 조망하면서 그동안 많은 위안과 가르침을 받아왔다.

"어머니, 우리는 다시 행복해질 수 있을까요?"

부뤼셀에서 쓰러지기 전, 보들레르가 어머니에게 써 보낸 마지막 편지의 한 구절이다. 어느 날 밤, 그것이 내 목에 가시처럼 걸려, 젊지도 않은 여자가 혼자 그 말을 따라해보며 목이 메었던, 행복이란 내게 그런 낱말이었다. 갑자기 떠난 어머니의 부재는 남은 우리에게 불행이었다. 당신이 몸으로 막아낸 비바람, 결핍 속에서도 우리는 결핍인 줄을 몰랐었다.

불빛이 새어나오는 식탁에 둘러앉은 식구들만큼 간절한 게 또 있었을까. 많은 결핍 속에서 세월이 흘렀고, 인생이라는 한 장의 피륙 한복판을 제 손으로 칼로 긋고는 굳게 마음의 문을 닫았던 시절, 외딴섬이 되어 말을 잃어가고 있을 때, 김동화 선생께서는 『금강경』강의 도중 칠판에 이렇게 쓰셨다.

유구有求면 유고有苦,
무구無求면 무고無苦

그것을 본 순간 벼락처럼 온몸에 전류가 흘렀다. 무언가가 안에서 뜨겁게 흘러내렸다. 쉽사리 어느 것도 포기할 수 없었던 것들. 학업, 연극, 문학, 실험극장 친구들의 얼굴과 스케줄이 나를 괴롭혔다. 움켜쥔 것 때문에 생긴 괴로움이라는 걸 그때 절실히 알았다. 무구無求를 되새기며 욕망의 끈을 놓아버리자, 구슬 알처럼 한순간에 흩어지며 안개가 걷힌 듯 갑자기 눈앞이 환하게 트여왔다. 환희로운 순간이었다. 그때부터 놓아버리는 습성을 익히게 되었던 것 같다. 억지로 가지려고 하기보다는 쉽게 버리는 쪽을 택해왔다. 버리면 마음이 편안했다.

독일의 문화철학자 오스발트 슈펭글러Oswald Spengler(1880~1936)가 또 한 번 나를 안심시켰다. 행복에 대해 그는 다음과 같이 말했다.

"행복이란 ①기대할 수 없는 것이다 ②행복이란 드물게 있는 것이다 ③행복이란 생길 것 같지도 않은 것이다 ④행복이란 순간적이며 맹목적으로 누리는 것이다. 따라서 인간이 행복의 본질과 그것을 바라는 일이 적으면 적을수록 한층 더 많은 행복이 우리들 사이에 존재한다"는 것이다. 바라는 일이 적으면 적을수록 더 많은 행복이 온다는 슈펭글러의 의도는 '구하는 바가 없으면 고통이 없다'는 '무구무고無求無苦'의 사상과 궤를 같이한다. 욕망의 추구가 아니라 욕망의 비움이 행복이라는 등식은 그리스의 작가 카잔차키스(1883~1957)의 묘비명에서도 읽을 수 있었다.

나는 아무것도 바라지 않는다.
나는 아무것도 두려워하지 않는다.
나는 자유다.

어떻게 하면 아무것도 바라지 않는 대해탈심(자유)에 이를 수 있을까? 아무것도 두려워하지 않기 위해서는 어떻게 해야 할까를 염두에 두고 지내던 어느 날, 나는 눈으로 『반야심경』을 쫓다가 "모든 보살은 반야바라밀다에 의지해 닦아가나니 마음에 걸림이 없으며, 걸림이 없으므로 두려움이 없다"는 '심무가애 무가애고 무유공포心無罣碍 無罣碍故 無有恐怖'에 눈길이 멎었다. 아무것도 두려워하지 않기 위해서는 먼저 마음에 걸림이 없어야 한다. 걸림이 없자면 어떻게 해야 할까? 반야바라밀다에 의지해 닦아나가면 된다. '반야바라밀다'란 무엇인가? '반야'는 지혜이며 '바라밀다'는 도피안到彼岸으로, 저 언덕에 이른다는 뜻이다. 지혜를 체득하여 고통의 세계를 넘어 열반의 세계에 이르는 이고득락離苦得樂을 말한다. 과연 어떤 지혜가 우리를 열반(즐거움)의 세계로 인도해준다는 것인가? 그것은 "오온이 다 공空함을 비추어보고照見 五蘊皆空 모든 괴로움에서 벗어났다度 一切苦厄"고 하는 『반야심경』의 '오온개공五蘊皆空'을 바로 아는 지혜이다.

오온五蘊이란 우리의 존재를 구성하는 다섯 가지의 쌓임, 즉 몸色과 정신적 요소인 수상행식受想行識을 말하는데 실체 없는 그것들은 모두 공空한 것이다. 마치 여러 가지 목재가 모여 수레라 일컫는 것처럼 오온이 모인 것을 존재衆生라고 부르는데 어느 것 하나 실체적인 것이 아니다. 그 오온에 '나我'는 없다. 무아無我다.

"끌어모아서 얽어매면 한 칸의 초가집. 풀어헤치면 본래의 들판인 것을."

위의 시구처럼 '나'란 나를 포함한 일체의 현상이 원인과 조건으로 연기緣起된 것이기에 실체가 없으며 본질적으로 공空이다. 그런 입장에서 보면 행복이란 것도 말로만 존재하는 그런 개념이 아닐까 생각해본다.

행복이란 마음의 작용이다. 마음은 인연화합으로 잠시 드러난 현상, 실체는 없는 것이다. 왜냐하면 우리 몸의 감각기관(6근根)

이 형태, 소리, 냄새, 맛, 감촉, 생각(6경境)과 부딪쳐 눈이 분별을 일으키고, 코의 냄새며, 귀에 닿은 음향, 맛의 풍미, 피부의 감촉 등 여러 가지 인식작용識을 일으킨다. 정신이나 의식, 마음까지도 연기緣起된 것일 뿐, 독립적으로는 존재할 수 없다. 마음이 본래 있는 것이 아니라면 어디에 행복이 있다고 말할 수 있을까?

욕망의 충족도, 소유의 성취도 시간 속에서는 사라지고 말 무상한 것들이다. 오온도 무상하고 행복도 무상하다. 식識에 연기된 마음의 공성空性을 통찰함으로써 오히려 우리는 무념無念의 평정심에 도달할 수가 있다. 모든 고통은 밖의 것을 취하는 데서 생긴다. 취착심取着心을 버리고, 생각을 끊고 이제부터는 인연도 쉬려고 노력한다.

창밖의 텅 빈 겨울나무를 바라본다. 고적한 적막감이 싫지 않다. 무구무념의 평정심이야말로 무유공포無有恐怖다. 카잔차키스의 '자유'다. 그는 『영혼의 자서전』에서 "아버지하고 나를 결속시킨 것은 사랑이 아니라 어떤 깊고도 굵은 뿌리였는데 그분이 돌아가시자 마치 줄을 끊어버린 독수리가 된 기분을 느꼈다"고 적고 있다. 그에게 '자유'란 연결된 인연의 끈을 잘라버린 해방감이며 숨을 쉬기 위해 숨통이 찢어져 터지는 아픔이었다고 고백한다. '희망'을 최후의 적이라며 그마저도 놓아버린 사람. 그러니 무엇을 더 바랄 게 있겠는가. 그는 어떻게 해야 영혼의 자유와 영성靈性을 얻을 수 있는가의 명제를 놓고 평생을 씨름한 작가이며 사상가였다. '20세기 문학의 구도자'라 칭하는 데는 그만한 까닭이 있었다.

늙는다는 것은 좋은 일이다. '희망'이 점차 줄어든다. 몸을 버릴 나이에 이르러 욕망의 심지도 낮출 수 있게 된다.

행복이란 오온이 빚어낸 우리 마음의 판타지幻가 아닐까?

저 겨울나무에 목련꽃을 눈으로 달아본다.

『인간·철학·수필』(제2집) 2020년 9월

이름에 관하여

어둠에 휩싸인 저녁, 골목이 낯설어지던 그때 '아무개야' 하고 이름을 불러 나를 안심시키던 어머니의 다정한 음성이 환청처럼 들려온다. 이름이 없었다면 어떻게 될까.

아버지는 언니의 이름에는 소나무 '송松'을 넣고, 내 이름엔 난초 '난蘭' 자를 넣었다. 이름에 '난蘭'을 넣으면 고독한 팔자가 된다고 꺼리지만 나는 개의치 않고 80년을 써왔다. 고등학교 3학년 때인가, 신문에 적힌 '맹난자孟蘭子'를 보고 아버진 그걸 오려서 품속에 지니셨다고 한다. 황진이 시조에 답신을 모집하는 투고란이었다.

'후세에 이름을 날려 부모의 명성을 드러냄이 효의 마지막'이라고 하는데 나는 정작 아버지를 기쁘게 해드리지 못했다. 그 후 글을 간혹 발표하게 되면서 '맹난자'는 지면에 따라 '맹란자'로 표기되기도 했다. 또 어느 군인은 엽서로 '당신의 이름 석 자가 본명인가? 필명인가? 불명佛名인가'를 물어오기도 했었다.

'난'이면 어떻고 '란'이면 어떤가? 다정한 음성으로 아버지가 불러주시던 '난자'가 내 이름이다. 아버지의 호명呼名으로 핏덩이는 '난자'가 되었다. 그것 아닌 다른 이름을 붙였다면 나는 다른 그 무엇이 되었을 터, 불리는 이름 말고 진짜 나는 무엇일까를 생각해 본 적이 있었다.

이름은 존재이다. 신의信義를 숭상한 사람은 그래서 목숨命보다 이름名을 더 중요시했다. 중국의 개자추介子推 같은 이는 진문공을 도왔으나 종내에는 산으로 들어가 나오지 않았다. 그가 효자라 하니 임금은 산에 불을 놓아 나오기를 기다렸으나 노모를 끌어안고 버드나무 아래에서 타 죽었다. 자신의 공과나 명리名利 따위를 위해 밖으로 나오는 걸 부끄러워해서다. 한식寒食의 유래가 된 그의 고결한 인품을 나는 얼마나 찬탄하였던가. 한편 관중管仲이 "자신이 전쟁터에서 전사하지 못하고 살아돌아온 것은 노모 때문이었는데 그것을 포숙아가 알아주었다"고 말했을 때 나는 그를 간단히 경멸해버렸다. 그의 어머니 나이쯤에 가깝게 된 탓일까, 공명심을 꺾고 욕되게나마 노모 앞에 살아돌아온 관중의 깊은 마음이 더 장하게 헤아려지는 것이 아닌가.

호메로스는 아킬레우스의 분노와 복수로『일리아드』를 만들었다. 죽마고우인 파트로골로스가 헥토르에게 죽임을 당하자 분연히 일어난 아킬레우스는 친구의 원수를 갚지만 파리스가 쏜 독화살을 발꿈치에 맞고 숨을 거둔다. 전쟁터는 내 이름을 불멸하게 해주는 그야말로 남자에게 영광을 주는 곳이라며 신의는 목숨을 내놓고 지켜야 하는 절대적인 가치라고 여겼다. 그러던 그가 하데스를 방문한 오디세우스에게 의외의 말을 건넨다.

"나는 세상을 떠난 모든 사자死者들을 통치하느니 차라리 지상에서 머슴이 되어 농토도 없고 재산도 많지 않은 가난한 사람 밑에서 품이라도 팔고 싶소이다." 세속의 명예보다 살아 있음 자체를 찬양하는 혼령 아킬레우스의 말이 무척이나 인상적이었다.

"당신이 가진 생명 그 자체가 부럽다"는 이 대목에서 나는 다시 한번 '명名보다 명命'을 생각하는 계기를 갖는다.

이름이란 무엇인가? 이름 가문의 걸림돌이 로미오와 줄리엣을 죽게 만들지 않았던가. 이름이 다만 원수일 뿐으로 그 사람의 본질은 아닐 터인데도 말이다. 그래서 장자莊子는 '이름이란 실질의 나그네名者實之賓也'라고 말했던가. 그는 「소요유」에서 허유의 입을 빌려 '이름이란 실질에 수반해서 찾아드는 일시적인 가상물假想物에 지나지 않는다'고 언급한다.

이때 유명론唯名論의 창시자 오컴William of Ockham, Occam(1280~1349)이 떠올랐다. 근대인식론을 확립한 영국의 철학자 오컴은 영국 서리 주의 작은 마을 오컴에서 태어났다. 이 오컴의 윌리엄은 프란체스코수도회에 입문하여 신학을 공부한 수도사였으나 아비뇽의 교황 요한 22세와 대립하여 파문을 당했다.

중세의 스콜라철학의 '보편普遍논쟁' 속에서 오컴은 '실재들은 필요 없이 증가되어서는 안 된다'며 보편자의 실재를 주장하는 실재론자들에 맞서 유명론을 확립하였다.

유명론이란 모든 것이 이름뿐이라는 것이다. 나무, 교회, 절대자 이런 보편은 존재하지 않고 다만 사과나무, 삼성교회, 자연 속에 내재된 신神의 개별적 형상만이 존재할 뿐이라고 언급했다. 유명론은 실재론을 거부하고 보편은 이름뿐이며 개체만 있다고 주장한다. 그러나 플라톤이나 아리스토텔레스 같은 실재론자들은 보편자가 우리의 사유에 독립해서 실제로 존재한다고 믿었다. 이에 반해 오컴은 보편자가 사유에 의해 생겨난다고 하며 특히 우리가 사용하는 일반명사 이외에 보편적 실재란 없다고 주장한다. 플라톤은 『파이돈』에서 자신은 "언어 속에서 거처를 찾았으며 그것을 통해서 사물에 관한 '진리'를 규명하기로 하였다"고 술회한 바 있다.

그러나 실재론자인 그는 비존재에 대해 답하지 못하고 이데아를 증명하지 못했다. 오컴은 플라톤이 못찾은 진리(이데아), 그런 건 없다고 딱 잘라 말하였다. 철학자들의 오류를 지적한 공격적인 반론 때문에 오컴은 배교자라는 판결로 파문을 당해 바바리아의 루드비히 황제에게로 도피하게 된다.

그의 관점에 따르면 보편적인 개념은 말뿐이라는 것으로, 실제로 보편적인 개념은 존재하지 않는다. 따라서 플라톤의 이데아론(관념론)은 성립하기 어렵다고 한 것이다.

유일한 그의 저서 『논리학대전』에서 오컴은 "명제는 정신 속에 있거나 또는 발화發話되거나 씌어진 말들 가운데 있거나 둘 중 하나다. 결과적으로 그것의 부분들도 정신 속에 있거나 또는 말이나 글 속에 존재한다. 그런 것들은 그럼에도 불구하고 특수한 실체들이 아니다. 그러므로 어떤 명제도 실체들로 구성될 수 없음이 입증된다고 하였다. 명제는 보편자들로 구성되며 따라서 보편자들은 결코 실체가 아니다"라고 쓰고 있다. 장자의 '명자실지빈名者實之賓'과 '어떤 명제(이름)도 실체들로 구성될 수 없다'는 오컴의 견해 일치가 반가웠다.

오컴은 보편자가 정신의 내부나 외부 어느 곳에도 존재하는 실제적인 것은 아니지만 오직 정신 속에서 사유의 대상으로서만 존재하며 그것은 정신 외부의 어떤 것이 그것의 참된 존재 속에서 가지고 있는 것과 유사한 어떤 존재를 사유-대상으로 가지고 있는 '일종의 정신적 그림mental-picture'이라는 것이다.

지성은 정신 외부의 사물을 볼 때, 정신 속에서 그것과 닮은 그림을 형성한다. 밖에서 무엇인가를 본 것으로부터 얻게 된 정신 속의 그림은 이후 하나의 본pattern으로 작용할 것이기 때문이라고 한다. 그러니까 의미생성의 표상작용은 정신적 상상, 혹은 비실체라는 것이다. 나 역시 자호自號를 지을 때, 중국의 흠산欽山 스님을 사모하여 그를 본보기로 삼았었다. '어리석음을 안고 스스로 편안히 사는 방의 주인'이라는 뜻으로 '우포자안실주인愚抱自安室主人'이라 지었다.

주자朱熹의 스승 유병산은 그에게 원회元晦라는 자字를 내렸다. 지화명이地火明夷 괘의 '그 밝은 것智德을 어둡게 하라'는 '회장晦藏'을 취했다. 주자를 숭상한 안향은 주자의 자호 '회암晦庵'에서 '회晦' 자를 가져와 '회헌晦軒'이라 했고 중종 때의 성리학자 이언적은 '회재晦齋'라고 지었다. 주자가 본보기(정신적 상상picturing)로 된 것이다. 오컴에 의하면 보편자(이름)란 발생의 결과가 아니라 추상의 결과로서 단지 일종의 정신적 상상이라고 언급한 것이 그것이다.

'사고思考가 문자 그대로 언어'라는 것이 오컴의 생각이며 언어는 생각을 실어 나르기 위한 도구로서 존재할 뿐, 우리 정신이 만들어낸 허구일 뿐으로 실체가 없는 그 무엇이라고 한다. 사유(=생각)은 허구다. 추상된 개념도 그 본성상 보편자라는 사실을 그는 주장한다.

오컴과 600년의 시차를 두고 태어난 오스트리아의 철학자 비트켄슈타인 또한 그의 『논리철학 논고』에서 언어에 본질 같은 것은 없고 '세계의 모든 사실은 생각이라는 틀 안에 갇힌 논리적 그림'이라며 논리는 진정한 사실을 추구하는 것이 아니라, 뇌 안에 존재하는 기호들 사이의 형식적 꼬리물기라고 말한다. 따라서 "모든 철학은 말장난이며 말할 수 없는 것에 대해서는 침묵해야 한다"고 언급한 바 있다. 오컴도 보편자는 추상어, 환幻이라는 것이다. 모든 사물은 단지 '개념적 명칭nāmadheya'에 지나지 않고 그들 명칭은 비실재이기 때문에, 그것들에 의해서 지시되는 사물도 비실재적인 것이다. 『대반야경大般若經』에서는 "제행諸行은 모두가 분별分別이 지은 바이다. 일체의 모든 존재는 분별이 지은 것으로 공, 무소유, 허망, 부실不實이라"고 설명한다. 우리들의 생각을 포함한 모든 것들은 실체를 갖는 것이 아니라 의존적緣으로 발생起하는 것들이기 때문이라는 것이다.

가령 북과 북채와 공기와 귀와 주의력 등의 조건이 모여서 하나의 '북소리'가 발생할 때 거기에 실체란 없다. 인연으로 생겨났으니 모두가 '공空'인 것이다.

일체의 존재는 무자성無自性의 공空이지만 또한 임시방편적인 이름을 가지고 이 세상의 현상으로서 존재한다. 존재의 요소들은 모두 인연에 따라 현상으로 존재하지만, 본체에서는 항상 공空이다. 실체 없는 내가 지금 명상名相(이름과 모양)을 갖추고 이 글을 쓰고 있다니, 비무비유非無非有의 기적 아닌가. 진공眞空이면서 묘유妙有이다.

묵은 편지함에서 50여 년 전, 서찰 한 통을 꺼내든다. 극락암의 경봉鏡峰 노사께서 보내신 다섯 쪽짜리 글월이다.

보살의 이름이 蘭子라 하였으니… 어떤 난초인지 모르겠소. 난초에는 山蘭, 野蘭, 石蘭, 風蘭, 春蘭 등 수십 가지가 있는데 어떤 난초인지 이름을 蘭子라고만 하였으니 명백한 난초가 아니고 이름 하니 내가 한번 물어보는 것이니 내 이 묻는 답을 잘 하면 도인의 생활과 다름이 없으니 도는 진리요, 진리는 우리 인생의 생명이니 도를 찾는 것은 자기의 생명을 찾는 것이니 부디 도에 합치하여 진리적으로 살면 세상에 있더라도 출격대장부가 되는 법이니 멋지게 한세상 살라는 말이요….

무슨 난蘭인가? 이름만 '난자'라고 하였으니 본질은 명백한 난자가 아닐 터. 그냥 이름이 난자일 뿐이라는 답까지 묻어둔 노사의 친절에 다만 감읍할 따름이다. 이름 이전에 나의 본래면목本來面目은 무엇이던가? '도를 찾는 것은 자기의 생명을 찾는 것'이라는 노사의 말씀이 뒤늦게 간절하게 다가온다. 이 밤, 오롯하게 깨어 있는 본질. 그렇다! 바로 이것生命 아니겠는가. 현존現存과 마주하는 순수의식, 여기에 어찌 이름이 붙고 모양이 있을 것인가. '무명무상색일체無名無相絶一切' 의상대사의 「법성게」한 구절이 떠올랐다.

법의 성품法性은 원융하여 두 모습이 아니며法性圓融無二相

모든 법은 부동으로 본래 고요하다. 諸法不動本來寂

이름 없고 모습 없어 일체가 끊어지니無名無相切一切

깨닫는 지혜일 뿐, 지식으론 알 수가 없네證智所知非餘境

의상義湘 스님의 종지宗旨가 장자와 오컴을 아우른다. 그리하여 노자가 언급한 '도은무명道隱無名' '성인무명聖人無名'을 짐작이나마 하겠다. 도는 숨어서 이름이 없고, 성인도 이름이 없다. 이름은 본질이 아니기 때문이다.

요절한 영국의 시인 존 키츠John Keats(1795~1821)의 묘비명도 눈앞을 스치고 지나간다.

"Here lies one whose name was write water."
(여기 이름을 물 위에 새긴 사람이 잠들다)

그도 눈 밝은 납자衲子같다. 나 또한 이름을 돌 위에 새기지 않고 물 위에 새기리라. 인연 따라 주어진 이 명상名相을, 저 무주無住의 흐름에 맡길 따름이다.

『인간·철학·수필』(제3집) 2021년 10월

아름다움, 그 비의어를 생각한다
— 절망 없는 비애

1

코로나로 통제된 2년, 줄어든 보폭으로 오랜만에 집 근처 공원을 찾았다. 대기는 아직도 찬데, 발밑에 돋아난 작고 여린 푸른 것들, 언 땅을 뚫고 나온 그것들과 마주하자니 문득 서화담 선생의 "지뢰복地雷復 괘에서 천지의 마음을 본다"는 말씀이 떠올랐다.

지뢰복 괘는 동짓달 언 땅에서 초목의 종자가 발아하는 모습으로, 한겨울의 어려움을 이겨내고 사람의 본성을 회복克己復禮한다는 뜻을 담고 있는 괘다. 동지의 가장 긴 밤도, 하지의 가장 긴 낮도 그것을 마크하는 순간부터 쇠퇴하기 시작하여 복 괘의 형상▤▤을 들여다보면 극성極盛한 5음(밤)이 물러나고, 맨 아래 1양의 낮의 기운이 일어난다. 이처럼 음陰이 극極에 이르면 양陽으로 돌아가고, 양이 극에 이르면 음으로 돌아가 동지와 하지가 있게 된다. 하지는 음력 5월, 간지로는 오午가 되며 천풍구 괘에 해당한다. 동지는 음력 11월, 간지로는 자子가 되며 지뢰복 괘에 해당한다. 동지에 이르러 비로소 지구의 축軸인 자오선子午線이 바로 선다.

동짓날은 이렇게 하늘과 땅이 처음으로 회선回旋을 시작하는 날이다. 해서 화담 선생은 자연현상을 통해 천지天地의 마음을 보게 되는 것은 '천지의 틀' 자체가 이미 그러한 때문이며, 복復 괘의 현상이 '자연의 덕'인 것과 같이 사람도 '복 괘의 덕'을 실현하라고 하셨다. 나는 지금 '자연의 덕'을 생각한다. 도道는 만물을 낳고 덕德은 이를 기른다며 노자는 '도와 덕이 존귀한 이유는 늘 변함이 없어서 저절로 그러할 따름이기 때문'이라고 한다. 스스로 그러함의 '자연'은 독자獨者의 힘으로 자기 자신에 의해 그렇게 되는, 타연他然이 아닌 자연自然인 것이다.

우주의 시작도 위대한 설계자를 필요로 하지 않고 우주가 스스로를 어떻게 창조했는지를 호킹 박사도 『타임』에서 밝힌 바 있다. 아무것도 없던 태초에 양전기와 음전기가 태극처럼 대칭을 이룬 용광로의 점 하나, 그 무극無極에서 대폭발이 일어나 지금의 우주가 되었다고 한다. 독자의 힘으로 탄생한 우주를 호킹 박사는 '자연의 법칙'으로 언급했다.

양자이론을 구축한 20세기 초의 물리학자들은 '우주가 본질적으로 아름다운 존재'라고 설파했다. 노벨물리학상 수상자인 프랭크 윌첵Frank wilczek은, '아름다움'은 우주를 서술하는 가장 심오한 논리이며, 우주는 태생적으로 아름다울 수밖에 없다고 피력했다.

그런가 하면 '자연이 아름답다'고 말한 진화생물학자인 요제프 H· 라이히 홀프Josef H· Reichholf는 "미美가 생존을 결정한다"면서 미의 기원, 그 뿌리를 생물학적인 것에서 찾고 있다. 가령 수사슴의 멋있는 뿔과 수컷 새들의 화려한 깃털은 암컷들의 성性 선택을 받기 위해서라고 한다. 꽃의 화려함은 그것을 알아보는 눈을 가진 곤충들을 유혹해서 번식에 성공하기 위한 생명 연장의 전략이라는 것이다. 아름답지 않고서는 살아남을 수 없다는 이야기다. 살아 있는 자연은 생명의 지속을 위해 자신의 몸을 최대한 균형잡힌 비율로 최적화시킨다. 잎과 나무며 인간과 동물이 대칭구조로 된 것도 그 예라 할 수 있다.

누가 저 아름다운 호랑나비의 날개를 대칭으로 만들었을까? 휘황찬란한 빛깔하며 독특한 그 기하학적 문양은 또 누구의 솜씨런가? 장미나 달리아의 속이 꽉 찬 꽃잎들도 아름다운 대칭인 나선형으로 배치되어 있으며 은하계를 이루는 수십억 개의 별조차도 나선형으로 배치되어 있다. 누가 그렇게 한 것일까?

화담 선생이 언급한 '천지의 틀' 자체가 이미 그러한 때문이라는 점과 호킹 박사의 '자연의 법칙'을 생각해본다. 생명! 그것의 지속을 위한 실로 놀라운 진화라고 하겠다.

"만물이 음陰을 짊어지고 양陽을 안아서 빈 기운沖氣으로 조화를 이룬다"고 언급한 노자는, 우주는 맨 처음 유일절대의 실재인 도道의 작용에 의해 천지가 열렸다고 한다. 그에 의하면 '도는 하나를 낳고 하나는 둘을 낳고 둘은 셋을 낳고 셋은 만물을 낳았으니,' 이것은 마치 '태극'이 양의兩儀를 낳는 것과 같다. 태극이 음양을 낳으니 1생生 2법法, 음양에서 4상象이 나오니 2생 4법, 4상에서 8괘가 나오니 4생 8법. 이처럼 천지 만물의 존재구조를 2진법으로 도식화한 사람은 중국의 철학자 소강절이었다.

천지의 덕은 이와 같이 1생 2법으로 끊임없이 만물을 낳고 낳는 '생생지위역生生之謂易'인 것이다. 자연의 법칙은 곧 '생명의 지속'이며 그것을 수행하기 위해서 자연은 아름다워야만 한다는 것이다. 그러나 모든 존재는 홀로 할 수 없다. 그 존재를 완성되게 하는 상보적인 어떤 다른 존재가 있어야 한다. 태극도◉를 보면 서로 맞물린 두 개의 반원(음·양)은 서로 상대방을 포함하면서 상대방에게 포함된다.

양자론의 해석을 완성한 덴마크의 물리학자 닐스 보어Niels Bohr는 이와 같은 음양론에 감동을 받아, 자신의 문장紋章에 태극도를 그리고 거기에 "대립적인 것은 상보적인 것CONTRARIA SUNT COMPLEMENTA"이라고 적었다. 음양의 대대對待와 상보적 세계관, 즉 대립을 통해 화합과 통일이 가능해진다는 것이다. 음과 양의 배후에 놓여 있는 이 통일체를 주역에서는 '도'라고 불렀다. 한번 밤 되고 한번 낮 되는 주야晝夜와 한서寒暑의 순환반복, 그 천도天道의 운행을 생각한다. 무궁하게 이어지는 자연의 실재가 도의 본체라고 한다면, 덧없는 여정旅程으로서의 인생은 현상인 것이다.

무궁無窮과 무상無常, 영원과 순간. 둘이면서 하나인 현상과 본체로서의 자연과 인생을 또 한 번 생각해보게 되는 것이다.

자연의 현상은 음양운동으로 생성과 소멸의 지배를 받고 있으나 자연의 근저에 놓여 있는 본질道은 그것들의 영향을 받지 않는다. 허나 현상은 생멸生滅이다. 하여 우리 인간은 도처에서 시간의 무상성無常性을 체감하게 된다. 내가 앉아 있는 이 공원 의자에도 얼마 뒤면 구름 같은 벚꽃이 피었다가 스러지고 몇 번이고 몇 번이고 또 그렇게 지나가리라. 그리고 어떤 다른 사람이 와서 앉겠지. 절망 없는 비애를 가슴에 안는다.

2

정년퇴직한 남편과 함께 해외여행이 가능해진 것은 60이 넘어서였다.

파리에 도착한 날, 내가 처음 만난 이름은 모파상이었다. 샹젤리제 거리의 벽보에 그의 소설『메종 텔리에』가 연극 포스터로 붙어 있었다. "어두워 어두워!"를 외치며 정신병원에서 혼자 쓸쓸히 죽어간 모파상. 그의 무덤을 찾기 위해 몽파르나스 작은 묘역으로 들어섰다. 후드득, 빗방울은 갑자기 우박으로 변하고 무덤은 숨어서 보이지 않았다. 달리 방도가 없어서 남의 석실 안으로 들어갔다. 무덤 안에는 여섯 사람의 이름이 적혀 있었다. 우리는 좁고 음습한 공간에 바짝 붙어 서서 비가 멎기를 기다렸다. 한 시간 가량

지나 찻집에 가서 젖은 옷을 말리고 다시 나섰다.

앞서 걷던 남편이 큰소리로 나를 불렀다. 두 개의 흰 원기둥이 높다랗게 떠받치고 있는 묘표 위에 우리가 애타게 찾던 그의 이름이 싱거우리만큼 커다란 글씨로 쓰여 있었다. 무덤은 녹색 철책으로 둘러싸여 있고 그 안에 자잘한 노란 꽃과 보라색 엉겅퀴 한 대가 높게 솟아 있었다. 그때『여자의 일생』주인공 잔느가 떠올랐다. 그녀의 꿈은 깨어지기 쉬운 유리조각이었던가. 그의 남편은 함께 있던 정부情婦와 사고로 죽고, 그가 살던 저택은 아들의 노름빚으로 사라졌다. 다만 혼자서 늙어가고 있을 뿐인 그녀에게 어느 날 갓난아기가 품 안에 들어왔다. 폴이 낳은 딸애였다. 아기를 손으로 받을 때 "갑자기 휘황한 광선에 쏘인 것 같은 느낌이 들었다"고 잔느는 말한다. 울어대는 아기의 볼에 입맞춤을 하면서 나직이 중얼거리던 그녀의 말을 나는 잊지 못한다.

"인생이란 생각한 것처럼 그렇게 좋은 것도 아니고 나쁜 것도 아니다"라고.

모파상 작품의 결미는 언제나 불행으로 끝난다. 그러나 작품 못지않게 더 불행했던 것은 실제 그의 삶이었다. 그의 유해가 이곳에 묻힐 때, 에밀 졸라가 읽은 조사 몇 대목이 떠올랐다.

"그러한 그가 정신착란에 빠졌습니다. (…) 그는 이 세상에서 살았던 가장 행복하고 또 가장 불행한 인간의 한 사람으로서 (…) 눈물에 싸여서 죽어간 형제로서 언제까지나 남을 것입니다."

솜사탕처럼 화사하게 피어난 연보라 빛깔의 엉겅퀴꽃! 그러나 방사형 속에 가둔 수많은 가시는 내면을 향해 찌르는 그의 어떤 심상心像을 표징하는 것처럼 보였다. 가시를 안고 선 꽃! 우울한 페미니스트! 어쩌면 인생은 눈물 한 방울일지도? 그때 '아름다움은 슬픔과 하나'라던 안톤 체호프의 말이 이해되기 시작했다. 아름다움이란 글자 그대로 '앎'인 것이다. 슬픔이 아름다움이라는 감성은 비애悲哀가 곧 '인생'이라는 것을 의미하기도 한다.

연민 속에서 비애를 자각自覺하는 인간이야말로 자연보다 더 아름다운 존재가 아닐까, 문득 그런 생각이 들었다. 나는 인간인 것이다.

『인간·철학·수필』(제4집) 2022년 9월

정의에 대한 생각

무엇이 바르고 무엇이 옳은가.

"정의正義란 결코 단순하게 정의定意할 수 없다"고 미셸 푸코는 말했다.

하버드 법대 교수인 마이클 샌델도 그의 저서『정의란 무엇인 가』에서 정답은 밝히지 못하고 어떻게 하는 것이 올바른 일인지 는 참으로 단정하기 어렵다고 실토한 바 있다. 이 책의 원제도『정 의 : 어떻게 하는 것이 올바른 것인가 Justice:What's the Right Thing to do?』이다. 그는 정의에 대한 상반된 여러 상황을 제시하며 우리로 하여금 스스로 숙고하게 한다.

예를 들면 영국이나 미국에서 대리모를 구할 때, 가격이 덜 비 싼 인도에서 대리모를 구해온다는 것이다. 그런 방식으로 아이를 갖는 것이 옳지 않다고, 정의가 아니라고 주장하나 한편으로는 아 이를 얻은 부모는 행복해하고 대리모는 받은 돈으로 집도 사고 자녀들을 대학에 보내며 안락하게 살 수 있다면, 그것이 과연 정의가 아니라고 할 수 있겠는가 하고 묻는다.

2020년 그는 『공정하다는 착각』을 써내 다시 한번 정의에 대한 돌풍을 일으켰다. 푸코의 말대로 정의란 '임의적'이어서 정권을 잡은 사람들은 권력을 휘두르며 아전인수격으로 자기네들의 의견이 정당하다고 주장한다. 거기에 맞선 사람들 또한 자기네 의견이 정의라고 뜻을 굽히지 않는다. 실재하지도 않은 이념의 도그마에 참으로 많은 사람이 희생된 것을 우리는 역사에서 보아왔다. 피비린내 나는 당쟁의 사화士禍, 자신은 물론이요 심지어 삼족을 멸하는 멸문지화를 당한다. 그러나 임금이 바뀌면 불의한 자는 다시 정의한 자가 되어 정계에 복귀하고 실권자失權者들은 불의한 자가 되어 귀양을 가거나 사약을 받는다.

옳고 그름, 시비是非의 속내에는 사적私的 이익이 전제되어 있음을 알 수 있다.

악의 평범성

맹목적인 신념처럼 무서운 것이 다시 있을까?

유대인 정치철학자 한나 아렌트가 정리한 '예루살렘의 아이히만'(악의 평범성에 대한 보고서)에 대한 재판기록이 생각난다.

1961년 4월 11일. 예루살렘의 한 법정에서 2차 세계대전의 전범 재판이 열렸다. 아돌프 아이히만은 유럽 각지에서 유대인을 잡아 강제로 열차에 태워 폴란드의 수용소로 이송한 책임자였다. 어린이 150만 명을 포함해 유대인 600만 명이 학살되었다.

"나는 잘못이 없습니다. 나는 월급을 받는 관리 중 한 사람으로서 상부의 지시를 따랐을 뿐입니다. 죄가 있다면 명령에 따른 것이겠지요."

결백을 주장한 그의 말이다. 그는 지독한 반유대주의자로, 히틀러의 말을 양심의 기준으로 삼고 전혀 가책을 느끼지 않았던 인물이다.

이에 한나 아렌트는 이렇게 말했다.

"그가 가진 근면성 자체는 죄가 될 수 없다. 그럼에도 그가 유죄인 명백한 이유는 '무사유無思惟, Sheer Thoughtlessness' 곧 아무 생각이 없었기 때문이다." 그리고 그의 특성은 사악함이 아니라 천박함이라고 하였다. 그는 평범한 인물로 다만 전체주의에 둘러싸인 채 행해지는 악을 진부하게 느꼈을 뿐, 그 스스로 생각하기를 포기했고 그것(종족의 절멸)을 당연하게 느낀 것이라고. 그래서 한나 아렌트는 아이히만에게 살인범의 사악함이 아닌 '같은 세계에 존재하는 것에 대한 세계의 거부'를 이유로 사형을 판결하는 판결문을 재작성하여 첨부하였다.

1962년 6월 1일 그는 교수형에 처해졌다. 아이히만의 반인륜적 행위는 옳고 그름을 생각하지 않고 전체주의에 무조건 순종한 '사유의 무능력' 때문이었다. 그 악마의 평범성을 지적한 한나 아렌트의 통찰력은 신선한 충격이었다. 사유가 삶의 방식을 지배한다. 그러나 편견과 오류를 고집하는 맹목적인 신념은 악이 될 수 있다.

양심은 선善에 속한다

칸트는 인간이란 무엇인가에 대해 '인간은 인간 이상의 것이다' 왜냐하면 '인간 이상'이 인간의 본질에서 나왔기 때문에 거부할 수 없고 또 그것이 인간의 능력을 넘어서기 때문에 대답할 수 없다고 하였다. 그는 '선험 형식'을 내세워 진리를 인식할 수 있는 그 주체가 어떻게 가능한가를 설명하고자 했다.

불교에서는 인간의 존재를 오온으로 설명한다. 몸과 마음 과정인 수상행식受想行識의 관계로 인식론을 통찰하자면 사물 → 눈 → 인상 → 표상 작용, 여기까지를 칸트는 순수이성이라고 보았다. 왜냐하면 '상想'의 복합 관념이 붙기 이전의 자리이기 때문이다. '상想'이란 마음이 모양相을 만들어낸 복합 관념이다. 눈 → 인상 → 표상은 보는 그대로가 왜곡현상 없이 '나'이다. 자아관념의 필터로 굴절시킨 망상妄想에 물들지 않은 그 '선험先驗'을 칸트는 순수이성이라고 하였다. 선험 형식은 누구에게나 있고 인간은 경험 이전에 대상을 인지하는 틀을 선험적으로 갖고 있다는 것이다.

칸트는 '인간은 무엇을 알 수 있는가?'를 『순수이성비판』에서 다루고, '인간은 무엇을 할 수 있는가?'를 『실천이성비판』에서 다루었다. 그는 실천이성의 본질을 자유로 보고 실천이성의 형식을 도덕으로 보아 사회 문제를 해결하고자 하였다.

"내 머리 위의 별빛 찬란한 하늘과 내 마음속의 도덕률이 있다"고 외쳤다. 그는 '도덕률'을 실천이성의 정언 명령으로 받아들였다. 도덕 근본주의자로서 그의 자유가 도덕 원칙과 충돌하지 않기 위해 그는 자신의 양심을 얼마나 들여다봐야 했을까? 칸트는 자신이 말한 양심이란 선험적이고 보편타당한 것이라고 주장할지 모르나 양심을 양심이라고 하면 이미 바른 양심이 아닌 것이 된다. 자신은 이성적이고도 양심적으로 절대 선善을 지향한다고 말하지만 에고가 발동하는 순간 그것은 '독선獨善'으로 바뀔 수 있기 때문이다. 도덕주의는 자칫 이데올로기로 전락하고 만다. 양심은 무엇보다 에고에 물들기 때문이다. 칸트는 '양심'을 선험으로 보았는데 그것은 오염되는 3차원의 세계였다.

모든 선善은 악惡을 회임하고 있다

심성론心性論에서 순자는 성악설을 주장하고 맹자는 성선설을 주장했다. "사람의 성품이 본디 착함은 물이 아래로 흐르는 것과 같은 것"이라 하고 맹자는 '사단설四端說'에서 악을 미워하는 수오지심羞惡之心을 의義의 단초라고 보았다. 의가 격퇴해야 할 대상은 그러니까 악이다.

유가儒家의 선악관은 선을 선택해서 그것을 고집하는 '택선이고

집擇善而固執'이다. 그러나 도가의 노자는 인仁을 잃은 뒤에 의義가 있고, 의를 잃은 뒤에 예禮가 있는 것이라며 "도는 늘 함이 없되, 하지 않음이 없다道常無爲 而無不爲(『도덕경』제37장)"고 무위無爲를 주창했다. 도에서 가장 멀어진 상태가 예라며 상덕上德은 도의 근원에 가까우니 무위로 처해야 한다는 것이다. 또한 무위의 정치는 손익損益, 선·악의 대결에서 벗어나 마음이 허공처럼 자연과 회통하게 되면 세상은 자연처럼 스스로 다스려진다는 무위지치無爲之治를 언급했다. 노자는 악을 선의 적이나 투쟁의 대상으로 보지 않았다. 악은 선의 바깥에 서 있는 이물질이 아니라 선이 분비한 또 다른 모습善惡不二이므로 그것을 없애기보다는 마음을 무아無我로 바꾸라고 충고한다. 모든 선은 악을 회임하고 있기 때문이다.

불사선 불사악不思善 不思惡하라

양심은 더러움(에고)에 물들기에 경험의 차원에 속한다. 선험先驗은 악에 물들지 않은 청정한 마음자리이다. 중국의 선사 6조 혜능이 어느 날 남악회양에게 그것을 물었다.

"가히 (마음) 닦아서 증득證得할 수 있는 것인가?"

"닦아 증득함이 없지는 않사오나 물들지 않습니다."

"물들지 않는 바로 이것이 모든 부처님들께서 애써 지켜주고 있는 것이다. 그대도 그렇고 나 또한 그러하다."

그 자리에서 남악은 혜능의 인가를 받아 그의 법을 이었다.

선험은 항상 있으면서如如 경험에 영향을 받지 않는다. 경험이 작용用이라면 선험은 본체體라고 할 수 있다. 선험體은 온갖 경험用이 일어나는 바탕으로, 하나는 마음자리이고 다른 하나는 마음 작용이라고 할 수 있다.

"도는 닦아 익힐 필요가 없다. 오직 더러움에 물들지만 않으면 된다"는 마조馬祖 대사의 가르침 또한 그것과 다르지 않다. 마음은 본래부터 청정한 것, 일부러 닦아 깨끗이 할 필요가 없다는 것이다. 그대의 심성, 그것은 본래부터 부처였으므로 다른 데서 부처를 구하지 말라. 마조 대사는 본래 청정한 그 '마음이 바로 부처卽心卽佛'라고 설파하였다. 본래성불을 깨닫고 나면 옳고 그름의 시비도 사라진다. 내가 진리라고 혹은 정의라고 믿었던 것들은 업습業習에 따라, 즉 인연에 반응한 자아관념의 굴절인 것이다. 그때 떠오른 것이 혜능선사의 '불사선 불사악不思善 不思惡'이었다.

6조 혜능은 빈농의 아들로 태어나 홀어머니를 모시고 나무장사를 하던 중, 어느 객승의 독송을 듣다가 "머무는 바 없이 그 마음을 내라應無所住 而生其心"는 대목에 이르러 홀연히 마음이 열리며 깨달은 바가 있었다. 그가 황매산 5조 홍인의 법을 전수하여 의발을 가지고 떠날 때였다. 홍인은 "신표로서 전한 의발은 네 대에 그치고 더 전하지 말라. 유형의 물건 때문에 법난쟁탈이 벌어질까 두렵다"고 말하며 그를 이 밤으로 대중의 눈을 피해 남쪽으로 떠나가게 했다.

이튿날 이 사실을 안 대중들은 그를 추적하는데 선봉에 선 혜명 상좌가 대유령에 이르렀다. 6조 혜능은 혜명이 오는 것을 보고 의발(가사와 발우)을 바위 위에 올려놓고 말했다. "이 의발은 달마 대사 이래의 신표이니 어찌 힘으로 대결할 것인가? 그대가 힘으로 가져갈 수 있거든 소원대로 가져가라." 그러나 웬일인지 의발은 바위와 함께 붙어서 떨어질 줄을 몰랐다. 점차 두려운 생각이 들면서 잘못을 깨달은 혜명은 무릎을 꿇었다. "행자님, 소승은 의발을 탐내어 쫓아온 것은 아니며, 오직 불법을 구하고자 했을 뿐입니다. 원컨대 이 몸을 가엾게 생각하고 법을 가르쳐주십시오."

혜능은 이때 말했다. "불사선 불사악不思善 不思惡하라. 선도 생각하지 말고 악도 생각하지 말라. 이러한 때에 그대의 진면목은 무엇인가?" 하고 그에게 되물었다. 혜명은 언하에 깨닫고 눈물을 흘리며 절하고 다시 물었다.

"예로부터 전해오는 밀어밀의密語密意 외에 또 다른 의지意旨가 더 있습니까?"

"내가 지금 설한 것은 결코 밀의가 아니요, 밀의는 그대 스스로의 면목을 마음으로 밝혀보는反照 바로 그곳에 있으리라"고 하였다.

그가 말한 밀의密意, 그것은 태어나기 전부터 갖추어져 있는 본래 면목인 '마음'. 물들지 않은 그 마음先驗을 아는 데에 있지 않을까?

선·악을 초월한 무심無心. 선도 아니고 악도 아닌, 마음의 저울 눈금이 제로(0)인 상태. 오염되지 않은 그 본래의 마음을 자각하면 그 이분법으로부터 자유로울 수 있지 않을까? 그런 생각이 들었다.

'불사선 불사악不思善 不思惡' 하라.

『인간·철학·수필』(제5집) 2023년 9월

신神 또는 신적神的인 것에 대하여

신은 과연 인간을 창조했는가?

영국의 진화생물학자인 리처드 도킨스(1941~)는 자신의 책 『만들어진 신The god delusion』에서 '신이 있다'라는 믿음 자체가 망상이라고 언명言明한다.

철학자 시오도어 드레인지는 "신이 존재한다면 그의 존재를 뒷받침하는 훌륭한 객관적 증거가 있을 것이다. 하지만 그의 존재를 뒷받침하는 객관적 증거는 없다. 그러므로 신은 존재하지 않을 것"이라고 공표했다. 미국 국립과학원은 "과학은 자연적 원인을 통해 자연계를 설명할 뿐, 초자연적인 것에서는 아무 말도 할 수 없다. 신의 존재 여부는 과학에 중립적 질문"이라는 입장을 표명했다. 그동안 참으로 많은 과학자, 신학자, 철학자, 작가들이 신의 존재에 대해 논증해왔다.

철학자 버트런드 러셀(1872~1970)은 『나는 왜 기독교인이 아닌가』라는 자신의 책에서 "나는 왜 하나님과 영생을 믿지 않는가? 나는 왜 예수가 대단히 높은 수준의 도덕적 선善을 행한 사람이라는 건 인정하지만 최선, 최현最賢의 인간이었다고는 생각하지 않는가?"에 대한 자신의 견해를 기술하고 있다. 그는 각 종교가 자신의 기득권을 보전하기 위해 자유와 진보를 박해하는 과정에서 결국은 속세의 권력과 결탁하게 되며, 민중의 정신을 현혹하고 인권을 억압하기 때문에 종교는 해롭다고까지 말했다. "종교 없는 세상은 자살폭파범도, '9·11'도, 십자군전쟁도, 마녀사냥도, 이스라엘과 팔레스타인 전쟁도, 보스니아 대량 학살도 없었을 것"이라고 리처드 도킨스도 가세한 바 있다.

작가 조지 버나드 쇼(1856~1950)는 우리가 익히 알고 있는 잔 다르크의 생애를 〈성 조앤Saint Joan〉이라는 희곡으로 발표했다.

잔 다르크는 성녀인가, 마녀인가?

백년전쟁 말기, 오를레앙에서 온 소녀가 '위기에 빠진 프랑스를 구하라'는 신의 계시를 받았다면서 군대를 지휘하게 해달라고 요청했다. 프랑스는 영국에 북부지역을 빼앗기고 왕세자는 대관식조차 치르지 못하는 상태였다. 남장을 한 그녀는 연전연승하며 대승을 거두었고, 덕분에 왕세자는 대관식을 치를 수 있었다. 그가 샤를 7세였다. 그러나 콩피에뉴 성이 영국군에게 함락되자 그녀는 포로로 잡혀 공개재판에 회부된다. 5개월 동안 29차례 심문을 받으며 마녀가 아님을 스스로 증명해야 했다. 630쪽에 달하는 재판기록의 간추린 대화가 『성 조앤』에 담겨 있다. 버나드 쇼는 그녀를 화형에 처한 재판은 불성실하지도, 부패하지도 않았다고 하며, 재판부가 법과 양심에 따라 얼마나 성실한 논쟁을 펼쳤는지를 보여준다. 쟁점은 마녀냐, 이단이냐였으며, 조앤은 결코 신파극의 주인공이 아니며 루터보다 앞서 신과 직통하는 종교개혁가로 그리고 있다. 그러나 마법으로 적을 살해하려 했다는 죄와 악령의 도움을 받았다는 죄목으로 그녀는 루앙의 광장에서 화형에 처해졌다. 19세의 나이였다.

『잔 다르크의 생애』를 조망한 프랑스 작가 아나톨 프랑스(1844~1924)는 종래의 잔 다르크 전傳의 잘못된 원인을 사료에서 찾아내고, 루앙의 종교재판에서 그녀의 답변은 여러 번 환시상태에 빠져 이성을 잃은 말이었으며 그녀의 전기는 유력한 어용작가의 손으로 쓰인 것이라고 주장했다.

재판관을 비롯한 신학자들은 잔 다르크에게 인간으로서의 정체성과 신의 부름에 대한 확신, 대천사 미카엘에게 받은 계시 등의 내용을 캐물었다. 이에 잔은 자신이 신의 계시를 받은 뒤 이런 인간적 관습들은 모두 초월했다는 대답을 내놓으며 게다가 신으로부터 영혼의 안위를 보장받았기 때문에 재판관과 교황청이 자신을 판단할 권리가 없다고 말했다. 재판관을 비롯한 신학자들의 철학적 논리로 된 어렵고 이해하기 힘든 질문임에도 글자도 읽을 줄 모르고 교육도 제대로 받지 못한 그녀의 답변은 주변을 긴장시키기에 충분했다.

아나톨 프랑스는 근대의 역사가들이 이것을 소재로 하여 잔 다르크의 깊은 신앙심이나 뛰어난 재지才知와 전술적 재능까지 부여해 그녀를 국민적 영웅, 성자로까지 만들었다는 어리석음을 지적한다. 잔 다르크는 중세에 있어서의 많은 환시자幻視者의 한 사람에 지나지 않는다며, 굳이 그녀의 가치를 찾는다면 '그녀가 가졌던 위대한 희생심과 용기에 있겠다'라고 기술했다.

그녀는 환시자였을까? '종교는 환상'이라고 말한 지그문트 프로이트가 갑자기 떠올랐다. 그리고 정신과 의사인 토머스 사스의 말도 생각났다.

"만약 신에게 이야기를 건넨다면 당신은 기도하고 있는 것이고 신이 당신에게 이야기를 한다면 당신은 정신분열증을 겪고 있는 것이다." 그렇지 않아도 요즘 들어 많은 과학자가 잔 다르크가 정신분열증을 앓았을 것으로 추측하고 있다. 그녀가 들었다는 '신의 목소리'는 환청일 가능성이 높기 때문이다. 신경과학자 데이비드 이글먼은 "역사에 등장하는 예언자와 순교자 그리고 한 종족을 이끌었던 지도자 중 일부는 측두엽 간질을 앓았을 가능성이 높다"고 말한다. 이 병을 앓는 환자들은 자신의 신념에 더욱 큰 확신을 느끼면서 '모든 것의 배후에는 어떤 섭리나 영혼이 존재한다'고 주장한다.

심리학자 마이클 퍼싱어 박사는 뇌의 특정 부위에 자기장을 방출하는 헬멧을 씌우고 피험자들과 인터뷰를 했는데 그들은 위대한 존재를 느꼈다고 대답했다. 어떤 신성한 존재의 현현顯現으로 이를 하나님이나 부처님으로 해석하기도 했고, 종교가 없는 사람은 자비로운 존재나 경이로운 우주를 보았다고 주장했다. 버나드 쇼 역시 조앤의 계시와 환상에 대하여 언급한 부분이 있다.

"상상력이 너무도 분명하여 어떤 생각을 품게 되면 때때로 그것은 자기 눈에 보이는 인물이 말하는 목소리로 여기는 정신이상자이거나 혹은 천재의 영감과 직관 그리고 무의식적으로 추론된 결론들은 때때로 그와 비슷한 환상의 모습을 취한다. 소크라테스, 루터, 스위든 버그, 블레이크는 성 프란시스나 성 조앤과 마찬가지로 환상을 보았고 계시를 들었다."(『성 조앤』 21쪽)고 적고 있다.

무의식에서 발견된 신의 상像

무의식의 언어를 해독하고 인류의 원초적 상징을 해석한 사람. 심층심리학자 카를 구스타프 융(1875~1961)은 '귀령鬼靈신앙의 심리학적 토대'라는 강연에서 이렇게 말했다.

"어떤 생각을 증명할 수 없다고 해서 그것을 거부해야 한다고는 생각지 않는다. 증거가 있든 없든 존재하는 것은 존재하는 것이다. 우리가 설명할 수 있느냐 없느냐와는 무관하게 경험은 지속된다"고 발표했다.

융이 분류한 인간의 여덟 가지 유형 중에서 나는 '내향적 직관형直觀型'에 주목한다. 혹시 잔 다르크도 이 유형에 속하지 않았을까? 이 유형의 사람은 구체적 현실에서의 가능성보다 정신세계에서의 가능성을 더 잘 파악하며, 귀신 이야기나 이상심리학에 경도되기 쉽고 신비주의자나 몽환가로 비쳐진다고 한다. 예언가, 시인, 무당, 심리학자 등이 여기에 해당되며, 라이너 마리아 릴케, W·B 예이츠 등은 혼백을 부르는 영매모임의 회원이었고, 소동파, 헤세, 에즈라 파운드도 이 유형에 속했다.

융도 다르지 않았다. 그는 에크하르트의 신비주의에 경도되었고, 심령현상을 다루는 소위 '신비현상'이라는 초超심리학 분야에 관심을 기울였다. 그는 의식과 무의식의 조화로운 통합을 위해 스스로 조정하고 질서 지우는 우리 정신의 내적인 균형감각, 혹은 형이상학적인 최고의 진리. 자연의 운행을 조정하는 알 수 없는 궁극의 원리 같은 것에서 인간들이 신神이라 부르는 대상에 해당되는 것들을 발견해냈다. 그가 확인한 것은 무의식에서 발견된 '신의 상像'이었다.

우리 마음속의 심령, 영혼을 뜻하는 아니마, 아니무스는 모두 자아의식을 초월하는 특성을 지닌다. 그것은 나의 통제를 받기보다는 고도의 자율성을 지닌 독립된 인격체와 같은 것으로 융은 인간의 무의식 속에 그와 같은 독자적 인격이라 할 만한 것이 존재한다고 믿었다. 이를 '내적 인격, 무의식적 인격'이라고 불렀다. 그는 무의식 속에 인간들이 신神이라 부르는 대상에 해당되는 것들을 발견하며, 집단무의식 내의 원형이란 다신교多神教적인 신들이라고 언급했다. 융은 노자의 『도덕경』을 애독하고 공자의 '주역'을 이해했다. 도道는 항상 아무것도 하지 않고 자연의 이법理法에 의해 모든 것을 성취함이 없으면서도 하지 못하는 게 없는 무불위無不爲의 작용. 그것을 일러 자연自然 또는 도道, 역易 그리고 신神이라고 불렀다.

역易란 한마디로 음양 소장消長에 따른 변화이다. 모든 사상事象은 궁극에 다다르면 변화한다. 음의 기운이 극성極盛하면 양으로 '변'하고, 양의 기운이 극성하면 음으로 '화化'하는데 이것을 '변화'라고 한다. 공자는 이러한 음극양변陰極陽變과 양극음화陽極陰化의 이치를 알면 생사生死의 문제를 알 수 있으며, 귀신의 정상情狀까지도 알 수 있는 바, 그 '신神'의 하시고자 하는 바를 안다고 설파했다. 그리고 신神이란 '알 수 없는 음양의 움직임' 즉 '음양불측지위신陰陽不測之謂神'이라고 언명했다.

서양의 창조주 개념과는 달리 동양에서는 설계자의 개념이 없다. 노자와 장자도 주재자主宰者의 개념을 철저히 내재화하였듯 동양에서의 자연은 창조자의 피조물이 아니라 '스스로 그러함'의 자연일 뿐이다. 자연 운행의 추동력은 자체적인 조직성에서 나온다. 이처럼 외부의 에너지를 필요로 하지 않고 자체적으로 운동할 수 있는 그 근거가 바로 음양陰陽이다.

공자는 "주역은 생각하는 것도, 무엇을 행위하는 것도 없이無思也, 無爲也 고요히 움직이지 않다가寂然不動 느껴서 드디어 천하의 연고에 통하나니 천하의 지극한 신至神=太極神이 아니면 그 누가 여기에 참여할 수 있겠는가?"(「계사상전」 제10장)라고 묻는다. 텅 빈 채, 고요히 멈춰 있다가 별안간 안으로 와닿는 파장의 울림. 외감外感의 내응內應 같은 것. 주역에서의 이러한 지신至神은 초월적인 신God을 의미하는 것이 아니라, 융 심리학에서 말하는 '인간의 원형' 즉 내재적인 신을 뜻한다.

부르든 부르지 않든 신神은 항상 존재할 것이다Vocatus atque non vocatus deus aderit.

융이 잠든 퀴스나흐트의 묘지에서도 그의 집 현관문에서도 만날 수 있는 글귀이다.

'신神은 방소가 없으며 역易은 체가 없다神無方易無体.'(「계사상전」 4장) 그러므로 신은 어디에나 있으며 어디에도 없다. 또한 역은 무체無体이기 때문에 담는 대로 담기는 물처럼 형체가 없으면서 또한 어떠한 형체도 수용한다는 공자의 '지신至神'을 그는 알고 있었던 것일까.

만년에 "신을 믿느냐?"는 기자의 질문에 융은 웃으며 "신을 안다"고만 답했다. 그리고 "내가 신의 존재를 증명하고 있다고 생각하면 그것은 유감스럽게도 착각이다. 나는 신성神性 원형의 존재를 증명할 뿐이다"라고 말했다. 덧붙여 그는 "인간이 신을 조금 더 깊이 들여다본다면 신은 깨닫지 못한 인간 마음이 엮어낸 환상의 베일에 불과한 것임을 알게 될 것"이라고 말했다.

플로티누스의 '일자一者'

"일체가 죽어도 죽지 않는 부분이 있다. 인간에게는 신적神的인 것이 있다"고 말한 신비주의 철학자 플로티누스plotinus(205~270)를 주목하게 된다. "나는 가끔 육체로부터 나 자신으로 깨어나 다른 모든 것 밖으로 나가고 나 자신의 내부로 들어와 경탄할 만한 아름다움을 거기에서 발견한다"는 그의 철학의 목표는 지성을 통해 그가 '일자一者'라고 부른 통일체에 도달함으로써 개별성을 극복하자는 데 있었다. '일자一者'란 신적이고 우주적인 지성이며 개별체들은 그것의 일원으로서 사후에 그것과 다시 합일合一한다고 주장한다. 그의 신적인 것에 해당하는 원리는 '하나' 혹은 '절대자' '선善 자체'를 지칭하며 '하나'는 '존재 너머 그리고 정신 너머'에 자리한다. 그의 정신이 지향하는 종착점은 '일자一者'다.

'하나는 시원이다.'(『엔네아데스』 VI9.6) '하나는 만물의 원인이다.'(『엔네아데스』 V5) '하나는 생겨난 모든 것들의 원천이자 힘이다.' '존재를 이끌어내는 힘이다.' 그의 책 『엔네아데스Enneades』에서 만나는 일자一者는 주역의 태극을 떠올리게 한다. 주역의 수는 하나(1)인 태극에서 음양(2)이 생기고 음양(2)에서 사상四象(4)이, 사상(4)에서 팔괘(8)가 생기며 끝없이 이분화二分化하여 프랙털 구조로 우주 만물이 생겼다. 태극은 우주의 본원이다.

> "모든 것이 일자一者로부터 나오는 이유는 그 안에 아무것도 없기 때문이다. 그러한 만큼 존재가 있기 위해서 일자 자체는 존재가 아니라 존재의 아버지이어야만 하며 그래서 존재는 그의 첫 아이인 것이다."
>
> ─플로티누스 (『엔네아데스』 V 2,1)

플로티누스가 말한 존재의 아버지, 존재의 첫 아이는 북송의 유학자 주돈이가 「태극도설」에서 밝힌, '무극이태극無極而太極'의 무극과 또한 다르지 않다. 무극은 천지 우주가 분화되기 이전의 상태다.

"일一이란 수數가 아니요, 수의 본체本体인 것이다."
"이理의 일一은 텅 빈 것이고, 기氣의 일一은 성근 것組인데 이들을 합치면 오묘하고도 오묘해진다."
화담 서경덕(1489~1546)의 『이기설理氣說』에서 만날 수 있는 글귀이다. 일자一者는 존재가 아니라 존재의 아버지, 수의 본체인 것이다.

이理란 우주나 자연의 원리와 같은 것이고, 기氣란 만물이 이룩되기 전부터 있었던 원소와 같은 기운을 뜻한다. '일기一氣란 천지만물의 근원이 된 혼연混然한 기운'으로 보았고 장자는 또한 이것을 태일太一로 표현하였다. 일음, 일양의 '일一'은 무無와 같은 것으로 아직 오묘한 작용을 나타내지 않은 것과 같은 상태이다. 그래서 플로티누스는 '존재가 있기 위해서 일자一者 자체는 존재가 아니라 존재의 아버지'이어야만 한다고 한 것이다. 그는 일자를 '신神'로 보았다.

밤나무가 풀숲에 밤 한 톨을 툭! 떨어뜨린다.
누가 문을 열어주었을까? 털북숭이 그 가시에서.

그것은 기氣 스스로가 그러하다氣自爾는 '자연'일 게다. 거기에서 나는 신의 숨결을 느낀다. 오늘 아침 나는 만추의 화단에서 발견한, 땅에 바짝 엎드려 핀 자잘한 별꽃 모양의 풀꽃! 햇볕에 눈을 깜박이는 연분홍빛의 별꽃 속으로 자꾸만 빨려들어가는 내 안의 어떤 신성神性을 체감한다. 낙엽더미 속에 오롯이 존재를 드러낸 지상地上의 별꽃. 우주가 나의 내부로 들어와 경탄할 만한 아름다움을 자아내는 신비감. 비로소 나는 '한 송이 들꽃에서 천국을 본다'는 영성 시인 윌리엄 블레이크를 이해할 수 있었다.

외감外感의 내응內應이다. 한순간의 신적神的 합일, 일체화다.

어찌 마음 밖에 신神이 있다고 하겠는가. 내 안에 갖추어진 태극 일자一者의 작용을 가만히 유추해보게 된다.

'신神은 있는가?'

철학자들은 신, 자아, 도덕적 규범이나 가치 등에 대해서 말해 왔지만 그것들은 그에 상응하는 실재를 갖지 못한다. 신은 우리의 감각에 나타날 수 없는 존재이기 때문에 그것이 참인지 거짓인지 에 대해서 우리는 확인해볼 도리가 없다며 "형이상학적인 주장들 은 실재를 반영하는 요소명제들로 환원하여 표현할 수 없다. 이렇 게 요소명제들로 표현할 수 없는 것에 대해서 우리는 침묵해야 한 다"고 한 금세기의 철학자 비트겐슈타인(1889~1951)의 말을 다 시금 상기하게 되는 것이다.

그는 말년에 자신이 추구했던 신과의 화해는 가장 엄격한 심판 관의 세밀한 검사로부터도 살아남을 수 있는 윤리적 진지함과 성 실성의 상태였고, 가장 엄격한 심판관은 바로 그 자신의 양심, 즉 '내 가슴 속에 사는 신神이었다'고 고백한 바 있다.

스토아적 지행知行 합일의 이 철학자는 그러므로 '멋진 삶을 살 았다'는 최후의 말을 남길 수 있었던 것이 아닌가 한다.

윤리적 진지함, 양심, 내 마음속의 신神은 동일한 좌표 위에 있 는, 플로티누스의 어법으로 말하자면 '선善' 자체, 즉 하나一者가 아 닐까 생각된다.

『인간·철학·수필』(제6집) 2024년 9월

서화담 선생의 기론氣論에 대하여

화담 서경덕(1489~1546)은 개성의 화정리에서 태어났다. 동문 밖 화담花潭 위에 서사정逝斯亭이라는 초막을 짓고 단좌 묵상하면서 오직 진리 탐구에만 전념하니 사람들이 그를 화담 선생이라 불렀다. 한미寒微한 무반 출신의 가문에서 태어나 일정한 스승 없이 다만 궁리와 격치格致를 중심으로 탐구와 사색을 거듭하여 자득自得의 경지에 이르렀다.

그는 하늘의 이치를 알고 싶으면 '하늘 천天 자를 벽에 붙여놓고 문을 잠근 채 한없이 글자를 바라보며 그 이치를 생각했다. 『대학』을 읽다가 '격물치지格物致知' 장에 이르자 기쁨의 눈물을 철철 흘리며 이렇게 다짐했다.

"아! 사람이 되어서 우주의 진리, 그를 깨닫지 못하고서야 어찌 사람이며 선비가 되어서 그를 격구格究치 못하고야 글을 읽어 무엇하랴?"

분발하여 며칠씩 잠을 자지 않기도 했고, 잠깐 눈을 붙이면 꿈 속에서 풀지 못한 이치를 알아내었다고 한다. 나중에는 문지방을 넘지 못할 정도로 쇠약해졌으며, 나이 마흔에 벌써 육십 노인처럼 보였다고 한다.

어릴 때, 어머니가 그에게 들에 나가 나물을 뜯어오게 하였는데 매일 늦게 돌아오면서도 바구니에는 나물이 조금밖에 들어 있지 않았다. 어머니가 그 까닭을 묻자 "나물을 뜯다가 새 새끼가 나는 것을 보았습니다. 첫날은 땅에서 한 치를 날고, 다음날은 두 치, 다시 그 다음날은 세 치를 날다가 차차 하늘을 날게 되었습니다. 저는 새 새끼가 나는 것을 보고 속으로 그 이치를 곰곰이 생각해 보았으나 터득하지 못하여 나물도 못 뜯고 귀가가 늦어지게 된 것 입니다."

벌거숭이 종달새 새끼가 털이 나고 날개가 생기더니 공중에 날 아오른다. 김을 매다 보니 땅속에서는 씨앗이 돋는다.

"무엇이 그렇게 하는 것인가?" 기자이氣自爾. 기氣가 스스로 그 렇게 한다며 끝없는 궁리를 거듭하던 어느 날 육안으로는 볼 수 없는 '무형無形의 지기地氣'를 깨닫는다. 화담은 기氣를 중심으로 세계를 설명하였으며 성리학 이해에 있어서 특히 『주역』을 중시 하였다.

그의 호 '복재復齋'는 지뢰복 괘에서 연유하며 자字 '가구可久'는

『주역』「계사전」의 '유친즉가구 유공즉가대有親則可久 有功則可大'에서 따왔다.

지뢰복 괘는 음이 극성한 동짓날 11월의 괘로써 한창 추운 때이다. 얼어붙은 땅속에서 초목의 종자가 발아하는 모습으로 이를 본받아 군자는 어려운 과정을 이겨내고 참고 노력하여 사람으로서의 본성을 회복하자는 극기복례克己復禮의 뜻을 담고 있다. 그는 "복 괘에서 천지의 마음을 본다復其見天地之心乎"는 유명한 글을 남겼다. 동짓날至日은 바로 하늘과 땅이 처음으로 회선回旋을 시작하고 음과 양이 처음으로 변화하는 날이다. 그러므로 "복 괘는 천지의 마음을 보여주는 것"이라고 언급했다.

성리학의 철학적 기초는 『주역』의 우주론적 이기론理氣論에 그 근원을 두고 있다. 오천 년 전, 중국의 복희씨가 나라를 다스릴 때 황하에서 용마가 나왔다. 용마龍馬의 등에 있는 점박이 무늬를 관찰한 그는 이 그림河圖이 10진법의 수리임에 착안하여 몇 가지 만물 존재의 원리를 발견해냈다. 첫째 우주 만물은 하나에서 나와서 하나로 돌아가는 유기적 변화의 구조라는 것. 둘째 현상세계의 만물은 모두 상대적 음과 양(태극)의 관계로 존재한다는 것이다.

'만물의 근원은 태극'이라는 『태극도설』을 지은 북송의 주돈이(1017~1073)는 『주역』「계사전」의 "역易에 태극이 있으니 이것이 양의兩儀(=음양)를 낳는다"는 구절에 우주의 이론적 근거를 두고 그 내용을 발전시켰다. 그는 동동動과 정靜이 이른바 운동인運動因이 되어 음과 양이라는 기氣를 생한다는 이론을 제시했다. 이 두 가지 음양의 기가 일종의 현상 만물을 이루는 재료, 또는 원질로써 서로 감응하여 만물을 생성한다는 우주발생론을 내놓기에 이른다. 주자(1130~1200)는 주돈이의 태극론, 정이천의 이理철학, 장횡거의 기氣철학을 기반으로 경서 연구를 추진하여 새로운 해석으로 신주新注를 성립시켰다.

주자는 이기론理氣論에서 이理를 중시하고, 기氣를 경시한 정이천의 입장과 기를 강조하고 이를 홀시한 장횡거의 입장을 종합하여 '이선기후理先氣後' '이재사선理在事先' 등의 개념을 제시하였다. 즉 주돈이의 태극·음양 등 만물의 발생을 '기氣의 생성론'으로 이해했다. 장횡거는 한 걸음 더 나아가 기氣의 취산을 일기一氣로 설명하였는데 그의 기일원론은 화담과 율곡에게 큰 영향을 미쳤다.

이理와 기氣의 근원을 추구한 「원리기原理氣」에서 화담은 말한다.

"태허太虛는 맑고 형체가 없는데, 이를 일컬어 선천先天이라 한다. 그 크기는 한이 없고 그에 앞서는 아무런 시작도 없었으며 그 유래는 추궁할 수도 없는데, 그 맑고 비고 고요한 것이 '기氣'의 근원이다. (…) 그 맑은 본체를 말로 표현하여 '일기一氣'라 하고, 그 혼연된 둘레를 말로 표현하여 '태일太一'이라 한다.

주돈이도 이에 대해서는 어찌할 수 없어서 다만 '무극無極이면서도 태극太極'이라 표현하였다. 화담은 또한 「이기설理氣說」에서

'기'의 밖에는 '이理'가 없다. '이理'는 '기'의 주재主宰이다. 이른바 지배자라는 것은 밖으로부터 오는 것이 아니며 지배자로서 그 '기'의 작용을 지시하여 바르게 저절로 그렇게 될 근거를 잃지 않게 하기 때문에 그것을 지배자라 말하는 것이다. '이理'는 '기氣'보다 앞선 것이 아닌데 '기'는 시작이 없으니 '이' 또한 본시부터 시작이 없는 것이다. 만약 '이'가 '기'보다 앞서는 것이라 한다면 곧 '기'는 시작이 있게 될 것이다"라며 주자의 '이선기후'를 비판하였다.

허즉기虛則氣

"'태허'는 비었으면서도 비어 있지 아니하니, '허虛'는 곧 '기氣'이기 때문이다. (…) 비고 고요함虛靜은 곧 '기'의 본체이고, 모이고 흩어짐은 그 작용이기 때문인 것이다. 노자老子는 무無에서 낳은 것이 있다 하였는데 '허'는 곧 '기'임을 알지 못한 때문이다. (…) '기'는 시작도 없고 낳음도 없다. 이미 시작이 없다면 어디서 끝날 것인가? 이미 낳음이 없다면 어디서 없어질 것인가?"라며 화담은 여전히 미진한 듯 「태허설太虛說」에서 또다시 설명을 추가한다. 만년에 그는 「원리기原理氣」, 「이기설理氣說」 「태허설太虛說」, 「귀신생사론」 등의 글을 내놓았다.

「귀신생사론」에서는 "사람이 죽어 흩어짐은 형체만 흩어질 뿐이요, 담일 청허한 기운의 뭉침은 끝까지 흩어지지 아니하느니 흩어진다 해도 태허 담일한 안에 있어 그와 동일한 기氣"라고 밝혔다.

그는 사死와 생生, 인人과 귀鬼란 다만 기의 뭉침과 흩어짐일 뿐이라고 생각했다. 촛불이 타서 없어지는 것 같지만 그 기는 우주 안에 그대로 있는 것과 같이 사람도 죽으면 보이지 않는 우주 속에 그대로 있다는 것이다. 기가 모이면 일정한 사물이 이루어지고 흩어지면 소멸하게 되는 것, '기氣의 취산聚散이 있을 뿐' 사물의 유무가 있는 것은 아니라고 언명하였다. 임종을 앞둔 화담 선생은 제자들의 물음에 이렇게 답했다.

"생사의 이치를 안 지 이미 오래이니 심경은 편안하기만 하다."

닮고 싶은 모습이다. 죽음의 격을 알게 하는 고요한 순간의 마지막 호흡이다. 생사의 이치를 선생은 '사람의 죽음을 슬퍼하는 뜻'의 「만인挽人」이란 시에서 다음과 같이 친절하게 짚어준다.

만물은 어디로부터 왔다가 또 어디로 가는가?
음과 양이 모였다 흩어졌다 하는 이치와 빌미는 오묘하다
구름이 생겼다 없어졌다 함을 깨우쳤는가 못 깨우쳤는가?
만물의 이치를 보면 달이 차고 기움과 같다
시작에서 끝남으로 돌아가는 것이니 항아리 치며 노래한 뜻
알겠고
몸이 풀리어 혼백이 떠남은 본시 목표로 돌아감과 같다
아아, 인생이 약상弱喪 같다는 이 그 얼마나 되는가?
제 집으로 돌아가는 걸로 생각함이 정해진 하늘의 뜻 깨친

걸세.

—「만인挽人」의 1절

생사란 음양의 합산合散 이치, 생이란 한 조각 구름이 일어남이며, 죽음이란 한 조각 구름이 스러짐이다. 만물의 이치란 달의 영측盈仄, 그 차고 기움과 같다. 한 번 양陽되고 한 번 음陰되는 반복 순환, 제자리로 돌아가는 원시반종原始反終이다.

음양의 법칙, 이것이 도道요, 자연의 질서이다. 한때 내 꿈은 아버지의 고향 통천에서 금강산 일만이천 봉의 만물상을 둘러보고 장단으로 내려와 개성 서북쪽 영통동靈通洞에 들러 선생의 오두막을 찾고 싶었는데 해가 이미 서산에 기울어 금생에서는 틀렸다. 대신『화담문집』의 시편을 통해 선생의 참모습과 잠시나마 마주하고자 한다.

벽에 하도河圖를 붙여놓고
거적 속에서 삼 년간 생각에 잠겼네.
태초의 혼돈으로 소급해보면
음양오행은 누가 움직이게 했을까?
이들이 상응하며 주고받고 작용하는 곳에
환히 '하늘의 빌미天機'가 보인다.

—「천기天機」의 서두

봄이 돌아오면 어진 덕仁德이 베풀어짐을 보고
가을이 되면 위세가 발휘됨을 알며
바람이 자면 달빛이 밝게 비치고
비 개인 뒤면 풀이 더욱 향기롭네
알고 보면 모두가 음양의 변화로 말미암는 것이며
물건과 물건들은 서로 의지하며 존재하네
오묘한 빌미를 꿰뚫어 알고 나서
고요한 빈방에 앉아 있으니 광채 더욱 밝네

―「천기天機」의 결미 부분

우주의 진리를 풀고자 벽에 〈하도河圖〉를 붙여놓고 음양오행이
작용하는 그곳에서 하늘의 빌미天機를 본다. 봄에 인덕仁德과 가
을의 의덕義德, 춘하추동 사시에서 원형이정元亨利貞의 4덕을 체득
하고 바람과 달빛, 비 개인 뒤 향기로운 풀, 서로 의지하며 존재하
는 모든 것, 이 모두가 음양의 변화, 이것을 꿰뚫어 알고 나서 고
요한 빈방에 앉아 있으니 광채 더욱 밝다고 하시는 분이다.

"공부하여 의심 없게 되니 쾌활해져 헛되이 백 년 사는 사람이
되지 않게 되었네"라고 술회하신 분. 성인들이 전해주지 않은 경
지를 무사자통無師自通으로 터득하신 분의 높은 학문과 고결한 인
품을 어찌 사모치 않을 수 있으랴.

화담의 오두막 띠집에서 궁약窮弱하게 사시면서도 벼슬길에 나

아가지 않고, 평생을 베옷으로 마치신 분이다. 내가 존경하는 이 토정과 허균의 아버지 허엽도 화담 선생의 제자이시다. 선생의 『화담집』은 중국에서 높게 인정되어 『사고전서四庫全書』에 한국인의 개인 저서로는 유일하게 등재되었다.

『인간·철학·수필』(제7집) 2025년 9월

중관中觀사상에 나타난 비트겐슈타인의 언어관

비트겐슈타인은 1999년『타임』지가 20세기에 영향력을 끼친 100명을 뽑을 때, 철학자 중 유일하게 이름을 올렸다. 그는 금세기 최고의 분석철학자로 평가받는다.

분석철학은 철학적 문제들을 일차적으로 언어분석의 문제로 이해하며 명제의 논리적 구조를 분석하고 의미의 명료화를 통해서 접근한다. 비트겐슈타인은『논리철학논고』에서 '모든 철학은 언어의 비판'이라고 언표言表했다. 왜냐하면 철학이란 결코 생각하는 바에 관한 것이 될 수 없고, 생각하는 바를 표현하는 것에 관한 것이므로 언어와 그 논리에 대한 연구일 수밖에 없다는 것이다.

고대 그리스철학에서는 언어가 실재를 재현할 수 있다고 본 반면, 중세 서양철학에서는 언어는 실재를 재현하는 것이 아니라 인간의 주관적 표상을 반영할 뿐이라는 유명론唯名論을 내세웠다.

이때 대두된 보편논쟁은 어떤 단어의 의미, 즉 그것의 보편적인 개념에 상응하는 실재가 존재하느냐에 관한 언어철학적인 논쟁이기도 했다.

18세기와 19세기에 활동한 헤르더와 훔볼트에 의해 일어난 '언어적 전환' 이후 현대철학에서 언어는 철학의 중심적인 주제가 되었다.

비트겐슈타인은 전통적인 철학적 문제들, 즉 심신 문제, 다른 마음의 문제, 회의주의의 문제, 외부 세계의 문제, 보편자의 문제 등에 대해서 이러한 문제들이 난센스임을 지적함으로써 해소하려 했다. 철학적 문제란 언어의 논리를 잘못 이해했기 때문에 생기는 것이라며, 철학자들이 언어의 논리가 허용하는 범위를 넘어선 곳에서 언어를 사용하기 때문이라고 지적했다. 그의 목표는 혼란을 없애고 오해를 제거하는 것이었다. 만약 철학자들이 언어를 오해하지 않게 된다면 그들은 할 일이 더 이상 아무것도 없을 것이라고 언급하며 "철학자들이 만드는 대부분의 명제와 질문들은 우리 언어의 논리를 이해하지 못한 데서 생긴다(TLP, 4003)"고 적고 있다.

그렇다면 그가 지적한 '오해'란 무엇인가?

박찬국 교수는 『언어, 진실을 전달하는가 왜곡하는가』에서 "언어적 전환 이후의 서양 현대 언어철학은 불교의 입장에서 언어를 고찰할 경우에도 진지하게 고려할 만한 통찰들을 담고 있다"고 말한다. 이 글에 자극을 받아『비트겐슈타인과 불교』를 구해 펼쳐 들었다.

이 책의 저자 크리스 거드문센(영국 버밍햄대학교 인도종교학과 교수)은 러셀과 아비다르마 그리고 비트겐슈타인의 후기 언어철학과 중관사상을 비교하며, 동·서양의 철학사상이 동일한 결론을 보이며 그들의 문제가 유사한 언어관으로부터 비롯되었다는 점을 명시한다.

언어에 대한 회의와 부정否定은 일찍이 불교와 노자의 도가사상(도가도비상도 명가명비상명道可道非常道 名可名非常名)에서도 살필 수 있었다. 중관中觀학파의 핵심개념은 공空사상인데 이는 인도의 철학자 용수Nāgārjuna(AD 2세기)에 의해 확립되었다. 용수와 비트겐슈타인의 사상은 여러 측면에서 유사성을 지닌다. 즉 '언어는 하나의 도구다.' 다르마dharma는 공空이다. 언어가 표현하는 개념들은 도구들이라고 하는 것 등이다.

비트겐슈타인은 낱말들의 의미는 그것들이 지칭하는 대상이 아니라 '낱말들의 사용'에 있다고 주장한다. 그에 있어서 언어의 의미란 어떤 대상에 붙어 있는 인식표시 같은 것이 아니다. 예를 들어 '망치'란 낱말은 뒤의 문장에 따라 흉기가 될 수도 있고 이로운 도구가 될 수 있듯이 언어의 의미는 우리가 낱말이 어떻게 사용되는가를 통해 드러난다는 것이다. 즉 우리는 어떤 낱말이 사용되는 언어-놀이 내의 어떤 명제에 적합하게 들어맞는가를 추적함으로써 그 낱말의 의미를 알 수 있다. 그러나 우리는 한 기호를 사용할 때, 마치 한 대상이 그 기호와 더불어 실재하기를 기대한다. 이렇게 되는 오류는 우리가 항상 '이름'에 대응하는 실재를 찾기 때문이다. 하지만 낱말들이 표상하는 본질이란 존재하지 않는다.

비트겐슈타인과 대승불교에 있어서 사실적 대상들은 아무것도 지칭하는 바가 없는 공허한 이름뿐, 대상적 내용을 갖지 않는 기호일 뿐이라는 견해를 공유한다.

『능가경』에서 붓다는 대혜에게 이렇게 말한다.

지칭하는 대상이 없을지라도 낱말들은 존재한다. 예를 들면 토끼의 뿔, 거북의 털, 석녀石女의 아이 등. 이러한 것들은 이 세상에 존재하지 않지만 그러한 언어적 표현들은 존재한다. 대혜야! 그것들은 존재도 아니요, 비존재도 아니지만 언어로 표현되는 것이다."(여기서 비트겐슈타인은 언어는 아무런 의미상의 손실 없이 비언어적 행위들로 대치될 수 있다고 한다.)

대혜야! 언어란 사람들에 의해 만들어진 것일 뿐이다. (…) 어리석은 자들은 세계를 토막내 서로 다른 이름을 붙여 대상화한다. 이러한 행위를 '분별'이라 부른다. 어리석은 자들은 이름들과 개념들과 기호들에 집착한다. (…) 수많은 대상이 존재한다고 여기는 그릇된 관념(편견)을 가지고 현상에 집착하게 되는 것이다. (…) 대혜야! 그대는 언어 분별의 여러 양상으로부터 스스로 벗어나도록 힘써 노력해야만 된다.

— 『비트겐슈타인과 불교』106쪽.

대승불교 특히 중관사상(용수의 공空)의 경전에서는 '만물이 모두 환영幻影에 불과하다'고 적고 있다. 비트겐슈타인은 여기서 환영이란 우리를 철학적으로 골목에 몰아넣는 '편견'을 의미한다고 말하며 "철학이란 우리의 지성에 걸린 마술에 대하여 언어를 무기삼아 대항하는 전투와 같다"고 표현한다.

불교에서는 처음부터 우리의 언어가 실재를 있는 그대로 반영한다는 것에 대해 회의적이었다. 불교는 언어적 분별을 허망분별이라고 보는데 그 이유는 그 분별에 상응하는 실재가 따로 있지 않기 때문이다. '나'라는 명칭에 상응하는 나의 자성自性이 따로 있지 않다. 요컨대 비트겐슈타인과 중관학파 사상의 핵심은 '자아'라는 용어가 무엇인가를 지칭하는 '이름'이 아니라는 공통점이다.

비트겐슈타인 : '나'라는 낱말의 뜻은 비록 내가 L·W(루트비히 비트겐슈타인)이지만 L·W라는 고유명사의 뜻과 같지 않으며, '지금 말하고 있는 사람'을 뜻하지도 않는다. 그러나 그렇다고 해서 'L·W'와 '나'라는 낱말이 서로 다른 대상들을 지칭하지는 않는다. 이러한 사실이 뜻하는 바는 우리의 언어에 있어서 '나'라는 낱말의 기능이 색다르다는 점이다. '나'라는 낱말은 어떤 사람의 이름이 아니다.

반야바라밀다 : "수보리 나는 '보살' 반야'라는 낱말들이 무엇을 지칭하는지 알지 못한다. 나는 어느 보살에게 어떤 반야를 가르치고 권고해야 하는가?"

"우리들은 '나' '나의 것' 혹은 '나는 …이다'라고 말하지만 이러한 말들이 가리키는 어떤 다르마도 존재하지 않는다."(『비트겐슈타인과 불교』 137쪽)

우리가 '나'라는 낱말을 무언가를 지칭하는 이름으로 생각하지만 '나'라는 낱말은 기실 아무것도 지칭하지 않는다는 것이다.

오래 전 일이다. 박종홍 교수가 하이데거를 찾아가 실존철학에 관해 물었을 때 그는 『금강경』을 보라고 답했다. 하이데거는 존재 이해가 어떻게 일어나는가를 실마리로 삼아 언어의 본질을 파악하려고 한 철학자다. 당시에 휩쓸던 카뮈와 사르트르의 실존주의 철학, 거기에 고취되어 1960년 『금강경』 대학생법회를 정각사에 개설했다. 김동화 박사를 모시고 청강하게 되었는데 동어반복으로 계속되는 '○○는 ○○이 아니므로 ○○이다'라는 이해난득의 명제들이 잘 이해되지 않았었다. 하이데거가 왜 『금강경』을 보라고 했는지 이제야 이해가 되는 대목이다.

수보리야! 저들은 중생도 아니요, 중생이 아님도 아니다. 무슨 까닭일까? 수보리야, 중생, 중생이라 한 것은 여래가 말하기를 중생이 아니므로 중생이라 이름하느니라.

중생은 바로 중생의 본질이 아닌 까닭에 중생이라 이름한다는 것이다. 중생이라고 이름 지어진 것일 뿐, 중생의 본질·성품 그와 같은 것은 처음부터 없었다는 무아無我를 함의하고 있다.

　　수보리야! 착한 법이라는 것은 여래가 말하기를 착한 법即非
　　善法이 아니므로 착한 법이라 이름是名善法하느니라.
　　　　　　　　　　　　　　　—『금강경』제23장 정심행선분淨心行善分

'즉비即非 시명是名'을 들어 공空의 이치를 말하는『금강경』의 요체가 비트겐슈타인의 '의미 지칭 이론'에 닿아 해독하는 기쁨을 준다.

'다르마도 공空이다.' 법도 비법非法도 이름뿐이다. 왜 그런가? 법이라 부르는 것조차 하나의 이름일 뿐이기 때문이다. 붓다는『전유경箭喩經』에서 분명히 말씀했다.

"나의 설법은 뗏목과 같은 줄 알아라. 법도 버려야 하거늘 하물며 법法 아닌 것이랴."

법이라는 이름도 하나의 도구라며 비트겐슈타인은 명칭과 사물을 동일시하는 언어의 문제점을 지적한다. 이미 용수도 설했다. "법에는 자성自性이 없다. 만약 그대가 모든 법에는 결정코 자성이 있다고 본다면 모든 법에는 인因도 없고 연緣도 없다고 보는 것이다. (…) 만약 모든 법이 인과 연에서 발생한다면 자성은 있지 않다. 그러므로 법들이 자성이 있다면 인과 연이 생겨날 수 없다"고 지적한다.

모든 존재와 현상은 독립적으로 생기거나 일어나지 않고 많은 원인과 조건의 관계 속에서 일어나므로 고정된 실체가 없다. 실체 없음을 공空으로 표현한다. 이와 같은 법공法空은 법유法有의 오류를 시정하면서 나타난 사상이다. 용수의 주요 개념은 무자성無自性, 공空, 중도中道, 얻을 수 없는 불가득不可得이다. 왜 불가득인가? "모든 법(존재)은 자성이 공하기 때문에 '자성은 본래 불가득'이라고 한다.(『대반야경』9권)"

비트겐슈타인도 『철학적 탐구』에서 말한다.

"바보스럽고 가르침도 받지 못한 중생들은 다르마들을 그대로 받아들인다. 다르마들이 존재하지 않음에도 불구하고 중생들은 그것들을 꾸며낸다. (…) 철학적 난문제들은 우리가 꾸며낸 헛된 문제들에 불과하다. 우리가 사정을 올바로 보게 되면空觀 그러한 난문제들은 마술처럼 사라진다." 그리하여 "철학이 할 수 있는 모든 것은 우상들을 파괴하는 것이다. 그리고 이것은 어떤 새로운 우상들도(가령 '우상들이 없는 상태'로부터) 만들지 않은 것을 뜻한다"(『비트겐슈타인과 철학』17쪽)며 그는 철학이 자비롭게 파괴적이라고 생각한다. 그리고 자신의 철학적 임무는 "파리에게 파리 병으로부터 나오는 길을 보여주는 것"이라고 언명한다.

용수와 비트겐슈타인이 다 같이 경계한 것은 언어의 개념화다. 용수는 연기설에 기반한 공空사상을 직시, 희론戱論을 깨달으면 현실적인 고통도, 문제의식도 말끔히 소제된다고 한다. 희론이란 '프라판차PraPañca'를 번역한 것으로 '언어의 허구'를 뜻한다. 언어의 개념화로 빠지게 되는 허구 즉 '희론'을 경계한다. 왜냐하면 번뇌의 뿌리가 되는 '분별'이 바로 희론에서 발생하기 때문이다. 그러므로 비트겐슈타인도 사물들을 바라보는 방식을 바꾸라고 한다. 희론을 올바로 보는 것이 파리가 갇혀 있던 병에서부터 빠져나오는 길임을 제시한다. 불교에서는 인간의 몸과 정신적 요소인 '오온이 공空한 것을 조견照見하면 일체의 고액苦厄으로부터 벗어난다'고 한다. 모두 삶의 문제를 위한 해답이다. 문제를 없애지 않고 희론을 바로 보라는 것이다.

비트겐슈타인은『논리철학논고』에서 "삶의 문제를 해결하기 위해선 그 문제가 사라지는 방식으로 살아야 하며, 이를 위해서는 삶의 형식을 바꿔야 한다"고 주장한다.

한 시대의 병은 사람의 '양식 변화'로 치유되며 한 사람의 '사유'가 삶의 양식 변화를 일으킨다며 그렇게 삶을 변화시켜야 진짜 철학이라고 그는 언급한다.

그가 형들의 죽음(세 명 자살)을 목도하면서, 전쟁의 포화 속에서 치열하게 추구했던 언어, 논리, 죽음과 삶의 의미 등은 궁극적으로 자신의 실존적 문제를 해결하기 위한 것이었다.

오스트리아에서 철강사업을 하는 아버지로부터 막대한 재산을 물려받았으나 가족과 친지에게 모두 나눠주고 철저한 무소유로 수도승처럼 살았으며 '멋진 삶을 살았노라'는 열반송 같은 말후구 末後句를 남겼다.

그의 삶을 변화시킨 건 '사유'를 통한 언어적 오류에서 벗어난 통찰이다. 낱말들이 표상하는 본질이란 존재하지 않는다는 것. 그리고 모든 것은 이름뿐, '다르마도 공空'이라는 깨우침을 재삼 확인하며 아득히 60여 년 전의 '금강경 회상會上'에 잠겨본다.

불교인문학살롱, 『붓다의 길을 따라』 2024년 1월

제3부

수필의 연원을 생각하며

수필은 창작문학에 속하지 않는 것인가?

『인간과문학』의 제호는 처음부터 마음에 들었다. 문학은 인간을 위한 가장 심오한 예술 장르이기 때문이다. 독자로서 때로는 필자로 참여하면서 함께한 시간. 그래서 『인간과문학』 창간 10주년이 더욱 뜻깊고 감사하게 여겨진다.

『인간과문학』은 무엇보다 문예종합지로서 장르의 균형과 품위를 견지하면서, 어려운 여건 속에서도 고료를 주는 문단의 몇 안 되는 문학지다. 더구나 발행인을 비롯해 주간과 편집장의 수필 사랑이 담긴 이 책을 나는 우대하지 않을 수 없다. 아직도 수필에 대한 인식이 부족한 요즘, "수필은 기존 사물에 대한 논의와 비판만을 행하는 문학인가? 왜 창작문학에 속하지 않는가?" 하는 질문을 대하면 불편한 심기를 거둘 수 없었다.

문학평론가 조연현 선생은 그의 『문학개론』(1953년)에서 산문문학의 본질에 대해 다음과 같이 적고 있다.

"시詩가 존재의 총계總計에 부가附加하는 문학이라면 산문은 기존既存한 것에 대한 토의討議의 문학이다. 산문문학의 본질은 시와 달리 그 문장의 형식이 율문이고 아니고에 상관됨이 없이 존재의 총계에 부가될 수 없는 성질의 것이다. 즉 그 직능職能이 창조 행위가 아니고 토의討議 행위다."

4년 뒤 김동리 선생도 그의 『문학개론』(1957년)에서 똑같은 내용을 언급한다.

"수필은 산문문학의 한 양식이다. 산문문학은 그 매재媒材 형식이 율문이거나 산문이거나를 묻지 않고 창작문학에 속하지 않는 일체의 문학을 의미한다"는 것이다. 즉 창작문학은 존재의 총계에 새로운 생명을 더하는 것, 새로운 것(소재)을 만들어 플러스하는 것인데 산문문학은 새로이 만드는 것이 아니라, 기존의 의미 있는 것(역사·철학·웅변)에 대하여 논의하고 비판하는 것을 행한다는 것이다. 요컨대 산문문학인 수필은 창조 행위가 아니라는 것이다.

두 선생님의 의도는 미국 문학자 몰튼Moulton Richard Green(1849~1924)의 이론에 따른 것으로 그리고 몰튼은 프랑스의 문필가 몽테뉴(1533~1592)의 『에세Les Essais』를 염두에 둔 발언이 아닌가 생각된다.

500년 전, 몽테뉴는 자신의 성탑 3층 서재에 틀어박혀 라틴고 전과 현대서적을 섭렵하며 책 여백에 주석과 독후감을 적었다. 세네카와 플루타르크, 제논의 스토아철학, 에피쿠로스의 쾌락주의, 필론의 회의주의철학에 경도되어 자신의 글 주제에 맞게 그들의 글을 인용하고 거기에 자신의 견해를 얹어 107장의 『에세』를 썼다. '에세'는 '실험' 또는 시론試論을 뜻한다. 실증주의자인 그는 어떤 종류의 확실성도 인정하지 않으며 단정적으로 결론짓기를 거부하며 회의주의에 기울었다. 한 가지 물음(주제)에 대하여 더 많은 질문과 풍성한 일화들을 소개하려고 호라티우스, 루크레티우스, 아리스토텔레스 등의 고전을 인용, 소개하면서 우리가 스스로 인생의 해답을 찾아나가도록 선도하고 있다. '에세의 직능職能이 창조 행위가 아니고 토의 행위'라는 몽튼의 근거는 여기에서 비롯된 것이라 할 수 있다. 그러나 우리가 쓰고 있는 수필문학의 범주에는 '에세試論'만 있는 것이 아니다. 수필은 이제 우리 수필 고유의 창작물로 자리잡고 있다.

중국은 글의 성격에 따라 연문軟文을 소품문, 수필 등으로, 그리고 경문硬文은 잡문雜文, 수감록隨感錄 등으로 불렀다. 한국은 서정적인 연軟·경輕에 치우쳐 그를 '수필'로 호칭하면서 서사, 설리적인 것들은 '에세이'로 호칭하는 데 반해 중국은 그를 망라하여 '산문'으로 통칭했다.

3000년 전부터 중국의 한자문화권에 연원한 우리 문학은 중국 전통의 수필인 소품문小品文에서 받은 영향을 부인할 수 없다. 최치원의 『계원필경』을 비롯해 이규보, 강희맹, 박지원 등의 수필을 꼽을 수 있다. 소품문은 순수필로 풀이되어도 좋을 만큼 수필 고유의 특성을 순화시킨 단형短型의 정문情文이다.

명明·청靑 시대의 소품이 계승 발전된 중화민국 초기의 소품문은 대체로 먼저 서사敍事가 있고, 뒤를 이어 설리說理가 있으며 맨 마지막에 서정으로 융합되었다.

주작인周作仁(노신의 동생)은 "소품문은 시와 산문의 중간적인 형식으로 서술적이며 예술적이어야 한다"며 문학성을 언급했고, 호적胡適은 "소품문은 평이平易하고 담담한 필치로서 심각한 의미를 담은 것"이라고 규정했다. 형식에서는 예술성을, 내용에서는 심각한 의미를 주문한 것이다.

"수필은 지성을 바탕으로 한 정서적情緖的, 환상적, 이미지의 문학"이라고 정의한 프랑스의 비평가 알바레스의 주장대로 수필의 정의는 존재의 총계에 새로운 생명을 더하는 창작문학으로 정정되어야 한다.

중국의 비평가 왕국유王國維는 "문장의 묘妙는 한마디로 의경意境에 있다"면서 함의부진含意不盡한 뜻을 강조한 바 있다. 수필은 기존의 사물에 대한 재해석만이 아닌 작가의 새로운 발상과 의도意境 즉 함의부진한 사상을 요구하고 있다. 그러므로 피천득의 "수필은 지성을 내포한 문학이 아니요"라는 말은 더 이상 유효하지 않다. 알바레스의 말대로 '지성을 바탕으로 한, 정서적, 환상적, 이미지의 수필문학'이 어찌 예술작품이 아니라고 할 수 있겠는가?

문학은 예술이고 수필은 문학이다. 예술의 본질인 미美는 이미지의 창출에서 비롯된다. 상상력을 동원(상징과 비유)한 이미지의 창출, 상상력에 의해서 원형의 이미지에 도달했을 때의 감동이 바로 수필의 성패를 좌우한다. 이처럼 내용에서는 '함의부진'을, 형식에서는 '이미지의 창출'을 이루어낸 수필이라면, 몰튼의 이론은 한낱 기우에 불과할 것이다. 수필가들은 이렇게 쓰지 못하는 것을 탄할 뿐, 수필 자체가 창작문학이 아닌 것은 아니다. 지적知的 탐구의 영역에 속하는 '에세'와는 또 다른, '수필'은 같은 산문문학의 갈래이면서 우리에게 정서적 만족을 수여하는 이미지의 문학, 곧 창작문학임을 밝힌다.

『인간과문학』 2022년 겨울호

수필의 연원淵源을 생각하며

우리 선조들은 삼국시대 때부터 중국의 문자인 한자漢字를 사용해왔다. 소리와 뜻音訓을 이용하여 한자로 우리말 그대로 표기한 향가라든지, 우리말을 어순대로 번역한 글은 최치원의 문장에서 확인할 수 있다.

이후 고려 500년 시대의 표기 수단도 한자였다. 빼어난 한문수필로는 이규보의 「슬견설蝨犬說」, 이인로의 「월등사죽루죽기月燈寺竹樓竹記」, 강희맹의 「도자설盜子說」, 이제현의 「역옹패설櫟翁稗說」 등이 있고, 조선 시대 이후에는 권근의 「기우설騎牛說」, 조광조, 이황, 김시습 등의 문장이 있다. 선조 무렵에 이르러서야 한글수필이 등장하게 되었다.

1700년대 실학파의 문학이 주류를 이루면서 이용휴, 정약용, 박지원 외, 사가四家로 불리는 이덕무, 유득공, 박제가, 이서구의 문장을 꼽을 수 있겠다.

고려시대에는 과문科文을 통해 인재를 선발했는데, 시·부·표·책·의·의詩賦表策疑義 등 여섯 가지 문체에 고정시켰으며 조선조에서도 이를 답습하여 경학經學을 바탕으로 한 '문이재도文以載道'가 문학이론으로 자리잡게 되었다.

조선 중기의 문장가 택당澤堂 이식李植은 "문장은 마땅히 옛것을 본받아야 하나니 옛것이란 『좌전』, 『국어』, 『한서』, 『사기』의 글과 고문古文은 6경經보다 나은 것이 없으니 『시경』, 『서경』, 『공자』, 『맹자』의 설에서 얻음이 있다면 옛것이라 하고 근본이라는 것이 어찌 이것에서 벗어나겠는가?"라며 그는 고古와 본本을 모두 얻을 수 있는 「문장법고文章法古」를 주장하였다.

"문文은 리理를 주로 하는 것이다. 리가 뛰어나면理勝하면 문文에 미美를 추구하지 않아도 자연히 아름다워진다. 문文에는 화려함華와 실질實이 있다. 사辭란 그 화華하고 실實치 못한 것보다는 차라리 실實하고 화華치 않은 것이 좋다"는 것이다.

택당 선생의 「문장법고文章法古」를 읽으며, 나는 "사辭란 달의達意면 족하다"는 공자의 말씀이 떠올랐다. "문文이란 상하의 정情을 통하고 도道를 실어 전하므로, 듣는 이가 그 지의指意를 명확하게 알았다"고 전한다.

'지의指意'에서 나는 잠시 숨을 고른다. 지금 우리가 쓰고 있는 수필에 과연 '지의'가 오롯한가? 돌아보지 않을 수 없게 된다. '지의'란 글의 분명한 주제 의식을 말한다. 적어도 글 속에는 어떤 사

상이나 원리[道]에 도달코자 하는 그 가리키는바, 작가의 의도指意
가 함유되어야 하기 때문이다.

수필이라 칭해도 좋을 중국의 소품문小品文 가운데 나는 장자의
「설리문說理文」을 주목한다. 그는 그냥 말하는 법이 없다. 비유와
우언寓言으로써, 때로는 통쾌하고도 기이한 상상력으로 시공을
초월하며 우주를 넘나든다. 장애인과 도둑, 심지어 공자와 혜시까
지 등장시키고 붕새, 썩은 쥐, 매미, 붕어 등과 가죽나무, 오동나무
등 각종 동식물뿐만 아니라 구름, 바람, 비까지 불러내어 이야기
를 나누는가 하면 때론 첨예한 논쟁도 불사한다. 그 가운데 심원
한 그의 지의를 발견할 수 있기 때문이다. 예화 두 편을 보자.

"남해의 왕과 북해의 왕이 '혼돈'의 후의에 보답하고자 그의 몸
에 하루 구멍 하나씩을 뚫어주었는데 일곱째 날에 혼돈은 죽고 말
았다."(「응제왕편」)

이 우화에서 그는 무엇을 말하고자 했을까? 상대방을 위한 선
행일지라도 그것이 나의 판단기준이 되어서는 안 된다는 것. 혼돈
은 카오스, 무질서다. '혼돈'을 혼돈 상태로 그냥 두었더라면 그는
일곱 구멍이 막힌 채로 천성天性을 유지하며 잘 살 수 있었으련만.
'살아 있는 혼돈混沌을 무질서 속에 그대로 보존하라'는 장자의 거
친 음성이 들리는 듯하다. 인간들의 이러한 유위有爲한 행동이 자

연의 순박純朴을 어떻게 파괴하는가를 그는 대신 묻고 있는 것이 아닌가.

"원숭이를 키우는 사람이 도토리를 아침에 3개, 저녁에 4개씩 준다고 하니 원숭이들이 모두 화를 내었다. 그렇다면 아침에 4개, 저녁에 3개씩 주겠다고 하니 원숭이들이 모두 환호하였다."(「제물론」)

이 우화는 우리를 우매한 원숭이에 빗대어 눈앞의 이해득실에 흥분하여 정작 중요한 것(본질)을 놓치게 하는 것은 아닌지 돌아보게 한다. 장자는 일침一針으로써 고황의 급소를 찔러 우리의 몽매를 환기시킨다. 인식의 전환, 그것은 범상한 세계에서 깨어나는 일이다. 직설법이 아닌 그의 우화에는 깊은 철학과 세태를 풍자하는 비판의식이 담겨 있다.

장자의 우언체寓言體를 계승한 중국의 문장가 유종원柳宗元은 「포사자설捕蛇者說」을 지어 뱀 잡는 땅꾼을 빗대어 세리의 혹독한 가렴주구를 고발했고, 우리나라의 정약용은 「조승문弔蠅文」을 지어 굶어 죽은 백성들의 원혼인 파리 떼를 위해 음식을 차려놓고 배불리 먹으라며 조문하는 글을 남겼다. 이 같은 사회비판 정신은 수필의 한 요소이기도 하다. 유종원의 글은 짧으면서도 클라이맥스를 설정하고, 일침 또한 놓치지 않는다.

"수필은 플롯이나 클라이맥스를 필요로 하지 않는다. 가고 싶은 대로 가는 것이 수필의 행로다"라는 피천득의 글을 읽으면서 과연 그럴까? 나는 의혹을 떨칠 수 없었다. 수필쓰기에서 눈에 보이지 않는 정교한 밑그림(플롯)은 필수다. 무질서하게 떠오르는 생각에 차례를 부여하고 치밀한 논리로서 오류에 빠지는 일은 없어야 하기 때문이다. 표현의 예술성에 있어 장자만큼 문학적인 산문은 없는 것 같다. 서사敍事를 우언으로 나타내고, 설리說理를 함축적으로 표현한 그의 글을 볼 때마다 나는 장자를 수필의 원조로 꼽고 싶다. 작가의 의도를 숨긴 채 그것을 다른 사물에 비유하여 말하는 것을 우언寓言이라 하는데, 이 우언체는 당송唐宋의 문장가 소동파, 구양수 등에게 적지 않은 영향을 미쳤을 뿐만 아니라 우리의 한문수필에서도 읽을 수 있다.

2000년대에 들어 우리 수필이 양적으로나 질적으로 발전했다고는 하지만 아직도 눈동자 없는, 의도(주제 의식)가 명확하지 않은 글을 대할 때나, 분식이 많은 미문美文과 언어의 유희를 능력으로 착각하는 이들의 글을 만날 때면 '법고창신法古創新'이나 '문장법고文章法古'를 떠올리게 된다. 고전 읽기를 권하고 싶다.

자아성찰을 위주로 하는 수필문학 속에는 함의부진含意不盡한 깊은 뜻意境이 담겨 있어야 한다. 거기에서 우리는 수필의 문자향文字香을 만날 수 있다.

『동리목월』 2022년 겨울호

수필의 현주소
—『The 수필』발간에 부쳐

수필의 역사를 알기 위해 삼국시대로부터 이어져 내려온 2,000년 동안의 뿌리 깊은 수필의 연원을 잠시 더듬어본다. 한자를 빌려 쓴 설총의 「화왕계花王戒」를 비롯해, 이규보, 박지원, 정약용 등의 빼어난 산문이 있었고 「조침문」을 비롯한 제문, 기행, 일기 등의 한글수필이 등장하였다. 1920년경부터 태동한 현대수필은 근 백 년(1920~2018) 동안 진화해오면서 특히 1990년대에 이르러 문화센터 수필교실이 증가하면서 양적 팽창과 함께 놀라운 신장을 이루었다. 현재 문인협회에 등록한 수필가는 약 3,500명에 육박하고 30여 종의 수필지에서는 해마다 수천 편의 수필이 쏟아지고 있다.

그럼에도 수필은 아직 본격문학에서 제외된 채 변방문학에 머물고 있다. 이름 있는 문학상 공모에서 수필 부문 탈락, 중앙지 신춘문예 제외, '한국작가회의'에는 아예 수필분과가 없다. 왜 이러한 일이 벌어지고 있는가?

수필의 장르가 열등해서인가? 아니면 수필가들의 자질 부족 때문인가? 여러 각도에서 수필가들은 안팎으로 고민해봐야 한다. 문학수필로서의 엄정한 평가, 시나 소설이 넘볼 수 없는 수필 고유의 전통성을 점검하고, 수필의 현주소도 바로 알아야 한다. 그래야 다시 시작할 수 있다.

수필은 어떠한 문학인가? '수필은 내 흔적을 글로 나타내는 것이기에 잉크를 찍어 쓰는 게 아니라 혼魂을 찍어 나를 밝히는 생각증명서'라고 말한 이는 소설가 김홍신이었다. 필자 역시 수필쓰기는 자신의 완성을 향한 영혼의 계단 밟기가 아닐까 생각하고 있다. 왜냐하면 글을 쓰는 동안 내면의 모서리는 다듬어지고 자신의 결점은 보완되기도 한다.

수필은 다른 장르와 달리 작가의 가치가 곧바로 작품의 가치로 환산된다. 글이 곧 그 사람이기 때문이다. 수필은 또한 정情의 문학이며 정서적 만족을 수여하는 EQ의 문학이다. 그러므로 IQ보다 감성지능이 중요시되는 인공지능시대야말로 수필은 그 대안이 될 수 있다. 많은 비평가가 미래의 문학으로 '수필'을 꼽는 이유이기도 할 것이다.

2010년 『문학나무』 주간 황충상 선생과 만나 수필의 부흥을 위해 『젊은수필』을 기획한 바 있다. 등단 3년차 수필가를 대상으로 그 작품을 엄선하여 『젊은수필 2011』에서 『젊은수필 2014』까지 4

년 동안 네 권을 펴냈다. 범람하는 수필 가운데서 옥석을 가려 문
예수필의 전통을 세운다는 보람과 참가한 수필가들의 긍지 또한
대단했었다. 그 후 뜻있는 몇 명의 작가들이 모여 후속 간행물을
도모했으나 경제적 한계에 부딪쳤고, 다행히 2017년 봄, '도서출
판 북인'의 조현석 대표가 뜻을 함께해『The 수필』을 기획하게 되
었다. 2017년 겨울호에서부터 2018년 가을호까지 전국의 수필지
를 대상으로 8명의 선정위원이 자신이 담당한 책 외에도 시야를
확대하여 폭넓게 작품을 선정하였고 분기마다 모아들인 40여 편
의 작품 가운데에 공동채점으로 15편을 엄선했다. 거기에 해당
선정위원이 촌평을 부쳤다.

　올해의 알곡 농사 60편의 수필은 독자들을 실망시키지 않으리
라 믿는다. 문학도 시대의 산물인지라 수필도 디지털시대를 맞
아 빠른 속도로 가벼워지고 있다. 그러나 여기에 수록된 글들은
침착하게 인간과 세상을 바라보는 시선이 웅숭깊으며 대상의 본
질을 천착한다. 자신의 욕망을 통찰하고 잊혀가는 사물들에 건
네는 따뜻한 시선, 때로는 은유가 번뜩이는 싱싱한 언어도 만날
수 있었다.

　이 책이 나오기까지 일 년이라는 시간을 허락해준 선정위원들
의 헌신적인 노고와 열악한 출판시장에서도 기꺼이 이 책을 출판
해준 조현석 시인의 수필 사랑에 깊은 감사를 드린다. 수필의 현
주소를 마크하는『The 수필』이 수필의 발전을 위해 조금이라도

도움이 된다면 선정위원들에게는 더할 나위 없이 큰 기쁨이요 감사한 일이 될 것이다.

2018년 11월 27일

　선정위원 : 홍혜랑, 맹난자, 엄현옥, 이혜연, 조헌, 노정숙, 정진희, 한복용

봄이 오는 길목에서

한파 속에서도 봄빛은 완연하다.

꺼칠하던 나뭇가지에 푸른 빛이 감돌고 몽글몽글한 표피에선 어느새 생명의 기운이 느껴진다. 나는 지금 봄이 오는 길목에 서 있다. 나라에 주인이 바뀌고 집에 문패가 바뀌어도 봄은 어김없이 찾아와 나이테에 굵은 한 획을 더하고 지나간다.

이렇게 거듭하기를 25년, 바로 『에세이문학』의 나이이다. 창간 25주년을 맞이하여 척박한 땅에 첫 삽을 떠 식수植樹를 하고 등짐으로 물을 길어 나무를 가꾸신 분들의 노고를 생각한다. 그분들의 손길이 없었다면 어찌 오늘이 있었겠는가. 그분들께 머리숙여 깊이 감사드린다. 그중에도 특히 기억하고 싶은 두 분이 있다. 불귀의 객이 되어 오늘을 함께하지 못하는 김종윤金鍾潤 선생님과 박연구朴演求 선생님이시다.

수필을 빼고는 이력서에 단 한 줄도 써넣을 것이 없다던 박연구 선생과 초창기부터 『수필공원』(『에세이문학』 전신)을 위해 전심전력하신 김종윤 선생의 영전에 삼가 머리숙여 예禮를 표한다.

수필에 목숨을 건 사람처럼 건강을 해치면서도 매원 선생은 자기 말대로 오로지 '수필을 신앙으로까지 큰 의미를 부여하면서 자기 일에 순殉하는 신념으로 살아오신 분'이었다.

그런데 "수필로는 생업이 어려워 단체에 속한 잡지의 출판권을 장악할 필요를 느꼈고, 그 충족을 위해 비리를 감행했다"고 쓴 글(『계간수필』 2006 겨울호)을 읽으며 오랫동안 가슴이 먹먹했다.

『에세이문학』 발행인에게는 출판의 힘든 책임만 주어진다. 상업주의를 지양하며 수필의 문학성만 생각하는 순수문학지 운영에 무슨 이익이 있을 수 있으며, 한국수필문학진흥회의 기관지인 『에세이문학』이 어떻게 개인의 소유가 될 수 있겠는가?

『에세이문학』은 한국수필문학진흥회의 공기公器임은 주지의 사실이다. 따라서 누가 소유할 수도 없고 주고받을 수 있는 물건 또한 아니다. 누군가의 지적처럼 누구라도 영원한 주인이 될 수는 없다. 발행권을 돌려받을 권리를 주장하는 사람이 있다면 그 사람이야말로 '진흥회'를 필시 자기 것으로 착각하는 사유화의 장본인이라고 해야 할 것이다. 총회에서 책임이 맡겨지면 임명된 사람은 밭을 경작하는 농부처럼 다만 수고하다 떠날 뿐이다.

지난 1월 하순, 한국수필문학진흥회의 초대회장이신 김태길 선

생님과 탁자 하나를 격하여 마주 앉았다. 선생께서 발행하는 잡
지에 쓴 '수수께끼의 진실'에 대해 관련된 한 사람으로서 몇 말씀
드리지 않을 수 없었다. 사실과 다른 몇 가지를 간추려 사신私信을
드린 바 있었고, 그 일로 마련된 자리였다.

　선생은 '다른 일로 만났더라면 좋았을 것을…' 하고 말끝을 흐
리셨다. 며칠 전, 부끄러운 일을 했다고 전화로 정중하게 말씀하
실 때는 차라리 숙연한 마음이 들었었다. 구십을 바라보는 어른과
시비를 논하는 자리라니… 면구스러웠다. 그러나 고인이 되어 아
무 항변도 할 수 없는 박연구 선생에 대한 오해를 불식시켜야 한
다는 책임감을 떨치기 어려웠다. 모씨가 남기고픈 이야기를 쓰라
고 권유한 것이라며, 선생은 '괜한 짓을 했노라'고 후회의 빛을 내
비치시기도 했다.

　요즈음 나는 '봄에 가을을 생각한다'는 어느 시인의 말처럼 인생
의 끝자락에서 생을 조망하게 된다. 한 뼘 남은 노을을 바라보며
드는 생각은 사랑하기에도 얼마나 부족한 시간인가 하는 것이다.

　방배동 골목을 빠져나오는 순간, 사막의 모래바람이 눈앞을 스
쳤고 별안간 풍사에 묻혀버린 거대한 왕국 '누란樓蘭'이 떠올랐다.
덧없음이 내 온몸을 무화無化시키는 듯했다.

　한 자락의 역사도 이처럼 허망하거늘 어디에 내 머물던 흔적이
나마 있겠는가 싶었다. 이런 무상감無常感은 때로 사람을 돌아보

게 한다. 그리고 옹졸했던 자신을 부끄럽게 만든다. 심호흡을 한 번 크게 하고 마음을 다잡는다.

작년 선거에서 많은 표를 모아 부족한 사람에게 책임을 맡겨주신 이사님들의 기대에 어긋나지 않도록 최선의 노력을 기울이는 중이다.

『에세이문학』은 2000년 문화관광부 제9회 우수잡지로 선정된 이후 2005년 가을에는 잡지협회가 주관한 '우수전문잡지'로 선정되었다. 협회가 본지를 구매하여 전국 도서관 55곳에 배포해주는 혜택을 두 차례나 받았다. 많은 액수는 아니지만 올해는 한국문화예술위원회의 진흥기금을 받게 되었다.

한편 수필의 예술성을 지향하는 『에세이문학』이라는 캐치프레이즈를 걸고 문학의 지반을 넓히기 위해 본지에 기획특집으로 2년 반 동안 연재해온 '수필로 만나는 해외작가' 편을 한 권의 책으로 묶었다. 9개국의 시인과 소설가들의 명수필을 골라 번역하고 전문가의 해설을 곁들인 『세계 유명작가 명수필』(청조사)은 수필인에게 도움이 되리라 믿는다. '지령 100호' 기념사업의 일환으로 지금은 우리 수필을 일본으로 소개하는 『한국현대수필선집』의 일역판을 기획 중이다. 기념 전시회 및 특대호 발간 등 한 가지씩 차분하게 준비하면서 언 마음을 녹여주는 따사로운 봄볕 아래 서 있다.

문학이란 무엇인가. 근본적으로 인간에 대한 따뜻한 이해가 아니겠는가. 작가는 무엇보다 인간에게 일어나는 그 어떤 것도 이해할 수 있는 넓은 가슴과 따뜻한 시선이 선행되어야 한다고 믿는다.

'우리가 저 사람과 똑같은 입장에 놓인다면 아마도 우리는 저 사람보다 더 나쁜 짓을 했을 것이다. 그러니 무죄로 해주어야겠어'라던 도스토옙스키를 읽던 날 밤의 감격을 잊을 수 없다. 두 팔 벌려 지친 영혼을 감싸안는, 성자를 만난 듯한 감격을 누르기 어려웠다.

부언하지 않아도 문단이란 따뜻한 마음과 열린 마음을 가진 사람끼리 교류하는 집단이 아닌가.

누군가 수필을 일러 '선비의 문학' '정情의 미학'이라고 한 것이 부디 빈말이 되지 않기를 바란다.

가만히 있어도 땅에서부터 차오르는, 약진하는 봄의 기운이 온몸에 느껴진다. 힘찬 행군을 약속드린다.

모쪼록 여러분의 성원과 많은 동참을 부탁드린다.

『에세이문학』 2007년 봄호 「권두언」

'실험수필'을 위한 몇 가지 제언

수필이 근 백 년(1920~2018) 동안 진화해오면서 양적 팽창과 함께 괄목할 만한 신장을 이루어왔다. 그럼에도 수필은 아직 변방문학으로 취급되고, 얼마 전 '실행력이 없거나 미약한 정책안은 수필 같은 것'이라는 이낙연 국무총리의 따끔한 지적(국무회의 중 2018년 4월 5일)도 있었다. 이를 어떻게 극복할 것인가? '실험수필'의 목적도 여기서 다르지 않음을 생각할 때 이 모임의 중요성과 사명감을 통감하게 된다. 이를 계기로 '실험수필'에 대한 몇 가지 방안을 고민해보았다.

세계대전을 겪은 후 19세기 모더니즘시대에 들어와 모든 기존의 가치와 질서는 부정되었다. 종래의 수법手法을 타파하자는 실험예술운동(아방가르드avant garde)이 일어난 것은 프랑스의 전후세대에 의해서였다. 다다이즘, 쉬르레알리즘을 비롯한 전위영화나 전위미술 등에서 여러 가지 형태로 실험적인 요소들이 표현

143

(누벨바그(새물결)의 영화들, 백남준의 설치미술 등)되었다. 시인 앙드레 브르통이 간행한『쉬르레알리슴 선언』(1924년)에서 그는 '인간이 구두口頭 표기表記 그 밖의 모든 수법을 써서 사고思考의 참다운 활동을 표현하려는 마음의 순수한 충동, 이성理性에 의한 어떠한 제한도 없고 미학적 내지 도덕상의 어떤 선입감에서도 자유로운 사고의 필기筆記' 따라서 '그 어떤 연상聯想 형식의 뛰어난 현실성과 꿈의 전능全能에 대한 신뢰를 가진 태도'라고 언급했다. 이 아방가르드 운동의 근저根底가 되고 있는 것은 철학과 심리학이며 특히 프로이트의 정신분석에 의한 인간의 심층의식의 탐색, 마르크스주의에 의한 사회변혁의 욕구를 원동력으로 삼아 기성가치의 부정과 파괴의 기운을 틈탄 것으로서 20세기 예술에 새로운 국면을 여는 계기를 마련하였다고 사전은 정리(대표적인 초현실주의자로서는 아라공, 엘루아르, 장 콕도, 피카소, 막스 에른스트, 호앙 미로, 마르셀 뒤샹 등이 있다)한다.

뒤샹은 흰 사기 변기에「샘」이라는 제목으로 뉴욕미술관에 출품하였고 쿠르트 시비터스는 쓰레기를 사용해 그림을 그리고는 "예술가가 뱉어내는 것은 무엇이나 예술이 된다"고 떠벌렸다. 새로운 가치에 대한 도전, 그것은 엉뚱하고 기발한 발상의 전환에 의한다. 그러나 미술의 표현방식과 문학의 표현방식에는 커다란 차이가 있다. 미술의 다양한 표현도구에 비해 문학은 문자로서만 표현이 가능하기 때문이다. 그러므로 수필에서의 실험적 요소는 외적인 문자 파괴나 시각적 표출보다는 내면적 동인動因으로서의 정신작용에 무게를 둘 수밖에 없지 않은가 생각한다.

1. 실험수필과 실험정신

실험수필이란 구태를 벗고 새로움에 도전하는 문학정신이다. 새로움에 대한 도전은 작가의 실험정신에서부터 비롯한다. 작가가 새롭지 않고서는 그가 쓴 글이 새로울 리 없기 때문이다.

내 자신을 실험의 도구로 삼은 몽테뉴는 『수상록』머리글에서 "내 자신이 바로 내 책의 자료"라고 밝힌 바 있다. 글감의 주재료인 '나'가 건전하지 않고서 어찌 튼튼한 가옥의 뼈대를 기대할 수 있겠는가? 실험수필도 글을 쓰는 그 사람의 실험정신에 의한다. 몽테뉴는 어느 날 말을 타고 산책길에 나섰다가 말에서 떨어져 가사상태를 경험한다.

이런 조그마한 사건에 대하여 이야기한들 무슨 소용이 있겠는가? 그러나 나는 이 일에서 좋은 교훈을 얻었다. 솔직히 말해서 이때 비로소 죽음과 친숙해지기 위해서는 죽음에 접해보는 도리밖에 없음을 알게 되었다. (…) 누구나 자기를 심사하는 능력만 있으면 자기 자신이 가장 훌륭한 교재이다. (…) 몇 해 전부터 나는 오직 나 자신만을 사색의 목표로 삼고 있다. 그리하여 다만 나 자신만을 연구하고 있다. (…) 나는 자기를 판단하려면 신중해야 한다고 생각한다.

—『수상록』 중에서

'자기를 심사하는 능력만 있으면 자기 자신이 훌륭한 교재'라고 언급한 몽테뉴의 '심사하는 능력'과 '나 자신만을 연구하고 있다'는 그의 말을 주목하게 된다. 그는 자신의 초상을 주조시킨 옆에 '나는 무엇을 아는가?Que sais je'를 새겨넣었다.

뒷면에는 평형을 이룬 저울대를 새겨넣고 '나는 판단을 배제한다'는 글귀를 또 새겨넣었다. 무엇을 아는가와 판단배제, 그의 실험정신의 기조를 나는 여기에서 엿본다. '나는 무엇을 아는가?'의 되물음은 불교의 '이 뭣고'와 다르지 않으며 소크라테스의 '너 자신을 알라'와 사유의 궤를 같이한다. '나는 누구인가?' 우주와 소통하는 본질적인 물음은 '너(나) 자신을 아는 일'이다. 그래서 몽테뉴는 말한다.

"몇 해 전부터 나는 오직 나 자신만을 사색의 목표로 삼고 있다. 그리하여 다만 나 자신만을 연구하고 있다"고. 그가 자신의 책 제목을 '실험' 또는 '시험'을 의미하는 『에세Les essais』를 붙인 까닭도 그와 무관하지 않을 것이다.

'에세'란 실험대상인 '나', 자아에 대한 탐구이다. 자신의 감정과 문제들을 원고지에 쏟아놓고 거기에 투사된 '나'를 분석하고 검열하는 비판적 태도는 철학정신과도 연계된다. 더 깊이 들어가면 무의식의 자신과 만나는 일이다. '에세이는 나에 관한 연구이며 자신을 위한 교훈'이라는 몽테뉴의 고백을 통해서 나는 글을 쓰면서 글로 하여 마음이 닦이고, 마음으로 하여 글이 높아지는 인격도야의 장場이 수필쓰기가 아닐까 하는 생각을 하게 된다.

몽테뉴는 36년간이나 지속된 종교전쟁에서 광신자들의 오만과 독단을 목격하고 이 허구로부터 풀려나지 않는 한, 인간은 사유와 창조의 자유를 누리지 못할 것이라고 내다보았다. 지식에 관한 한 그 어떤 권위도 그는 인정하지 않았다. 어떤 종류의 확실성도 인정하지 않으며 단정적으로 결론짓기를 거부하는 회의주의에 기울었다. 회의에 대해 그는 "곧고 굽힘이 없는 판단의 자세"라고 정의하면서 모든 사물을 받아들이되 집착하지도 동의하지도 않는다고 언급했다. 모든 얽매임과 집착에서 놓여나는 자유로움, 그의 회의가 가져다준 선물은 해방과 자유였다.

노자는 젊은 시절, 아내의 불륜을 목격하며 이렇게 생각했다. '내가 사랑하는 아내가 그 자신을 사랑할 때, 그 또한 다른 남자를 사랑할 수 있는 권리를 갖는다. 그러니 아무런 사심도 품지 않아야 한다'며 아내를 놓아주었다. 불륜을 증오해야 할 악惡으로 보지 않았다. 악은 선善의 바깥에 서 있는 이물질이 아니라 선이 분비한 자기의 다른 모습이므로 선의 다른 측면인 불선不善으로 보았다.

몽테뉴도 아내의 불륜을 목격했을 때 노자처럼 생각했다. 대극

對極의 양단을 물리친 동양의 현자와 서양의 철학자를 생각하면서 다시금 나는 선악불이善惡不二의 명제를 반추한 적이 있다. 사회적 통념을 깨고 관습의 틀을 타파하는 것, 고정관념에서 벗어난다는 것은 나를 혁신하는 일이다. 색안경을 벗고 세상을 널리 새롭게 바라보는 열린 의식, 비판정신, 자유의지 이런 것이 실험정신이 아니겠는가.

수필쓰기는 "범상한 세계에서 깨어나는 일이다. 인식의 부활, 바로 그것"이라고 한 김열규와 결국 "수필이란 자아확립의 종극점終極點에 서보려는 사고思考의욕"이라고 지적한 몽테뉴의 발언도 모두 '인식의 새로움'을 강조하고 있다. 그렇다면 부활되기 이전의 인식은 어떠한 것이었을까? 옛것을 관통해야 새로움에 도달할 수 있다는 '온고지신溫故知新'의 경구가 생각난다. 창신創新도 법고法古에 의한다. 그러므로 우리가 고전을 읽지 않으면 안 되는 이유다. 또한 사유를 뒷받침하는 독서는 과학적 근거, 학문적 전거가 되어 인식의 오류를 바로잡아준다. 몽테뉴의 어릴적 라틴어 교육과 그의 고전 독서는 놀라울 만했다.

수필이란 무엇인가? '수필은 내 흔적을 글로 나타내는 것이기에 잉크를 찍어 쓰는 게 아니라 혼魂을 찍어 나를 밝히는 생각증명서'라고 한다. 이처럼 수필은 생각을 쓰는 뜻글이다. 우선 생각(주제의식)이 좋아야 한다. 수필은 인생에 대한 새로운 해석이므로 작가가 대상對像을 바라보는바, 그 견처見處가 매우 중요하다. 그가 아니고서는 쓸 수 없는 그만의 해석이 작품의 가치로 환치되기 때문이다. 그러나 시대가 바뀌어도 변하지 않는 것이 있다. 법이나 진리, 본질道은 '불역不易'인데 현상은 시시각각으로 변하여 바뀌는 '변역變易'이다. 불역不易과 변역變易. 그러나 어찌보면 그 새로움이라는 것도 문학에 있어서는 불역에 대한 새로운 표현방식에 지나지 않는다고 생각된다.

근본은 불역이나 시대에 따른 변화, 즉 바쇼가 말한 '불역유행不易流行'도 그것일 것이다. 변하지 않는 인간의 본질不易은 그대로 두고 표현방법은 시대의 풍조와 유행에 따라 흐름을 좇으라는 그의 가르침과 문학의 모든 조건을 바리에이션變奏으로 설명한 프랑스의 비평가 롤랑 바르트를 주목하게 된다.

〈불후의 명곡〉을 보면서 늘 다짐하게 되는 요소도 그 '변주'이다. 백설희의 〈봄날은 간다〉와 한영애의 〈봄날은 간다〉가 다르고 최백호의 〈봄날은 간다〉가 또 다르듯이 원곡에 대한 가수 나름의 해석과 창법과 인생 경륜에 따라 노래의 깊이와 감동이 다르게 전해진다. 문학도 마찬가지이다. 실험수필도 〈불후의 명곡〉처럼 주제에 대한 나만의 변주가 필요할 것이다. 가수의 인생경륜이 보태져 노래의 울림이 다르듯 작가의 가치(경륜)가 중요한 것도 그것이 작품으로 고스란히 드러나기 때문이다. 그러므로 사물과 인생에 대한 작가의 견처見處는 변주를 가능케 하는 방향타라고 할 수 있다. 가령 「낙엽」이라는 동일 제목의 시를 보아도 작가의 견처가 각기 다름을 알 수 있다.

① 참으로 내사 인생을 저버리고/ 여기저기 정처 없이 딩구는 낙엽이란다. (폴 베를렌느)

② 가까이 오라. / 우리도 언젠가는 가련한 낙엽이 되리라. (레미 드 구르몽)

③ 겉도 보이고 속도 보이며/ 떨어지는 단풍이여!(료칸)

베를렌느의 '낙엽'은 슬픈 내 운명과의 동일시이고, 구르몽의 '낙엽'은 우리도 언젠가는 가련하게 죽을 존재라는 의미의 규정임에 반해 일본의 시인인 료칸良寬 선사는 존재(낙엽)의 현상을 넘어 본질眞我을 언급하고 있다. 그를 간호하던 비구니가 "생사의 경지를 넘어서 사는 몸이라 할지라도/ 다시 이별이 있음을 슬퍼함이여!"라고 종이에 써보이자 임종이 가까운 료칸은 "겉도 보이고(현상) 속도 보이며(본체)/ 떨어지는 단풍이여!"로 자신의 전全존재를 17자 하이쿠로 규정했다. 생을 마감하며 떨어지는 단풍(낙엽)은 슬프기만 한 것이 아니다. 그것은 죽되 죽지 않은 자신의 진아眞我를 상징하며, 고매한 정신(본체)과 망가진 육체(현상)를 즉 생사를 '하나'로 보았던 것이다. 생사불이生死不二다.

①과 ②의 경우처럼 죽음의 단멸斷滅을 탄식하지 않고 현상과 본체에 대한 색즉시공色卽是空의 도리道理를 설파한 것이다. 시인의 애상哀想을 넘어 평생을 불도에 정진했기 때문에 그런 일구가

가능했던 것이 아닐까. 존재에 대한 실상묘체實相妙体를 이만큼 묘파한 작가를 나는 보지 못했다. 견처란 그 사람의 급수를 짐작하게 한다. 이같이 제재에 대한 깊은 통찰로 본질인식에 도달하는 철학적 사유, 이런 것이 실험정신의 근간이 되어야 하지 않을까. 고린도전서에 의하지 않고도 '하늘 아래 새 것은 없다' 다만 새롭게 보는 작가의 눈이 필요한 것이다.

2. 실험수필에서의 내용과 형식

장르를 불문하고 문학에서 중요한 것은 내용과 형식이듯 수필에서 중요한 것도 주제와 표현기법이다. 수필이 독자를 끌어들이려면 이 두 가지 문제를 고민해야 한다. 주제(글감)는 충분히 정리되고 철학적으로 숙성되어야 하며 자기의 키 높이를 넘지 않아야 한다. 감당 가능한 주제라야 한다.

독자는 왜 수필을 읽지 않는가를 생각해보았다. 첫째 진부하고 식상한 자기 넋두리라서? 새롭지 않아서…, 재미가 없어서, 배울 게 없어서, 감동적이지 않아서, 아름답지 않아서…. 여러 가지의 답이 돌출될 것이다. 우선 바쁜 시대의 시대적 요청에 따라 더 짧아진 '아포리즘수필'은 그 대안이 될 수 있다. 왜냐하면 아포리즘수필은 길이가 짧고 뜻은 함축적이며, 언어는 간명簡明하기 때문이다. 문장의 잡문성은 걷어내고, 주제의식마저 돌올하다면 금상첨화가 아니겠는가.

어느 날 나는 이런 점을 염두에 두고 아포리즘수필(「모과 한 알」) 한 편을 써보았다. 친구에게 받은 모과 중 그 한 알을 문갑 위에 두었다. 어린 연두에 노란 빛깔을 띠더니 점차 황금빛으로 향기와 함께 익어갔다. 눈발이 날릴 때쯤, 그의 몸엔 갈색 반점이 번지더니 늙은 대추마냥 사정없이 쪼그라들었다. 시커먼 돌덩이에 지나지 않았다. 내 몸의 변화를 대신해 소재(모과)를 통해 말하고 싶었던 것은 데드마스크 같은 나의 '실존'이었다. 그런데 ①모과가 ②미술관에서 본 자코메티의 조각상 〈남자의 흉상〉과 만나 두 가지 이야기로 직조되면서 한 가닥 외줄이던 나의 실존이 우리 모두의 실존이 되었다. 시커먼 하나의 돌덩이 모과는 등신불의 이미지로 환치되어 고행승의 열반과도 같은 우리의 실존을 그려 내보였다. 어떤 사물이나 관념을 결합시키는 마음의 작용(모과=등신불), 그 비유는 연상에 의해 만들어졌다. 상상이나 이미지가 생기는 데에도 연상聯想작용이 동원된다는 것을 알 수 있었다.

'이미지 현상학'으로 유명한 프랑스의 철학자 가스통 바슐라르의 이론을 도용해보았다. 모과=등신불이라는 상상에 의해서 원형의 이미지苦行像·實存에 도달했을 때의 기쁨, 즉 좋은 작품은 대상의 의미와 가치를 독특한 이미지를 통해서 전달하라는 그의 충고를 염두에 두었던 것이다.

픽션이 아닌 수필은 모두가 팩트fact여야 하므로 꾸며 쓸 수도 없다. 허구가 아닌 상상의 힘을 빌려 대상의 본질을 은유로 환치

할 때, 독자는 상상을 통해서 그걸(원관념) 찾아 읽는 기쁨과 쾌감을 누리게 될 것이다.

앞으로 수필은 어떻게 달라져야 하는가?

문장표현은 과감한 생략과 함축으로, 설명이 아닌 비유언어로 이미지 형상화에 성공을 거두어야 한다.

3. 아포리즘수필에 대하여

아포리즘aphorism은 경구警句나 격언格言처럼 어떤 원리나 교훈의 간결한 표현을 말한다. 일침一針으로 고황을 치료하듯 폐부를 찔러 정신을 환기시키는 영혼의 각성제라 할 수 있다. 여기에 자유분방한 사람 장자莊子가 생각난다. 작가의 의도를 숨긴 채 그것을 다른 사물에 비유하여 말하는 것을 우언寓言이라고 하는데 장자가 즐겨 사용한 글쓰기도 바로 그것이었다.

원숭이 키우는 사람이 원숭이에게 도토리를 나눠주면서 말하기를 "아침에 3개, 저녁에 4개씩 준다" 하니 원숭이들이 모두 화를 내었다. 그렇다면 "아침에 4개, 저녁에 3개씩 주겠다" 하니 원숭이들이 모두 환호했다狙公賦芋曰 '朝三而暮四' 衆狙皆怒 曰然則 '朝四而暮三' 衆狙皆悅. (『장자』 「제물론」)

이 우화는 우리를 우매한 원숭이에 빗대어 눈앞의 이해득실에 흥분하여 정작 중요한 것(본질)을 놓치는 게 아닌가 돌아보게 한다. 그는 일침一針으로 급소를 찔러 우리의 몽매를 일깨운다. 장자는 철학자다. 그래서 그의 우화에는 아포리즘수필처럼 어떤 원리나 교훈의 가르침을 담고 있다. 스토리에 철학을 덧입힌 비유로 써진 짧은 산문이며 아이러니와 위트가 넘치는 메시지가 강한 글이다. 뿐만 아니라 그의 기이한 상상력, 기세 넘치는 필력, 기상천외한 비유, 인간에 대한 깊은 통찰과 조소는 아포리즘 수필쓰기에 참고가 될 것이다. 『장자』를 주목하라는 제언 하나를 덧붙인다.

아포리즘과 비슷한 에피그램epigram 역시 촌철살인 격인 경구, 혹은 단시短詩를 말한다. 영국의 비평가 코울리지는 '에피그램이 무엇인가?'에 대해 "조그만 전체全體, 그 몸은 간결하며 그 넋은 위트"라고 지적했다. 위트는 기지機智로 지적知的 예지를 말한다. 자연히 5장 안팎의 아포리즘수필을 염두에 두게 된다. 왜냐하면 '조그만 전체'가 제 몫의 기능을 대신할 수 있기 때문이다.

돌아보면 우리는 수필을 상상적 기법 없이 정직하게 사실 그대로 써온 경우가 많았다. 그렇게 쓰는 것인 줄 알았다. 이제 문학의 정의를 새롭게 환기할 필요가 있다.

"문학을 정서·사상을 상상의 힘을 빌려서 언어문자로 표현한 예술 및 그 작품"(문학헌장)이라고 정의한 바, 상상의 힘을 빌리지 않고서는 문학이 될 수 없다, 무엇보다도 글감이 상상력을 통해서 문학적 언어로 재가공되지 않은 수필작품은 예술성에서 멀다고밖에 할 수 없다. 일상의 기록은 문예수필이 될 수 없다는 자성自省을 통해 잡문의 수위를 극복해나가기를 바란다.

『현대수필』 2018년 겨울호

시 없는 시인의 적멸위락寂滅爲樂
— 고은 시집 『세상의 시』에 부쳐

　해질녘 산문 밖에서 우연히 듣게 되는 종소리. 무주고혼無主孤魂을 위로한다는 범종의 음향은 사람을 거룩하게 긴장시킨다. 어느 시인의 진혼곡인 양 한 줄기 정신이 알 수 없는 허공에 가 닿고, '좋은 바람만 불어도 제 몸을 울려 소리를 낸다'던 독일의 서정시인 횔덜린을 불러온다.

　고은 선생의 시가 그렇다. 잎새에 이는 작은 바람에도 종은 제몸을 울려 소리를 낸다. 선생은 천부적인 공감 능력으로 그동안많은 중생의 아픔을 노래해왔다. 1960년 『피안감성』에서 『만인보』를 거쳐 2023년 『청』에 이르기까지, 심청이 뛰어든 인당수는 사바의 고해. 심청의 희생은 맹인의 개안開眼으로 이어진다. 드디어 고은의 시는 그러한 본령을 놓치지 않는다. 시는 점점 짧아지고 섬광처럼 번뜩이는 지혜로 우리를 개안으로 이끈다. 뿐만 아니라『세상의 시』에서는 세상 구석진 곳을 나비로 찾아가 위로의 축도를 보낸다.

봄
겨울의 패배 아니야
겨울의 꿈이야

가을
여름의 사망 아니야
여름의 완성이야

누구의 형이하학이다가 도로 형이상학이야

—「세상의 시」71

시인은 사계四季의 영허盈虛, 소장消長을 들어 우리를 위로한다.
봄은 겨울의 꿈이고, 가을은 여름의 완성이라고.

형이상자形而上者는 무형無形의 도道요, 형이하자形而下者는 유
형有形의 기器라고 말씀한 이는 공자다. 형이상자는 양陽이요, 형
이하자는 음陰이다. 손바닥의 양면처럼 이 둘은 분리될 수 없다.
어찌 봄의 패배와 여름의 사망을 슬퍼할까 보냐. 영허, 소장은 현
상계의 작용일 뿐, 본체는 변하지 않음을. 한 번 양 되면 한 번 음
되는 것을. 우주의 순환 이치를 들어 시인은 우리에게 위로의 말

씀을 건넨다.

오세아니아에서
시베리아로 건너가는
철새 2천 마리의 먼 길 아래

거기도 숭고하여라

바다 속 조류들 해류들 머물지 못하여라
소리도 못 내고
가고 가는 지향 없는 길 위로
모든 바다여
모든 바다 위 파도 소리여

여기도 경건하여라

옷깃 여며라 어서 모자 벗어라

—「세상의 시」 25

무릇 목숨 가진 생명들의 삶은 모두 숭고하다. 모자 벗고 경배
하자. "괴로움 없는 세상이, 사람이 어찌 참다울 수가 있는가. 고

통, 고난이야말로 진실을 만나는 길이다, 그 길에 피어 있는 삶의 꽃이 아름답다"고 선생은 『고난의 꽃』에서 쓰고 있다. 삶의 꽃이 아름다운 건 고통을 통해 진실을 만났기 때문이다. '모든 바다 위 파도소리여/ 여기도 경건하여라.' 축도의 손길이 닿는다.

노고지리

어제보다
더 높이 오르고
오늘보다
더 높이 오르고
내일보다
더 높이 올라

기어이

청보리밭 위 아스라이
너 없이 네 울음소리 떨어지누나

고마워

―「세상의 시」 57

「노고지리」에서는 시인의 자화상이 보인다. 높은 경지, '청보리 밭 위 아스라이/ 너 없이 네 울음소리 떨어지누나' 사람은 보이지 않고 울음소리(시)만 들린다. "고은에게 시쓰기는 말하지 않는 것의 목소리를 듣는 것이다. 그는 언어를 소유하지 않는다. 언어가 그를 소유한다."(고은 선생 90세 헌정 문집『그리움 너머 그가 있네』 438쪽)라고 한 이란 작가 라민 자한베글루의 평가가 떠오른다. 선생은 "궁극적으로 나는 시 없는 시인이 되고 싶다"고 말한 적이 있다. '너 없이 네 울음소리 떨어지는' 노고지리. 여기서 선생의 무아無我적 게송이 이해된다. 시가 왜 점점 짧아지는지, 왜 언어를 버리는지를. 선생이 경계한 것은 언어의 개념화다. 실재와 부합하지 못하는 언어는 허망분별虛妄分別이며 무자성無自性, 공空이기 때문이다.

선가에서 표방하는 언무언言無言이 떠올랐다. 어찌 말없이 진리를 표현할 수 있을까요? 필자가 여쭙자 이런 답이 돌아왔다.

"언어와 침묵 사이에 거미줄을 걸어놓고, 그 아침 이슬의 거미줄을 위태롭게 오고 가기를 꿈꾸고 있습니다. 염화미소가 언어의 정점이라면, 새소리, 물소리, 바람소리인들 어찌 무정설법의 언술이 아닐는지요."(『그리움 너머 그가 있네』 대담)

선생은 자연의 법어를 듣는다. 무정無情설법이 무위법이라면 언어는 유위법에 속한다. 일체 유위법은 꿈 같고 허깨비, 물거품, 그림자, 이슬, 번개 같다고 경전은 말한다.

"제행무상, 세상의 모든 것은 무상하다. 이것은 생겼다가 사라지는 법이다諸行無常 是生滅法. 생멸이 다 없어지면 적멸이 곧 즐거움이다生滅滅已 寂滅爲樂."

이는 『대열반경』의 말씀으로, 생기고 멸하는 생멸 자체가 자체성이 없으니 본래 적멸寂滅인 것이다. 생사고를 걱정하던 싯다르타가 '생멸이 적멸임'을 깨닫고 적멸락寂滅樂을 얻어 붓다가 되셨다. '시 없는 시'란 적멸에서 자취 없이 피어난 순간의 꽃이다. 머무는 바 없이 무심無心에서 돌출되어 적멸로 환원되는 것. 시인은 유위법(언어)과 무위법(침묵) 사이를 위태롭게 오가며 진공묘유眞空妙有를 화룡점정으로 그려낸다.

보아라

없으므로 있다
있으므로 없다

이 모순의 풍경이면
더 볼 것 없다

유와 무, 이것은 같은 데太極서 나와서 이름(음과 양으로)이 달라진 것일 뿐이다. 가령 진흙을 이겨서 그릇을 만들지만, 그 그릇의 쓰임새는 빈 공간이 있기 때문이다. 유(그릇)의 이利가 되는 까닭은 바로 무無의 용用이 있기 때문이다. 유무상즉有無相卽이다. 그러므로 유의 현상과 무의 본체를 같이 보아야 한다. 생사生死를 물과 얼음의 관계에 대입하면 질량과 에너지의 변화일 뿐, 달라진 게 없다. 불생불멸이다. 이 모순의 풍경. 진공묘유眞空妙有가 아닌가. 있으므로 없고(색즉시공) 없으므로 있다(공즉시색).

오늘도
저 구름께 절하옵니다

계시다가
안 계시다가
안 계시다가
계시다가

아무도 흉내낼 수 없어라

허공에 분단分段, 생사生死로 나투시는 모습. 현상 속에 상주常住하는 법신불을 뵈옵니다.

고드름 녹아
첫 물방울 떨어진다

이 귀한 소식
먼 바다가 알 턱없지

무소식이 소식보다 거룩하지

—「세상의 시」135

얼어도 물이고, 고드름 녹아도 물이다. 생멸하는 현상 속에 변치 않는 실재. 죽되 죽지 않는 그 한 물건을 생각하게 된다. 떨어지는 첫 물방울에서.

깨달아도
괴로움은
즐거움 아니지

깨달아도

어리석음은
어리석음 그대로이지

나도 조금 깨달았어

　　　　　　　　　　　　　　　　　　　―「세상의 시」 158

　인연 생기生起한 우리는 무아적無我的) 존재. 그러므로 고정된
실체가 없다. 진짜 나는, 나 아닌 아바타. 어디에 깨달음이 붙을런
가. 깨달을 깨달음조차 없는 것을.

간 것 없다 올 것 없다

그 사방팔방
말발굽 간데없이

텅 빈 고비사막
한동안 신기루

있다가
없다가

　　　　　　　　　　　　　　　　　　　―「세상의 시」 76

텅 빈 고비사막, 있다가 없다가 신기루. 괜히 신발만 닳게 했습니다.

서해는 오대산 시냇물 몰라

죽음은 삶 몰라
삶은 죽음 몰라

서로 하나이므로

―「세상의 시」99

해님은 밤을 알지 못하고, 달님은 낮을 알지 못한다. 그렇지만 주야晝夜는 하나의 둥근 고리로 연결되어 돌고 도는 것을 쉬지 않고 도는 것을. 삶과 죽음 또한 이와 다르지 않을 터. 거듭되는 원시반종原始反終.

핼리 혜성의 길 찾아낸 핼리
모처럼 쉴 참인가

널찍한 벽난로 앞
걸상에 앉아

적포도주 한 잔 비우고 나서
'맛있군'
한마디 놓고 숨진다

핼리 혜성의 길 잠깐 휘어져

—「세상의 시」 151

핼리는 핼리 혜성의 길을 찾았지만, 적포도주 한 잔 비우고 나서
'맛있군' 한마디 놓고 숨지는 시인은 열반적정의 길을 아시는 터.

90세의 내 뇌
하나의 낱말만 남는다

왜?

—「세상의 시」 150

프랑스의 시인 르나르는 까마귀의 울음 '꾸아'를 '왜pourquoi'로
듣고 거기에 단답을 붙였다. "꾸아 꾸아, 아무것도 아니다." 왜 인
생이 아무것도 아닌가? 그것은 허공꽃, 환幻이니까.

날 저문다

이때만이 일체라

—「세상의 시」133

날 저물어 어둠(흙 속)에 묻히면 남녀노소, 부귀빈천이 한 모양이다. 밤은 무분별의 평화. '이때만이 일체'라는 두 줄의 선언이여.

풍덩

둥근 물무늬 지우는 힘찬 고요

—「세상의 시」146

고요를 깨트리는 '풍덩'. '고요'는 본래적本來寂의 도道 자리이다. '풍덩'은 현상적 작용, 현상有으로써 본체無가 드러난 것. 불쑥 단 두 줄로, 현상과 본질에 대한 통찰이라니, 일본에 시성 바쇼가 있다면 우리에겐 시불詩佛 고은이 있다.

그날이다가
또 그날이다가

이제
어느 날이네

"지금 몇 시지?"

"언제나와 같은 시간이지."

베케트의 주인공들이 무대에서 말한다.

"언제 럭키가 벙어리가 되었지?"

"다른 날들과 비슷한 어느 날, 저놈은 벙어리가 되었고, 어느 날 난 장님이 됐고, 어느 날 우린 귀머거리가 될 것이고, 어느 날 우리는 태어났고, 어느 날 우린 죽을 거요. 같은 날. 같은 순간 이걸로 충분하지 않으냐 말이요."

그런 어느 날이 나에게도 왔다. 귀먹고, 눈멀어지는. 존재에 대한 통찰, 우리는 다만 무대를 지나갈 뿐이겠다.

해설피

저 건너 산 그림자 바라보네

사뭇

사뭇

나도 거룩하지 않으면 안 되겠네

—「세상의 시」147

산 그림자 바라보며 '나도 거룩하지 않으면 안 되겠네'라고 다
짐하는 시인의 속 뜻을 짚어본다. 무엇이었을까? 외감外感의 그
내응內應은. 영성의 시인, 윌리엄 블레이크를 생각나게 한다.

오늘
둘이 쓴다

8백 년 전 평양 정지상 배필이던 귀신과
나

오늘 밤
둘이 쓴다

어린 나
늙은 나

―「세상의 시」 143

미국 시인 엘런 긴즈버그에게 '보살귀신 들씌운 시인'이라고 이
미 평가받은 고은 시인이 장편 서사시 『청』을 귀신과의 합작이라
했던 말이 생각난다. 누가 귀에 대고 솔솔 일러주나, 바로 그분이
오셨다. 전前 전생의 아뢰야식. 무서운 몰입이다. '죽어서 뼛가루

까지도 시詩와 닿고 싶다'는 시인의 열망. '귀신이 놀랄 때까지 그
만두지 않겠다'던 시성 두보가 떠오른다.

아내하고
한 뙈기 마당 꽃밭 만드네

어둑발
지동 막걸리 한 사발로
목마름 적시네

앞산 초승달 진작 와 있네

—「세상의 시」136

아내와 꽃밭 만들고, 막걸리 한 사발로 목마름을 적신다. 하늘
을 보니 '앞산 초승달 진작 와 있네.' 시인 왈레스 스티벤스의 말이
아니더라도 시의 생명은 은유에 있다. "선생님, 앞산 초승달을 보
셨군요."

은유 속에 감춰진 오의奧義, 선시禪詩의 공능功能이다.

다시 묻는다

나만 옳은가
우리만 옳은가

우리 행성만
우리 은하만 옳은가

어떤 우주
어떤 우주 미지의 우주가 옳은가

다시 묻지 않는다

—「세상의 시」 21

누가 옳은가? 정의正義란 쉽게 정의定意할 수 없다. 모든 선善은
악惡을 회임하고 있기 때문이다. 내가 정의라고 믿었던 것들은 나
의 업습業習에 따라 반응한 자아의 굴절일 뿐이다. '불사선 불사악
不思善 不思惡'하라는 혜능의 말씀. 선악을 초월한 무심無心이야말
로 이분법으로부터 자유로울 수 있지 않을까.

기괴하구나

이 밤하늘 별들의 생사 아래

정신이라던가
영혼이라던가

너무 기괴하구나

—「세상의 시」 24

　별들의 후예인 우리는 우리를 구성했던 원래 입자 상태로 돌아
간다. 우리의 정신, 영혼을 함의하는 식識은 인연과 조건에 의해서
연기緣起되어진 것일 뿐, 공성空性이다. 그러므로 '영혼이란 감각
에 의해 조작된 환상'이라던 셸리 케이건 교수, '영혼이란 존재를
믿는 믿음 때문에 영속되는 환상에 불과하다'던 신경과학자 프랜
시스 크릭의 말을 신뢰한다. 영혼은 없다.

지그문트 프로이드로 한마디 던져볼까

종교는 환상이다

내 한마디 던져볼까

환상 아닌 건 없지

—「세상의 시」 19

신은 깨닫지 못한 인간 마음이 엮어낸 환상의 베일에 불과하다
던 카를 융.

어찌 종교뿐이랴. 마음이 빚어낸 실체 없는 그것들. 환상 아닌
건 없지.

나의 여생
어느 산골

나의 전생
어느 바다

나의 내생
어느 은하

더 할 말 없음

—「세상의 시」101

산골에서 바다로, 바다에서 은하로 삼생을 돌아나온 지금, 여기
시인의 생은 '더 할 말 없음'으로 갈음된다. "나는 궁극적으로 무無
의 고은이고, 고은의 무無"라던 선생은 침묵과 언어 사이에서 언
어를 극도로 배제한다. 언어는 달(깨달음)을 가리키는 손가락. 손

가락은 달이 아니다. 그래서 시인은 때로 달은 그리지 않고 주변의 달무리만을 그려서 비어 있는 달을 표현하려고 한 것일까. 시어詩語는 의미를 감추고 기능만 작용한다. 기의記意는 사라지고 기표만 남는다. 여백에서 휘영청 한 선생의 심월心月과 만난다.

혜능 남종선도
신수 북종선도 퉤 퉤 쫓아내고
너에게 잡힌 짐승으로 산다

날이 갈수록
날이 가
죽어 갈수록
나는야 네 올가미를 벗어날 생각 전혀 없다

오 하루하루여

—「세상의 시」 124

아무 주장, 주의도 없이 묵묵히 날 새면 울력하고 때 되면 자시고, 밤 되면 잠에 드는 중국의 흠산欽山 스님의 말씀을 나는 사랑한다. "노승은 평생에 아무것도 깨달은 바가 없다. 다만 하루하루를 그저 한 모양으로 지내고 있다老僧平生 百無所會 只是日日一般는 요사범부了事凡夫, 스스로 진여眞如 자체임을 깨달은 그분이 바로 각자覺者 붓다가 아니신가.

'오 하루하루여' 일일시호일日日是好日을 외치는 시인에게서 흠산 스님의 모습을 뵙는다. 부디 강녕하시기를. 침묵은 언어의 충일성을 알리는 기호라며 '무언어無言語의 상태가 곧 해탈'이라는 프랑스의 기호학자 롤랑 바르트의 말을 상기한다.

2024년 4월 觀如 合掌

"신발 한 짝은 어깨에 메고 가지요"
— 선집 『까마귀』 출간한 맹난자 수필가

대담 : 김은중/ 수필가, 문학평론가

"문학을 통해 성인의 경지에 오른 작가들의 지고한 정신과 만나면, 문학이 곧 구도의 여정임을 알게 된다"는 관여 맹난자 선생의 문필 반세기를 응축한 선집 『까마귀』가 도서출판 북인에 의해 세상에 나왔다. 관여 선생이 발표한 헤아릴 수 없이 많은 작품 가운데 59편의 수필을 뽑아 펴냈다. 선집에 실린 첫 작품은 「산책」이고 마지막 작품은 「생사는 본래 그대의 것이 아니다」이다. 산책과 생사. 선생의 수필 여정을 상징하는 단어처럼 느껴진다. 59편만 고르느라 번민했을 편집진의 노고가 스며 있는데, 책의 모양은 관여 선생을 똑 닮았다.

『까마귀』의 출간 등을 기념하는 이 글을 쓰기 위해 관여 맹난자 선생을 어디에서 뵐까를 궁리하다가, 선생이 약관 시절 당대의 거벽토僻土들을 모시고 강좌를 열었던 망월산 정각사를 떠올렸다. 관여 선생의 문학에 깃든 동서고금 사상과의 만남이 그곳에서 시작되었을 거라는 생각에서였다. 또는 관여 선생의 댁 근처에 있는 프랜차이즈 카페를 생각했다.

그곳에는 선생이 글을 썼던 자리 창가에 '관여 맹난자 수필가 집필 장소'라는 표목이 있었다. 관여 선생을 좋아한 카페 주인이 한복용 수필가에게 제작을 부탁해 세운 표목이었다. 그러나 이 카페는 올해 초 문을 닫았고 그 자리에는 스포츠 시설이 들어섰다. 헤밍웨이와 피카소 같은 이들이 자주 들렀던 파리의 생제르맹 데프레 거리에 있는 카페 '레 되 마고'가 생각났다. '레 되 마고'는 1885년에 문을 열었으니 135년이 넘었다. 관여 선생은 남한산성 동문 밑에 있는 아라비카로 가자고 했다. 나는 관여 선생을 모시고 온 한복용 수필가의 차에 얹혀 문정역에서 아라비카로 향했다.

시간은 정지한 채 사람들의 말소리만 허공을 가로지르는 아라비카는 고즈넉하다. 이십 년쯤 전에 문을 열었는데, 관여 선생은 2003년부터 시작한 '달마문예대학' 수필 강의에서 만난 제자들과 '달마문학회'를 만들고 이들과 함께 즐겨 찾았다고 한다. 대략 오후에 방문해 제자들과 담소를 나누고 문학을 논하다가 나뭇가지 사이를 주유하던 해가 보이지 않을 때면 일어나 백숙거리의 식당에서 저녁을 먹으며 다시 이야기꽃을 피웠다고 한다. 그러니 아라비카는 반세기 관여 선생의 문학 여정에서 이십 년을 함께한 장소인 셈이다. 우리는 테라스에 앉았다. 관여 선생의 문학 여정을 기록하고자 나는 첫 질문을 이렇게 했다.

● 문학은 개인사적 우여곡절과 고통, 그리고 비극을 언어로 표출합니다. 이때 거장들의 작품들을 모방하고 나아가 모방을 넘어서 재현하지요. 선생님은 대학생이 되면서 다자이 오사무나 이시카와 다쿠보쿠, 생텍쥐페리 그리고 카뮈 같은 거장들을 만나셨어요. 이십 세가 채 되지 않았을 때였습니다. 그들은 선생님에게 평생의 동반자가 되었는데 어떻게 만나셨는지요, 또 그들이 선생님의 문학과 삶에 어떤 영향을 주었는지요?

1960년 『만가』, 『빙점』, 『설국』, 『금각사』 같은 일본문학이 소개되고 '전후戰後 문제작품'들이 쏟아져 나왔지요. 그때 다자이 오사무를 읽었어요. 유려한 문체로 귀족의 몰락과 퇴폐의 미를 그린 『사양』과 자전적 소설 『인간실격』은 순수한 한 영혼의 실패와 패배할 수밖에 없는 작중 인물을 통해 결국 우리는 모두 패배자가 아닐까 하는 생각을 내게 깊게 심어주던 작품이기도 했습니다. 전후의 퇴폐주의와 데카당스, 적당한 방기로 이어지는 허무주의와 자학, 이런 것들과 맞물린 내 이십대의 문학적 센티멘털리즘 속에는 다자이 오사무, 보들레르, 베를렌느 등이 있었지요.

그 후 갑자기 어머니가 돌아가시고 허허벌판에 선 듯. 『사양』의 가즈코처럼 죽은 남동생을 그리워하며 나오지의 유서를 거듭 읽었어요. "누님, 안 되겠어요. 먼저 가요 (…) 귀족이라는 자신의 허깨비에서 이탈하고 싶어서 놀고 미치고 거칠어진 것입니다. (…)
어젯밤의 술도 말짱히 깨었고 저는 맨정신으로 죽는 것입니다. 누
님, 저는 귀족입니다."

(관여 선생의 모친은 1964년 7월 24일에 심장마비로 별세했다.
가난으로 학업을 중단하고 서울시청에 근무하던 맹난자가 스물
두 번째 생일을 맞은 엿새 뒤였다. 집으로 돌아와 마주한 모친의
주검이 맹난자에게 어떤 충격을 주었을지는 형언이 불가능하겠
다. 관여 선생이 훗날 죽음의 문제에 천착한 동기는 이때 잉태되
지 않았을까 싶다.)

거대한 벽 앞에서 패배를 자인하는, 그러나 자존감만은 잃지
않는, 한 인간의 외침 속에서 '인간'을 생각하게 되었어요. 문학
이란 인간의 나약함을 증거하고 약자의 패배를 이해하며 인간의
폭을 넓혀나가기 위한 인생의 대학습장 같은 것이 아닐까 그런
생각이 들었습니다. 그즈음 일본 잡지『주부의 벗主婦の友』에 푸른
바다와 홋카이도의 넓은 모래사장, 그 동해바다에 자살하러 나
갔다가 잠시 그 마음도 잊고 게와 놀았다는 다쿠보쿠의 시가 소
개되었어요.
이 작가들의 작품을 원본으로 구하고, 그걸 읽기 위해 일어강습
소를 다녔습니다. 생텍쥐페리의『인간의 대지』는 학교에서 시험

대신 리포트를 쓰느라고, 카뮈의『이방인』은 일련의 동지의식을 느끼면서 끼고 다녔지요.

　세상이 내 의지와 상관없이 펼쳐지던 운명, 서울시청의 출근부 날인, 삶에 종지부를 찍고 싶었던 어느 여름날 오후, 나는『이방인』의 주인공 뫼르소를 정말로 이해할 수 있을 것 같았지요. 아무 까닭도 없이 네 발의 총을 쏘고 단지 "눈부신 태양 탓"이라니요. 이 터무니없는 이유에 나는 얼마나 공감하였는지요. 말로는 설명하기 어려운 어떤 내면의 반사적 행위였을 겁니다. 묵비권으로 사형을 감수하는 부조리한 한 전형을 통해 존재를 증명하는 카뮈의 강력한 방법이 인상 깊었어요.

　(『이방인』의 첫 문장은 이렇게 시작된다. "오늘, 엄마가 돌아가셨다." 첫 문장부터 맹난자의 처지와 겹친다. 뫼르소는 사장에게 휴가를 신청했으나 사장은 내켜 하지 않는다. 뫼르소는 이렇게 말한다. "제 잘못이 아닙니다." 현실에서 소외되어 이방인으로 살아가는 현대인, 죽음을 앞두고 비로소 마주하는 실존의 체험. 카뮈의『이방인』이 우리가 사는 이 도시에서도 오늘날 적용되는 까닭은 시공을 막론하고 사람들은 도시에서 실존과 씨름하는 이방인이기 때문일 것이다. 뫼르소에 동감한 이십대의 맹난자는 그런 것을 깨닫지 않았나 싶다.)

● 저는 선생님의 사상과 문학의 출발이 망월산 정각사라고 생각합니다. 김동화 홍정식 선생님으로부터 불교를 배우셨다는 기록을 보았습니다.

이화여자대학교『교양국어』에 실린「하이데거 실존주의와 공空사상」이라는 박종홍 선생의 글을 읽고 실존주의에 관한 관심이 더해져『금강경』공부를 같이하자는 취지문을 손으로 열다섯 부를 써서 각 대학교 철학과·국문과·심리학과 등에 보냈지요. 사람들이 무척 많이 왔어요. 1960년 12월부터 김동화 선생의『금강경』강의를 들을 수 있었습니다.『유마경』등을 더 들을 수 있었고 홍정식 선생님으로부터는『법화경』을 들었어요.

(1960년 겨울이면 세상이 참으로 어수선할 때였다. 문학은, 사상은 그렇게 세상이 어수선할 때 더욱 천착된다. 여하튼 공空사상의 기초가 되는 반야경전인『금강경』, 일상생활 속에서 해탈의 경지를 체득해야 함을 가르치는『유마경』, 그리고 비유의 경전이라 불리는『법화경』등 해인사 강원에서나 들을 수 있는 경전들을 약관에 배운 셈이다. 그리고 몇 해 뒤 맹난자는 통도사 극락암으로 경봉 스님을 찾아간다. 이때의 만남을 적은 글이「극락지일야極樂 之一夜」이고, 이것을 맹난자 글쓰기의 출발점으로 잡는다.)

● 경봉 스님께서 비구계를 받으신 해가 1912년입니다. 선생님께서 경봉 스님을 뵌 때가 1964년이니 선생님은 23세, 경봉 스님은 세수 72세, 법랍 52

세이고요. 저는 극락암의 그때 그 광경이 이 우주 어딘가에 있지 않을까, 라는 생각을 합니다.

김동화 선생님의 권유와 광우 스님의 주선으로 동국대학교 불교학과에 편입하고 1964년 통도사 극락암을 찾았습니다. 경봉 스님께서는 글씨를 쓰고 계셨지요. 삼배를 드리고 나니 어디서 왔느냐고 물었고 서울서 왔다는 것과 광우 스님, 김동화 선생님, 그리고 『금강경』 공부를 하고 있다고 차례로 말씀드렸어요. 스님은 넌지시 안경 너머로 나를 건너다보시더니 내 앞일이 훤히 보이는 것처럼 몇 마디 말씀을 짚어주셨습니다. 처음 보는 녹즙 같은 차도 한 대접 마시라고 내주셨어요. 나중에 그것이 말차라는 것을 알았지요. 스님께서 쓰신, 먹이 아직 덜 마른 글씨를 새겨보라고 하셨습니다. 지금 우리 집 거실에 걸려 있는 "觀音菩薩大醫王(관음보살 대의왕) 甘露瓶中法水香(감로병중법수향) 灑濯魔雲生瑞氣(쇄탁마운생서기) 消除熱惱獲淸凉(소제열뇌획청량)"의 족자입니다. 시자 편에 하룻밤 재워보내라고 하셨지요. 다음 날 아침 스님으로부터 화두를 받았어요. "이 뭣고" 그때 스님께서 이런저런 말씀을 하셨는데, 그때의 예언이 내 인생에서 한 말씀도 틀리지 않았어요.

(경봉 스님이 써서 선물한 글씨는 쇄수게灑水偈였다. 불가에서는 정토가 이루어지도록 다라니를 독송하는 것을 '결계'라고 하는데, 결계를 하면서 행하는 특이한 의식이 있다. 이를 '쇄수'라고 한

다. 물을 뿌린다는 뜻으로, 청소를 해서 깨끗이 한다는 상징적 의미이다. 이를 증명하듯, 관세음보살을 찬탄하는 게송에 '쇄수게'가 있다. 경봉 스님이 써준 글씨이다. "관세음보살 대의왕(의사)께서 감로병 속 법수의 향기로 마군의 구름에 물 뿌려 씻어내고 중생의 뜨거운 번뇌를 없애고 시원한 법락을 얻게 하신다." 경봉 스님은 맹난자라는 처자가 온다는 것을 알았을까? 스님은 출가가 아니라 세속에서 쇄수를 하라고 주문한 셈이 되었다. 맹난자는 문학으로, 그러니까 쇄수灑隨했다. 그래서일까, 관여 선생을 볼 때마다 절에서 만나는 관세음보살을 참 많이 닮았다는 생각이 든다.)

● 마테를링크·소포클레스 등을 실험극장에서 만나셨지요. 한국에는 많이 알려지지 않았습니다만, 마테를링크 문학의 주된 주제는 죽음과 삶의 의미라고 하죠. 침묵과 죽음, 그리고 불안을 소재로 삼는 작가입니다만. 소포클레스는 그리스는 물론이고 서구의 문학사에 지대한 영향을 준 인물이고요. 이들은 선생님의 문학적 영감에도 영향을 주었을 것 같습니다.

실험극장에 들어간 것은 1960년 초겨울이었어요. 고등학교 2학년 때 졸작 〈산비둘기〉가 이대 문예 콩쿠르에서 입선했지요. 그것을 숙명여고 대강당 무대에 올렸는데 제가 연출을 맡았습니다. 중학교 영어연극 조명도 틈틈이 해주었는데 〈백조의 왕자〉 주인공인 이낙훈 씨의 조카가 연결되어 입단 제의를 받게 되었어요.

우리는 작가별로 조를 짜서 공부했는데 나는 허규 씨와 〈파랑

새〉의 작가 마테를링크 조였습니다. 그분은 수필로 노벨문학상을 받았지요. 소포클레스의 작품은 고려대학교의 여운계, 김성옥, 유용환, 나영세, 유길촌, 손숙 씨 등의 연기로 〈안티고네〉와 〈상복이 어울리는 엘렉트라〉를 보았습니다. 우리 단원을 응원하러 고대로 원정을 가곤 했습니다. 특히 〈오이디푸스 왕〉은 그리스 문화를 이해하는 데 빼놓을 수 없는 주제가 되었지요.

(나도 대학에 다닐 때 운니동에 있는 실험극장에 연극을 보러 이따금 갔다. 사실 맹난자라는 이름을 내가 접한 것은 수필이 아니라 아주 오래 전 실험극장 관련 문헌에서였다. 실험극장이 있던 자리는 운현궁 어디쯤이었는데 지금은 그 자리에 없다.)

● 선생님 문학에서는 사무엘 베케트도 중요하다는 느낌을 받았어요. 베케트는 유럽문화의 정신적 바탕인 신과 인간의 실재성에 대해 근본적인 의문을 던진 인물인데요.

40대 초반 어느 여름날, 장사진을 이룬 매표소 앞에 서서 기다리다가 임영웅 씨의 연출 무대를 만났어요. 십여 년 뒤 기국서 씨 무대로 다시 보았지요. 항용 범죄자가 범죄의 현장을 찾아 맴돌 듯 우리 내면에는 고통을 싫어하면서 이상하게 그것을 확인하고 싶은 욕구가 있습니다. 베케트의 연극이 그랬어요. '인간 존재의 부조리성, 삶과 죽음의 양극, 시작도 끝도 없는 인간 게임의 종말'

이라는 포스터에 꽂혀 남산 별오름극장을 찾은 것은 2003년 늦가을이었습니다. '극단 미학' 대표인 정일성 씨가 연출한 베케트의 마지막 작품 〈게임의 종말〉을 보았습니다. 하반신 마비로 휠체어에 앉아 있는 장두이 역의 햄과 클로브, 쓰레기통 안에는 햄의 부모님인 나그와 넬이 식물인간으로 생존하고 있어요. 폐쇄적인 공간에 갇혀 있는 네 사람. "지금 몇 시지?"라고 햄이 자주 물으면 클로브는 "언제나와 같은 시간이지" 천연스레 답합니다. 그러니까 어제와 오늘은 이미 의미를 상실한 개념의 시간인 것이지요.

〈고도를 기다리며〉에서도 블라디미르가 포조에게 "언제부터 럭키가 벙어리가 되어버렸냐?"고 묻자 "그런 질문은 집어치워, 빌어먹을 시간 같은 것을 가지고 나를 괴롭히는 일은 쓸데없는 일이야. 언제! 언제! 어느 날 그것으로 충분치 않은가. 다른 날과 똑같은 어느 날, 그 녀석은 벙어리가 됐고 나는 장님이 됐고 귀머거리가 될 것이다. 어느 날 태어났다 어느 날 죽을 것이다. 어느 날 어느 시간 그것으로 충분치 않다는 건가, 어쨌든 여자들은 무덤을 올라타고 아기를 낳은 것과 같은 거야. 그리고 한순간 햇빛이 반짝이고 그리고 또 밤이 찾아오지, 그것뿐이다"라는 포조의 대사를 천착했습니다. 이렇듯 시간과 죽음은 베케트 문학의 키워드이지요.

'인간 파멸의 근원을 파헤치는 차원 높은 염세주의'라고 어느 연출가도 그의 문학을 정의한 바 있지만 사실 인간이란 파멸할 수밖에 없는 존재가 아닌가라고 여겨집니다. 탄생과 죽음, 한번 낮

되고 한번 밤 되는 주야의 교체. 일몰과 일출의 순환으로 이어지는 우주의 둥근 고리, 즉 역易을 떠올리게 됩니다.

그의 시 「나쁜 시구」에서 보듯 "흐름으로 인해/ 모든 것은/ 존재하면서도 모든 것/ 따라서 그것은/ 심지어 그것조차 존재하면서도/ 존재하지 않는다. 그에 대해/ 이야기하자"라고 하지요. 흐름으로 인해 존재하는 '현상', 그것의 '본질'은 존재하면서도 존재하지 않습니다. 있으면서도 없는 존재와 비존재. 모양이 있는 것은 모양 없는 것의 현현顯現이요. 모양 없는 것은 근본적 실재實在로 그 무無는 바로 유有의 근본입니다. 현상과 본체, 그 공空과 색色이 다르지 않은 둘인 것처럼, 통일되는 궁극적 실재, 일자一者가 아닐까 합니다. 그러니 별에서 분화된 이 몸도 온 곳으로 되돌아가는 것, 하늘에 떠 있는 구름(현상)으로 잠시 존재하지만 본체로서 보자면 질량과 에너지의 변화일 뿐, 하늘에서는 아무런 일도 일어난 것이 아니지요

허공에 구름 지나간 자취가 어디 있겠습니까. 그리하여 〈고도를 기다리며〉의 첫 구절. "아무 일도 일어나지 않았다"를 되뇌게 됩니다. "무無보다 더 실재적인 것은 아무것도 없다"는 베케트의 작품을 파고들었지요. 산울림극장에서 마지막으로 〈고도를 기다리며〉를 본 것도 십여 년 전의 일이 되었습니다, 이제 그의 작중 인물처럼 나는 요즘 흐릿한 눈이 더 멀어졌고, 내 옆의 사람은 귀가 아주 멀어졌습니다. 베케트의 작중 인물들은 하나같이 떠나겠

다고 말하면서도 엉거주춤 무대에 남겨져 마치 생사의 거미줄에 걸려 있는 고통스러운 존재로 보입니다. 거기에서 우리의 자화상을 보게 됩니다.

(옛날에 '르 몽드'는 〈고도를 기다리며〉에 대해 이렇게 적었다. "오늘 저녁에도 어딘가의 무대 위에서는 두 명의 부랑자가 오지 않는 '고도'를 기다리고 있을 것이다." 이는 오늘 저녁에도 전 세계 어디에선가는 이 연극이 공연되고 있다는 뜻인데, 관여 선생의 말을 들으니 선생의 집에서도 두 명의 배우가 고도를 기다리고 있는 것은 아닌가 하는 생각이 들었다. 실존이 무의미하다는 것, 인간의 의지가 무기력하다는 것을 알면서도 인간은 고도를 기다린다. 그 기다림 자체가 부조리인데 그래도 기다림을 포기할 수 없는 존재가 또 인간이다.)

● 우리가 많이 무거운 이야기를 나누고 있습니다. 우문을 하나 드릴게요. 선생님께서 처음으로 내신 수필집이 1996년 『빈 배에 가득한 달빛』이지요. 제목이 선시의 한 대목 같습니다. 그런데 달빛 가득한 배는 빈 배인가요? 아니면 만선인가요?

빈 배에 달빛 이미 가득하니 충만한 법계처럼 만선滿船인 것이지요.

● 저는 질량 없는 달빛만 가득하니 그냥 빈 배라고 생각했는데 그게 아니
네요. 선생님께서 『남산이 북산을 보며 웃네』를 계획하신 해가 시부모님께서
병환에 직면하신 1984년입니다. 그리고 이 책이 나온 해는 1998년입니다. 햇
수로 14년이 걸렸어요. 오랜 시간 동안 죽음에 대한 문제에 천착하셨습니다.
물론 그 이후에도 죽 이어지지만 말입니다. 고은 시인은 표사에서 '극적으로
보여주는 전람회'라고 했습니다. 허만욱 평론가는 선생님에 대해 세상이 금기
시하는 '죽음의 문제를 꺼낸 수필가'라고 했습니다. 이것은 선생님의 삶이 직
면한 여러 어려움에 기인해서이겠지요?

그때 기억이 나네요. 당시 책 제목에 죽음이라는 단어가 들어
가면 책이 안 팔린다고 꺼렸습니다. 해서 '남산'을 생으로, '북산'
을 사로 상정하고 생사가 마주 보며 웃는다고 지었지요. 1984년
시부모님이 연탄가스에 중독되었는데 시어머님은 의식을 회복하
지 못하고 3년 만에 돌아가시고 시아버님은 제가 모셔왔지요. 6
년 봉직하던 학교를 그만두고 아침에 식구들이 빠져나가면 두 사
람만 집에 남습니다. 어느 날은 식판에 빠진 이가 놓여 있었고 심
한 당뇨로 갈색 소변도 섬뜩했습니다. 하루하루 변해가는 모습은
아버님이 마치 백골관 공부를 내게 시켜주시는 것 같았어요. 다른
사람들은 어떻게 죽었을까? 최후는 어떤 모습이었고 어떻게 죽음
을 받아들였을까? 장례를 치른 뒤 동서고금 인물들의 죽음을 뒤
지기 시작했어요. 그러는 동안 갑자기 수면 위로 떠오르는 동생
들의 주검, 어머니의 별세, 시커먼 무의식의 실타래가 표면화되기

시작했어요. '죽음' 그것과 맞서게 되었고 어느 정도 자료가 쌓이고부터는 철학자와 문학가로 한정했어요.

(이 질문을 괜히 했나 싶었다. 시간이 흐르면 몸의 상처는 아무는 것과는 상관없이 상처 부위의 신경이 죽어 아픔을 느끼지 못하지만 마음의 상처는 아물지 않는다. 관여 선생은 청소년기 이전에 두 명의 동생을 잃었고 또 앞서 적었듯이 이십대에 어머니를 잃었다. 관여 선생은 그러나 말을 멈추지 않았다.)

1998년부터 해외로 나가 작가 묘지를 탐방하기 시작했는데『에세이문학』에 실린 「몽파르나스 묘지기행」을 보고 김영사에서 출판 제의가 들어왔어요. 그렇게 해서 탄생한 책이 졸저『인생은 아름다워라』입니다. 스물아홉 명의 작가가 언급되고, 그 후 계속 이어져 두 권 분량의 쉰두 명의 작가를 기록한『그들 앞에 서면 내 영혼에 불이 켜진다』를 내게 된 것입니다.

6·25 피란 때, 거적에 싸여 지게로 실려나간 내 여동생을 까맣게 잊고 살았어요. 뇌염으로 급사한 남동생의 시신을 잃고 파헤쳐진 미아리 공동묘지에서 혼자 가슴 뛰던 일, 홍제동 화장터에 피어나던 연기를 바라보며 뉘우치던 일. 삶과 죽음을 구름에 비교하며 구름은 본래 실체가 없는 것이니 그것마저 놓아야 한다지만 말처럼 쉽게 받아들여지지 않았어요. 그것을 화두처럼 오십 년이나

품고 지내왔습니다.

● 그럼에도 제가 아는 선생님은 매우 낙천적인 분 같습니다. 그런 비극을 전혀 겪지 않은 분처럼 말이에요.

낙천적이라기보다 이젠 마음이 홀가분하고 편안해요. 풍상 섞어 친 여든 해를 살았거든요. 삶이라는 게 "겉도 보이고 속도 보이며 떨어지는 단풍이지요." 양관선사의 하이쿠처럼.

(양관良寬 선사(1758~1831)는 에도시대 후기의 고승이다. 시인이며 화가이기도 한데. 철저한 청빈과 고행으로 살았다. 나는 관여 선생이 문화일보에 연재하는 「맹난자의 한 줄로 읽는 고전」을 떠올렸다. 11월 2일 자에 양관선사의 이 하이쿠가 소개되어 있다.)

"겉도 보이고/ 속도 보이며/ 떨어지는 단풍이여." 양관선사는 국상國上산에 오합암五合庵을 지어놓고 청빈한 생활을 하고 있었다. 나이 칠십 무렵, 그는 정심니라는 젊은 비구니의 방문을 받는다. 그녀는 무사武士의 딸로 일찍 어머니를 여의고 의사에게 출가했으나 살림보다는 문학을 더 좋아했다. 이혼 후 불교에 입문한 그녀는 양관선사에게 깊은 감화를 받았고 와카 지도도 받았다. 40년이란 나이 차에도 두 사람의 마음 밑바닥엔 영적 교류가 흘렀다. 73세 여름부터 양관선사의 병세가 깊어졌다. 연말에는 심한 설사로 중태에 빠졌다. 정심니는선사를 성심껏 돌보았다. 그런데도 나날이 시들어가는 양관선사. "생사生死의 경지를 넘어서/ 사는 몸이라 할지라도/ 다시, 이별이 있음을 슬퍼함이여." 정심니는 이같이 적어 그에게 내보였다. 그때 선사가 그 옆에 적어놓은 시구가 바로 이것이었다. 이질로 설사하며 망가진 육체의 겉모습(현상)과 진여眞如의 법성을 갖춘 속마음(본체)도 함께 보이며 떨어지는 '단풍이여!'로 언하言下에 드러나는선사의 진면목이다.

(이에 더해 관여 선생의 수필에서 생각나는 구절이 있으니 "바람 부는 언덕에 선 채, 나 이대로 좋다"이다. 작가는 두 종류로 나뉘지 않을까 싶다. '삶을 초극한 작가'와 '초월했다고 하는데 그렇지 못한 작가'이다. 대부분은 후자일 수밖에 없다. 관여 선생은 드문 전자이다.)

● 선생님께서는 불교에도 해박하시지만 주역에도 심오한 식견을 갖고 계십니다. 저는 늘 불교와 주역이 상통할까를 두고 의심하는데, 불교와 주역 사이에 어떤 공통점이 있는지요?

주역의 핵심 사상은 음양이원론이지요. 음이 극에 달하면 양으로 변하고, 양이 극에 달하면 음으로 화하는 변화의 철학이자 상황의 논리예요. 음양陰陽의 소장消長과 교체를 기본으로 모든 현상은 바뀌고 변화하니 '변역變易'입니다. 제행무상諸行無常이지요. 그러나 이 가운데 변하지 않는 일정한 질서와 법칙이 있는데 이것이 '불역不易'입니다.

즉 만물은 변화하지만 그 운행運行의 질서는 변치 않는다는 것으로 그 근거를 도라 하며 이치나 진리, 또는 태극이라고 합니다. 대자연의 본체를 굳이 표현하자면 도道라고 하나 표현된 '도'나 '이름'은 이미 본체가 아닙니다. 형상도 이름도 없는 본체를 굳이 또 표현하자면 '무無'라 합니다. 때문에 "본체를 깨달으려면 항상한 무無로 대자연의 묘함을 보고자 해야 하고, 현상을 깨달으려면 항상한 유有로 현상계에서 펼쳐지는 경계를 보고자 해야 한다"고 『도덕경』에서 말하지요.

(『주역』에 대한 물음에 선생은 『도덕경』을 들어 말한다. 64괘에서 8괘로 거슬러 가고 다시 음양으로 올라간다. 그 음양이 나오는 것은 무無이다.)

무無의 본체와 유有의 현상을 같이 보아야 진정한 도를 알게 되는데 불교에서는 이를 진공묘유眞空妙有의 중도로 풀이합니다. 현상과 본체, 있음과 없음은 둘이 아닌 까닭에 색이면서 공空고 공이면서 색色입니다. 불생불멸不生不滅이지요.

음과 양은 둘이지만 사실은 하나의 기氣의 두 측면으로 그 둘은 또 하나입니다. 둘이면서 하나, 하나이면서 둘 이것이 대대하여 대립하면서 종합되고 변역하면서 불역하는, 즉 음양의 근저에서 그것을 지탱하는 도, 즉 일자一者라고 합니다. 만법귀일萬法歸一, 결국 우리는 근원인 무無로 돌아가는 것이니 이를 일러 원시반종 原始反終이라고 합니다.

(『주역』「계사전」을 보면 4장에 원시반종에 관한 이야기가 나온다.

"易與天地準(역여천지준), 故能彌綸天地之道(고능미륜천지지도). 仰以觀於天文(앙이관어천문), 俯以察於地理(부이찰어지리), 是故知幽明之故(시고지유명지고). 原始反終(원시반종), 故知死生之說(고지사생지설)."

그 뜻은 이러하다.

"역은 천지의 준칙이므로/ 천지의 도를 모두 포괄할 수 있다./ 위로는 천문을 관찰하고/ 아래로는 지리를 살펴/ 눈에 보이는 것뿐 아니라 보이지 않는 것까지도 근원을 안다./ 시작과 끝을 알기에 생사生死의 이야기를 알 수 있다."

시작과 끝이 무無이다. 그러니 생사는 무無일 뿐이다. 선생은 말을 잇는다.)

간다간다 하지만 본래 그 자리요行行本處

이르렀다 이르렀다 하지만 떠난 그 자리라네至至發處.

의상 스님은 원시반본으로 생사불이의 이치를 이같이 짚으셨지요. 또 주역에서는 '길흉회린吉凶悔吝'이란 일념(한 생각)의 움직임으로 말미암아 생겨남으로 이를 경계하며, 마음을 고요히 비우고 우주 자연과 감응하여 한마음이 되고자 추구합니다. 불교에서는 한 생각의 멈춤, 무념無念, 무주無住, 무상無相의 적멸락寂滅樂으로 그 요체를 삼고 있습니다. 그래서 주역과 불교는 무욕, 허심의 대평안에서 함께 합니다.

(말이 나온 김에 나는 불교와 오컴의 상관성에 대한 선생의 설명을 듣고 싶었다.)

● 선생님은 근간에 윌리엄 오브 오컴에 대해 관심을 가지셨어요. 오컴의 유명론과 불교의 존재론 사이에 어떤 발견을 하신 것은 아닌지요?

근대 인식론을 확립한 영국의 논리철학자 윌리엄 오브 오컴은 중세 스콜라철학의 '보편논쟁' 속에서 실재론자들에 맞서 유명론唯名論을 확립했습니다. 유명론은 실재론을 거부하고 보편은 이름뿐이며 개체만 있다고 주장합니다. 플라톤, 아리스토텔레스 등의 실재론자들은 보편자가 우리의 사유에 독립해서 실제로 존재한다고 믿었습니다. 하지만 오컴은 보편자가 사유에 의해 생겨난다고 언급합니다. 보편자(이름)란 발생의 결과가 아니라 추상의 결과로써 단지 일종의 정신적 상상이라는 것입니다. 사고思考가 문자 그대로 언어라며 '언어는 생각을 실어나르기 위한 도구로서 존재할 뿐, 우리 정신이 만들어낸 허구일 뿐'으로 실체가 없는 그 무엇이며, 보편자는 추상어, 환幻라는 것이지요. 모든 사물은 단지 '개념적 명칭'에 지나지 않고 그들 명칭은 비실재이기 때문에 그것들에 의해서 지시되는 사물도 비실재적이라고 말합니다.

(환幻은 그리스식으로 말하면 판타지이다. 판타지는 공상이나 상상, 또는 상상의 산물이다. 상상의 산물을 두고 그리스에서는 문학으로 분류했다. 철학 또는 심리학에서는 의식적 또는 무의식적이건 마치 이야기처럼 전개되는 정신작용을 일컬었다. 그러니 판타지는 실재에 대한 인식이 아니라 없는 것을 상상하는 것이었다. 그러니 실재론자들인 플라톤이나 아리스토텔레스 나아가 전통에 놓인 철학자들은 환을 비실재라고 해서 인정할 수 없었다. 그런데 오컴은 실재는 없고 환을 두고 세계라고 말하는 것이다.)

불교에서 "제행諸行는 모두가 분별이 지은 바, 일체의 모든 존재는 분별이 지은 것으로 공, 무소유, 허망, 부실不實이라(대반야경)"고 설명합니다. 우리들의 생각을 포함한 모든 것들은 실체를 갖는 것이 아니라 의존적으로 발생하는 것들이기 때문이지요. 존재의 요소들은 인연에 따라 현상으로서 존재하지만 본체에서는 항상 무자성無自性의 공空입니다. 따라서 보편자는 오직 정신 속에서 사유의 대상으로서만 존재하며 일종의 정신적 상상이라고 오컴은 주장했습니다. 정신, 마음, 의식, 영혼을 함의하는 식識조차도 인연과 조건에 의해 가합된 것으로 그 실체가 없습니다. 비트겐슈타인의 언급처럼 "언어에 본질 같은 것은 없다"는 것이지요. 그러나 언어 이전에 실상實相은 엄연히 존재합니다. 그것에 대해 입을 열면 크게 어긋납니다. 왜냐하면 명실名實이 상부相符하지 못하기 때문입니다. 그리하여 비트겐슈타인은 "말할 수 없는 것에 대해서는 침묵하라"고 했던 것입니다.

(선생은 여기에 덧붙였다.)

"비트겐슈타인이 천재이긴 한데 오컴의 제자라고 해야지요?"

(한국에서 많은 철학 전공자들은 자신이 전공하는 인물에 빠져 있고 또 그 인물을 자신의 생존 밧줄로 삼고 있어서 다른 철학자들은 눈에 보이지 않는다. 그러다 보면 오컴과 비트겐슈타인이 왜 연결되는지를 알지 못하는 경우가 많다. 비트겐슈타인은 알아도 오컴은 모르거나 오컴은 알아도 비트겐슈타인은 모르는.
이번에 출간한 선집의 이름은 『까마귀』이다. 선집에 실린 이 제

목 작품의 주인공은 에드거 앨런 포이다. 가와바타 야스나리일 수
도 있고 보들레르일 수도 있겠다.)

● 선생님께서는 『까마귀』로 정하신 이유가 있는지요?

다섯 쪽짜리 병풍에 그려진 까마귀는 내 심상의 풍경화입니다.
포의 집을 다녀 나오는데 까마귀의 '네버모아nevermore'가 계속 나
를 따라왔어요. '다시는 포옹할 수 없으리.' 어느 날은 명계의 전령
자 까마귀가 창밖 머리맡에서 급하게 세 음절을 꺾는데 '깍 깍 깍'
그것이 내 귀에는 '가 가 가'로 들렸어요. "눈을 감으니 흑단새 한
마리가 지나간다. 내 온 생애가 실려가는 듯" 『까마귀』의 결구입
니다.

(포의 시 「까마귀」에 나오는 한 구절 "nevermore", 우리말로는
"영영 없으리", "이젠 끝이야", "다시는 안 돼요" 등 다양하게 번역
된다. 어떤 번역도 모두 맞는 것 같다. 그보다도 기억나는 『까마
귀』의 구절이 있다.

"밤의 해안을 떠나 방황하는 무서운 까마귀여. 밤의 명부의 해
변에서 그대의 고매한 이름이 무엇인지 말해다오."
까마귀가 가로되, "이젠 끝이야."

나는 까마귀를 논하면서 폴 고갱의 그림 〈Nevermore〉를 생각했다. 그는 파리에서 온갖 고생을 하다가 타히티로 돌아갔는데 딸 알린의 죽음을 기리면서 이 그림을 그렸다고 한다. 이 그림에는 창가에 앉아 있는 까마귀가 있다. 실상은 고갱이 파리를 떠날 때 카페 볼테르에서 말라르메가 암송한 포의 「까마귀」에서 영감을 얻은 것을 그림으로 표현한 것이다. 그림 속 남자는 창문에서 nevermore를 반복하는 까마귀가 죽은 연인의 영혼이라고 생각한다. 포의 까마귀는 그만큼 대륙을 넘어서는 시가 되었다. 아니 그보다는 동서고금을 막론하고 죽음은 늘 인간에게 화두임을 말하는 것 같다.)

● 『그들 앞에 서면 내 영혼에 불이 켜진다』는 선생님의 역작입니다. 전 세계 누구도 이런 책을 내기는 쉽지 않을 것 같습니다. 이 책에는 종교적으로 말하자면 불교와 유교, 기독교가 모두 출현합니다. 다양한 종교 속에서의 묘지 기행에서 선생님께서는 죽음과 삶에 대한 일이관지─以貫之를 세우셨을 것 같아요.

위대한 영혼, 작가들의 무덤 앞에 서면 내 영혼에 불이 켜진 듯 눈앞이 환해져 왔습니다.

"인생, 그 자체는 하나의 환상적이고 한바탕 꿈일 뿐이야 (…) 텅 빈 공간과 너를 제외하고는 존재하는 것은 아무것도 없어." 마크 트웨인이 설파한 인생, 텅 빈 공간에 막이 오르면 인간의 기다림이란 텅 비어 있는 무대의 시간뿐. "아무도 이곳에 온 일이 없고, 아무도 여기를 떠나지 않았으며 아무런 일도 일어나지 않았다"고 베케트는 말합니다. 에이츠는 그의 시집『탑』에서 "죽음과 삶은 본래 존재하지 않았다"고 말합니다. 「적벽부」에서 소동파는 불생불멸의 도리를 간명한 언어로 설파합니다. 생사일여의 이치를 조금이나마 이해하게 되었어요.

● 불교에서 시작하여 실존주의를 비롯한 철학, 기독교, 그리고 최근에는 정신분석학에도 관심을 두고 계십니다. 저는 이런 다양한 종교와 사상을 보고 정리하신 선생님의 눈이 있다고 생각합니다만.

특별한 안목이 있는 것은 아닙니다. 오래 살아서 이것저것 남독濫讀하다보니 이 나이쯤에 이르면 저희끼리 교집합을 하는 경우가 있지요. 사실과 다르게 존재하는 현상을 사실로 믿은 오류, 그런 것들을 깨트려준 인생 선배에는 오컴, 비트겐슈타인, 나가르주나 등이 있습니다.

● 많은 작가들이 선생님처럼 쓰려고 해도 쓰지 못할 거라고 생각합니다. 문학과 사상이 선생님에게서 어떻게 그리도 쉽게 결합이 되는지요?

문학과 사상의 결합? 독서도 공부도 체계적인 단계가 필요한 것 같아요. 특히 역사와 철학, 철학은 중국에서는 사상이라고 하는데 여하튼 그것들과 문학. 이런 인문학적 바탕이 종횡으로 교직되도록 폭넓은 독서가 요구되겠지요. 사실 제가 다루는 주제는 하나입니다. '인간'이지요. 다양한 현상으로 펼쳐지는 인생, 거기에 기인하는 근본적 질문에 대한 답을 달아보려고 노력하는 중입니다.

● 『시간의 강가에서』는 불교적이면서 동시에 시간에 대한 선생님의 안목이 느껴지는 책입니다. 선생님은 존재와 문학을 시간으로써 설명하십니다. 그런 생각의 단초가 궁금하고 시간에 대한 정의도 궁금합니다. 그것을 이해하면 문학에 대한 선생님의 정의를 우회해서 이해할 수 있겠습니다.

『잃어버린 시간을 찾아서』의 작가 마르셀 프루스트는 시간을 기억으로 환원합니다. "눈에 보이지 않는 시간이라는 물질을 따로 떼어냈고, 소설에 등장하는 인물들이 얼마나 다양한 모습을 보일 수 있는지를 통해 시간의 흐름을 느낄 수 있었다"고 썼습니다. 저 역시도 시간을 기억으로 환원하는 것이 문학이 아닐까 생각합니다. 비가시적인 시간을 실제적 시간으로 말할 수 있는 방법은 이야기로 형상화할 때, 그 시간의 존재성을 획득하기 때문이지요.

아르헨티나의 작가 호르헤 루이스 보르헤스는 말합니다. "존재한다는 것은 시간이 되는 것이며 우리들이 바로 시간"이라고, 그리고 "시간은 나를 이루고 있는 본질이다. 시간은 강물이어서 나를 휩쓸어가지만 내가 곧 강이다"라고. 내가 왜 강인가? 그것은 내가 태어난 시간과 함께 저 강들도 태어났기 때문이며 내가 죽으면 저들도 존재하지 않기 때문입니다.

보르헤스의 말대로 존재한다는 것은 시간이 되는 것입니다. 존재와 시간은 이렇게 서로 인대因待합니다. 만약 존재가 없다면 어떻게 시간이 있을 수 있을까요? 보르헤스가 그의 에세이 「시간에 대한 새로운 반론」에서 시간을 부정했던 것처럼, 1,700여 년 전, 인도의 철학자 나가르주나도 시간의 공성空性을 제기했습니다. 나가르주나는 『중론中論』에서 이렇게 말했지요.

존재로 말미암아 시간이 만일 있다면
존재를 떠나서 시간은 어디 있을 것인가
그런데 어떠한 존재도(실체로서는) 존재하지 않는다
어디에 시간이 있을 것인가

시간은 없다는 것이지요. 시간과 자아는 실체가 없는 하나의 허구이기 때문입니다. 파르메니데스의 말도 이와 다르지 않습니다. "시간은 하나의 환상입니다"라고.

그렇다면 시간은 왜 환상인가? 시간이 인대한 존재 자체가 자성이 없는 환이기 때문이지요. 우리의 본질이 시간이라면 개인의 정체성이란 시간의 환영일 뿐이라는 보르헤스의 탁견에도 동의합니다.

● 선생님께서 『까마귀』 서문에 쓰시기를 "바라밀다의 포구에 신 한 짝을

남긴다"고 적으셨습니다. 나머지 한 짝은 어디에 있는지요?

"지리서귀只履西歸"라, 총령을 넘던 달마대사처럼 신발 한 짝은 어깨에 메고 가지요.

(중국 사신 송운宋雲이 인도에 갔다가 돌아오는 길에 총령에서 달마대사를 만났다. 달마대사는 삼 년 전 열반에 들었다. 대사는 신발 한 짝을 매단 주장자를 등에 메고 여사旅舍로 걸어왔다. "삼 년 전에 돌아가신 스님을 여기서 만날 수 있으니 진실로 신기합니다." "나는 생사를 해탈한 사람이요. 생사와는 아무 상관이 없소." 그래서 사람들은 이렇게 말한다. "부처님이 관 밖으로 양쪽 발을 보이셨고, 달마대사 총령으로 짚신 한 짝 갖고 갔네. 이와 같이 높은 도리, 영가님이 깨달으면, 생과 사를 넘었거늘 그 무엇을 슬퍼하랴." 나는 관여 선생의 수필이 앞에서도 말했듯이 생사마저도 초월했다고 생각한다. 그것이 '맹난자수필'이 아닌가 한다.

관여 선생과의 대화는 세 시간 가까이 이어졌다. 대화가 계속될수록 나는 이것을 어떻게 정리해야 할지 걱정이 앞서기 시작했다. 대화 중에는 법정 스님과의 인연, 오영수 소설가 및 고은 시인과의 일화 등 깨알 같은 사연들이 많았다. 이것을 녹음했는데, 녹음에 담긴 이런 내용들은 소개하지 않기로 나 혼자 결정했다. 훗날 좋은 아카이브가 되지 않을까 싶다. 대신 선생이 쓴「슬픔에 대하여」의 한 구절을 여기에 적는다.)

"문학은 바로 상처에서 피어난 꽃이기 때문이다. '병든 사람이 정상적인 사람보다도 자기의 넋에 더 가까이 가는 사람'이라는 마르셀 프루스트의 말을 나는 천천히 되새긴다."

● 까마귀는 '가'라고 했다지만 저는 선생님께서 이제 반환점을 도셨다고 생각합니다. 지금까지 겪은 문학을 어떻게 정의하시겠어요?

문학은 좋은 거예요. 상처에서 피어난 꽃, 진주 같은 것이지요.

『인간과문학』 2021년 가을호

제4부

죽음을 그리다

바람 따라 갈란다

구름 같은 벚꽃이 바람에 흩날리고 있다. 걸음을 멈추고 그것을 바라보는 망팔십望八十의 나이, 생이 가볍지만은 않다. 오늘 산책길에서 만난, 목이 댕강 잘린 동백꽃은 마치 처형된 선사의 모습을 뵙는 듯했다.

"저 칼이 내 목을 친다 해도/ 봄바람을 가르는 것과 다름없어라.

이 몸은 내가 아니요四大非我有/ 오온은 본래 공하기五蘊本來空 때문이다."

중국 승조僧肇(384~413) 스님의 임종게가 떠올랐다. 그분은 왕이 명령한 재상직을 수락하지 않아 끝내 처형되었다. 그 삶과 죽음은 오온무아五蘊無我를 그대로 우리에게 일러준다.

저 바람에 떨어지는 꽃처럼 나 또한 미구에 그렇게 소멸될 것을 예감한다. 그동안 알려고 애썼던 '객체로서의 죽음'이 어느새 산그늘처럼 다가와 내 몸에서 해체 작업을 서두르고 있다. 잇몸도 주저앉고, 매일 어딘가 조금씩 죽어가고 있다. '시체놀이'를 즐기던 일본작가 엔도 슈사쿠처럼, 나도 어느 날은 눈을 뜨지 못하는 채 누워 있고, 또 어떤 날은 몸에 힘을 빼고 요를 '들판'이라 여기며 반듯이 누워 호흡을 참아보기도 한다. 살갗에 닿는 바람 그리고 햇볕이 느껴진다. 등을 떠받치고 있는 융단처럼 폭신한 흙, 언젠가는 포슬한 저 흙 속으로 동화되고 말 감촉조차 심상에 그려진다. 가족묘원에 마련된 한 뼘 내 공간에 그렇게 눕게 되리라.

나는 가끔 유령인간처럼 내가 존재하지 않는다는 생각에 잠겨볼 때가 많다. 내가 정말 있기나 한 것일까? 그렇다면 나는 누구인가. 끌어모아 얽어맨 한 칸의 초가집처럼 사실은 짚단과 나무기둥 같은 비실체적인 몇 가지 요소들에 지나지 않는 임시적 존재가 아닌가, 이런 생각이 드는 것이다.

승조 스님의 말씀처럼 지수화풍四大 네 요소에 원래 '나'라는 존재는 없다. 이렇게 '내가 없다'고 생각하니, 겨눌 만한 그 무엇도 세상에는 없는 것 같다. 마음은 이내 텅 빈 듯 허허로워진다.

바람에 자꾸만 꽃이 떨어진다. '바람'처럼 떠나가신 경허鏡虛 스님(1849~1912)의 모습이 떠오른다.

서른한 살에 자성본원自性本源을 깨친 스님은 가는 곳마다 무애無碍 법문을 펼쳤고 움직일 때마다 많은 일화가 뒤따랐다. 그분은 삼수갑산에서 승복을 벗어 던지고 토굴을 지어 그곳에서 아이들을 가르쳤다.

예순세 살이 되던 어느 봄날이었다. 스님은 아이들에게 작별을 고한다.

"내일 가야겠다."

"어디로 가시는데요?"

"바람 따라갈 뿐이란다."

그러고는 붓으로 일원상一圓像을 그린 뒤, 오른쪽으로 비스듬히 누워 원적圓寂에 들었다. 하나의 원상[이이라는 방편에 의지하여 무언의 실상實相을 드러낸 것이리라.

"동그라미道는 허공과 같아 부족함도 넘침도 없다圓同太虛 無欠無餘"고 한 고인의 말씀이 떠오른다. 말로는 표현할 수 없는 일원상, 이름을 붙일 수도 없는 그 본체를 노자는 '도道'라 칭하고 유가에서는 '태극'으로, 불가에서는 청정하고도 공적空寂한 '법계法界'로 상정했다.

빈 허공에 서린 하나의 기운, 경허 스님께서는 문자文字의 속성을 벗어난 원상[이으로서 다르마法, 즉 연기緣起의 소식을 우리에게 보여준 것이 아닐까 생각된다.

요즘 들어 '바람 따라갈 뿐'이라던 그분의 모습이 왠지 사무쳐 온다. 입에 붙는 바람, 바람. 삼수갑산의 4월, 그분은 바람 따라 어디로 가셨을까?

우주라는 무대를 인연 따라 흐를 뿐, 인연의 장場 어디에도 실체적인 '나'라는 존재는 없다. 늘그막에 이르러 무아無我를 참구하며, 이제야 남루한 내 탐심을 조금씩 내려놓는다. 앉은키도 어느새 줄고 짧은 그림자에 시나브로 꽃이 지는데, '꽃이 지기로서니 바람을 탓하랴'던 시인 조지훈의 심정도 가깝게 느껴진다. 지상에 꽃잔치가 한창인 이 봄, 현기증처럼 나는 잠시 우주의 미아迷兒가 된 듯하다.

'어디로 가시는데요?'

'바람 따라갈란다.'

혼자 문답놀이를 하는 나, 스스로를 돌아보게 된다.

『인간·철학·수필』(제1집) 2019년 9월

무아, 열반적정의 길

붓다는 정각을 이룬 뒤 "나는 다만 고苦와 고苦에서의 해탈만을 가르친다"고 하며, 설법 때부터 욕망이 고苦의 원인임을 강조해왔다.

"무릇 모든 괴로움이 생기는 것은 모두 욕망" 때문이라는 것이다. 고苦를 발생시키는 원인은 욕망이며, 욕망의 근본 뿌리는 '내我가 존재한다'는 생각이다. 사실 '나'가 존재하지 않는다면 누가, 또 무엇이 욕망을 일으킬 수 있겠는가? 그래서 내가 존재한다는 생각은 모든 욕망을 낳는 욕망의 어머니라고 『잡아함』은 기록하고 있다. 이로부터 '나의 존재'에 대한 아我의 추구가 필요하게 되었다. 결국 아我에 대한 추구는 인생의 가장 핵심 문제인 고해를 해결하기 위함이었다.

나我란 무엇인가.

불교에서는 인간 존재를 5온五蘊으로 규정한다. 다섯 개의 요소, 즉 몸色과 정신적 요소인 수受 상想 행行 식識으로 이루어져 있다고 한다.

수온은 감수작용, 상온은 표상작용, 행온은 마음의 형성력 작용, 식온은 식별작용을 뜻한다. 이러한 정신적 현상은 영혼 같은 실체에서 발생하는 것이 아니라, 감각기관과 대상의 만남에서 생겨나는 일시적 현상이다. 즉 눈·귀·코·혀·몸·의意 등이 여기에 상응하는 물질인 형태色·소리聲·냄새香·맛味·감촉할 수 있는 것觸·생각法과 만나면서 안식眼識·이식耳識·비식鼻識·설식舌識·신식身識·의식意識 등의 정신현상이 발생한다. 예를 들어 눈과 형상色이 인연하여 안식眼識이 생기며, 나머지 5온五蘊도 동일하다.

경전에서는 오온을 다음과 같이 비유하고 있다. 색色(=육체)은 거품덩어리 같고, 수受는 거품방울 같고, 상想은 신기루 같고, 행行은 바나나 줄기 같고, 식識은 허깨비 같다는 것이다. 어느 것 하나 실체적인 것이 없으며, 비실체적인 요소들의 덩어리일 뿐이다. 그 오온 속에 나我는 없다. 무아無我다. '나'란 비실체적인 몇 가지 요소들이 모여 일시적으로 존재하는 임시적인 존재일 뿐이다.

나我라는 것이 존재하지 않음을 확실하게 이해할 때 '나의 것我所'이라는 생각도 생길 수 없고 이와 같은 생각이 없을 때 욕망도 발생하지 않는다. '나'도 없고 '나의 것'도 없는데, 우리는 무엇에 집착하며 무엇에 얽매이겠는가.

여기에서 우리는 사자존자의 임종 장면을 살펴볼 필요가 있다. 불교를 몰아내려고 작정한 외도들이 승려로 변장하고 임금을 시해하려 하였다. 이에 불교신자였던 임금은 분노하여 사찰을 부수고 스님들을 잡아들이게 했다. 노여움이 가시지 않은 임금은 사자 Sinha존자(인도의 제24조)에게 따져 물었다.

"존자는 오온이 공空함을 깨달았는가?"

"예, 깨달았습니다."

"생사生死는 여의었는가?"

"예. 이미 여의었습니다."

"이미 생사生死를 여의었다면 나에게 존자의 머리를 줄 수 있는가?"

"몸도 내 것이 아니거늘 어찌 머리를 아끼겠습니까?"

즉석에서 칼을 내리치니 존자의 머리가 댕강 잘려졌다.

불교 선양을 위해 기꺼이 목을 내놓을 수 있었던 이차돈 성사, 또한 불교 중흥을 이룩한 허응당 보우 스님이 문정왕후 서거 후, 제주도로 유배된 뒤 죽임을 당할 때도 순순히 육체를 내맡겼다. 그것이 실체 없는 환화幻化였음을 알기 때문이었다.

허깨비 몸으로 와서

오십여 년 온갖 미친 짓

모든 영욕 다 겪고
이제 그 더러운 탈을 벗는다

그의 임종게처럼 '허공에 응應한' 허응당盧應堂 보우 스님은 허깨비 몸을 통쾌하게 벗어던졌던 것이다. '허공꽃'에 대해 보조국사 지눌 스님은 또 이렇게 말했다.

"지혜롭지 못한 사람이 사대地水火風를 제 몸이라고 잘못 생각하고 또 6진塵의 반연하는 그림자를 제 마음의 현상이라 하듯이 한다. 생사는 본래 없는 것인데 망령되이 있다고 헤아린다. 어떤 사람이 병든 눈으로 허공에 어른거리는 아지랑이를 볼 때, 눈병 없는 사람이 허공에 꽃이 없다고 하면 그는 그 말을 믿지 않다가 눈병이 나으면 '허공의 꽃'이 저절로 없어져 비로소 꽃이 없음을 보게 된다. 그 꽃은 원래 없는 허깨비였건마는 병자가 망령되이 꽃이라 짐작하였을 뿐이요, 그 본체가 참으로 있는 것이 아니"라고 실체 없음을 짚어준다. 우리는 생사生死를 곧잘 구름에 비유하곤 한다.

생生이란 한 조각, 구름이 일어남이요,
사死란 한 조각, 구름이 사라짐이다.
뜬구름은 실체가 없으며
삶과 죽음이란 것도 또한 그와 같다.

'부운자체 본무실浮雲自體 本無實'의 실체 없음은 오랜 세월 뒤, 한산寒山 스님의 시구로 겨우 짐작하게 되었다.

나고 죽음 관계를 알고자 하면
물과 얼음 비유로 설명하리라
물이 얼면 곧 얼음 이루고
얼음 녹으면 도리어 물이 된다
이미 죽었으면 반드시 날 것이요
이미 났으면 반드시 죽으리니
물과 얼음 서로 해치지 않는 것처럼
남生과 죽음 모두 다 아름다워라

생사의 관계를 물과 얼음에 비유한 것이다. 물은 고정된 실체가 아니므로 증발되어, 어느 날, 창공의 구름 한 점으로 떠 있다가 비가 되어 땅으로 내려온다. 비는 기온에 따라 얼음이 되고 얼음은 녹아 수증기가 된다. 수증기는 하늘에 올라가 다시 구름이 된다. 다른 에너지로 변한 것일 뿐, 없어진 것은 아니다. 수증기와 얼음은 원래 존재하는 것이 아니라 물의 조건이 달라지면서 관계의 변화에 따라 생겨난 것일 뿐, '나지도 않고 없어진 것도 아니다', '불생불멸不生不滅'이다. 질량 전체가 에너지로 전환되고 에너지 전체가 질량으로 전환되지만, 전환된 뒤에도 질량과 에너지의 증감增減은 없다.

이것이 『반야심경』에서 말하는 '부증불감不增不減'이다. 늘어나는 것도 아니요, 줄어드는 것도 아니다. 이런 관점에서 보면 개체는 고정불변의 실체로 있는 것이 아니라 다만 전체의 필요에 의해, 인연 따라 생겼다가 사라졌다가 하는 것이다. 실체가 없기 때문에 연기緣起가 가능하며, 무자성無自性인고로 공空이고 무아無我인 것이다. 연기에 의해 가합된 이 몸뚱어리 역시 마찬가지다.

"색色은 무상無常한 것이요, 수·상·행·식도 무상한 것이다. 색色에는 '나'가 없고 수·상·행·식識에도 '나'는 없다. 그러므로 그들은 '나'가 아니요, 내 것도 아니며, 나와 내 것은 꼭 있어야 할 것이 아니다. 이렇게 해탈하면 곧 하분결下分結을 끊으리라"는 붓다의 게송이 떠오른다. 하분下分은 욕계, 색계, 무색계의 3계 중 가장 밑에 있는 세계로 '결結'이란 중생의 감각적 쾌락을 묶어두는 번뇌를 끊는 것을 말한다.

무아無我란 식識에 연기된 마음의 공성空性을 아는 것, 이로써 집착(욕망)할 것이 없게 되면 스스로 열반을 얻어 후세의 몸을 받지 않는다고 한다. 무아란 열반적정涅槃寂靜에 이르는 길이라고 생각된다.

월간 『불교문화』 2019년 2월호

청하靑荷 선생님 영전에

향香 하나를 사르옵니다.

요즘 문단의 어른들이 한 분, 두 분 소리 없이 떠나셔서 허전한
둘레에 선생님만은 꼿꼿하셔서 다행이라 여기며 구순九旬 잔치를
기다리고 있었는데, 난데없는 부음이 문자로 떴습니다. 공산空山
의 적막함이 이러할까요? 하루 종일 귀가 먹먹했습니다.

스무 해 전, 여의도 어느 회관에서 치러진 선생님의 칠순 잔치
는 북적북적 인산인해, 그야말로 문단 대화합의 자리였습니다.

태산 거두의 풍성함을 뒤로하고 이렇게 홀연히 단출하게 떠나
시다니요.

작년 여름, 선생님과 독대하여 앉았던 자리. 광화문 찻집에서
들려주신 말씀들이 아직도 귓가에 생생합니다.

졸저 '한 줄로 읽는 고전' 『하늘의 피리 소리』를 두고 나눈 동양
사상에 대한 담화.

선생님께서 어린 나이에 독선생을 모시고 익힌 고전의 안목과 제자백가의 회통. 그저 놀랍고 저는 반갑기만 하였습니다.

오래 전, 선생님께서 제 졸저『주역에게 길을 묻다』의 연재를 제안하셨을 때『수필시대』라는 문학지에 적절치 않은 듯하여 사양하고 만 일이 어찌나 송구스러웠던지요. 속 깊은 선생님의 배려에 다시 감읍할 따름입니다. 그날이 선생님과의 마지막 결별의 자리일 줄은 몰랐습니다.

그날은 공교롭게도 주로 장자莊子에 대한 이야기로 '고분이가鼓盆而歌' 등 죽음에 대한 이야기를 나누었습니다. 혜시의 문상問喪을 받은 뒤, 펼쳐지는 장자의 죽음관이 기억에 남습니다.

"원래 생生이란 게 없었네. (…) 그저 흐릿하고 유현한 가운데 섞여 있다가 변해서 기운이 있었고, 형상이 변해서 생生이 있었던 것인데 다시 변해서 죽음으로 갔으니 (…) 일찍이 삶도 없고 죽음도 없다는 것을."

소리 내어 마지막 일구를 가슴에 새깁니다.

생사生死가 비록 없다 하나, 현실에서 이별이 있음을 슬퍼합니다.

부잣집 귀공자로 태어나 넉넉한 품성, 군자지풍으로 국제펜 한국본부 이사장, 한국문협 명예이사장, 한국문학진흥재단 이사장, 문단의 거목으로 후학을 거두시고, 시업詩業을 이루며 한 생을 잘 사신 청하 선생님의 삶을 찬탄합니다. 속세에 머물러 할 바를 다 하시고 자연으로 회귀하신 한 유덕자有德者의 달관한 모습을 뵈옵 니다.

사死는 생과 다르지 않기에 그 사람의 최후가 곧 그분의 전부이 기에 애별이고愛別離苦를 운위하며 크게 슬퍼하지는 않겠습니다. 그러나 언제나 말없이 반겨주시던 그 온화한 모습을 다시 뵙고 싶 습니다.

선생님이 계시던 사무실과 제 근무처가 멀지 않은 거리라서 점 심시간에 가끔 불러 사주시던 낙원집 복지리나 대구매운탕 맛은 잊을 수 없습니다.

『에세이문학』지령 100호 행사 때 '한일 수필문학 세미나'에 주 제 발표도 해주시고, 일어판 『한국현대수필선집』의 발간을 도와 번역(고노 에이지에게 의뢰)과 출판을 도와주셨습니다. 뿐만 아 니라 열악한 수필 장르에 힘을 보태주시고 『수필시대』를 직접 창 간하여 수필 발전에 크게 기여하셨고 1958년 권위 있는 문예종합 지 『문예운동』을 펴내 65년의 전통을 계승하고 있습니다. 바라옵 건대 선생님께서 심대한 뜻을 가지고 펴낸 이 문학의 등대에 부디 불이 꺼지지 않기를 희망합니다. 뜻있는 여러분의 성원이 답지遝 至하기를 간구해봅니다.

청하 선생님.

시방 만추의 나무들이 옷을 벗고 맨몸으로 본체本体를 드러내고 있습니다.

"겉도 보이고 속도 보이며 떨어지는 단풍이여!"

양관선사良寬禪師의 시구를 외우며 현상 속에서 본질을 목도합니다.

일찍이 삶도 없고 죽음도 없다는 것을 알고 계신 선생님!

이젠 구품연화대九品蓮華臺에서 부디 열반락을 누리시옵소서.

그동안 참으로 감사했습니다.

2023년 만추晩秋 관여觀如 맹난자 두 손 모음

『수필시대』 2024년 봄호

법정 스님의 편지

오늘 아침 뉴스에서 '국정농단의 시작과 끝으로' 지목되는 최순실 씨의 징역 25년과 벌금 1,185억 원이 구형되었다는 발표를 접했다. 억장이 무너지는 듯 그녀의 '억' 소리에 나는 문득 '일조진一朝塵'이 떠올랐다. 욕심껏 모은 돈이 기껏 하루아침의 티끌이라니. 자고로 분分이 아닌 복과 까닭 없는 돈은 횡재가 아니라 재앙이라고 했던가. 수갑을 찬, 한때 실세였던 사람들을 보니 『채근담』의 일구가 떠올랐다.

"도덕을 지키는 이는 일시 적막이나, 권세에 아첨하는 자는 처량 만고라." 선인들의 말씀은 틀린 데가 없었다. 그래서 달인은 '물외지물物外之物'을 보고 '신후지신身後之身'을 생각하나니 살아 있는 몸보다도 죽은 뒤의 이름을 걱정해야 한다는 뜻이다. 한때의 적막을 받을지언정 만고萬古의 처량을 취하지 말라는 경계사이다. 처량한 구치소에서 그 같은 한탄지심으로 때늦은 후회를 하고 있는 것은 아닐까. 그곳의 안부가 궁금해진다.

나는 변통 없고 고지식한 아버지의 딸이라, 호사 같은 것에는 일찍이 물들지 않았다. 첫 번째는 기차에서 의문사한 야당 출신 대통령 후보와 가깝다는 밀고로 옷을 벗어야 했고, 두 번째는 공금을 강요한 상사의 구속으로 면직되었다. 부정부패는 예나 지금이나 다름없었다. 저축도 없이 실직당한 가장에게는 가솔이 딸려 있었다. 나는 아버지가 써준 편지를 들고 시외 어느 파출소로 찾아가 그걸 건넸고, 답장을 받아왔다. 그 안에는 내 등록금이 들어 있었다. 그 후론 아버지께 나는 어떤 요구의 말씀도 드리지 않았다. 친구들이 경주로 수학여행을 갔을 때, 남은 아이들은 모여서 덕수궁 산책을 하게 했다. 이른 아침, 고궁의 뒤뜰에서 만난 고요한 마음의 평정, 맑은 가난 속에 포함된 자유가 어린 마음을 뭔가 모르게 뿌듯하게 하였다.

1969년부터 『신행불교』의 편집 일을 맡아 10년간 봉직하는 동안 언론 매체에서 청탁이 왔고 발표된 글에는 '수필가'라는 호칭이 뒤따랐다. 이름의 도盜가 되지 않으려고 노력해서 나는 수필가가 되었고 1996년 첫 수필집 『빈 배에 가득한 달빛』을 출간하였을 때 법정 스님께서 보내주신 엽서에는 낯익은 만년필의 굵은 글씨로 이렇게 씌어 있었다.

"가난이 우리를 이만큼 키웠습니다."

스님은 '내 가난'을 편들어주시려 '우리를'이라고 덧붙이는 배려를 잊지 않으셨다. 내가 스님을 처음 만난 것은 1969년 봄, 조계사 근처 어느 지하 다방이었다. 그때 합석한 홍정식 선생님이 스님께 내 취직을 부탁했고, 덕분에 〈불교신문〉의 전신인 〈대한불교〉 신문에 잠시 몸담을 수 있었다. 미당 선생은 자신을 키운 것은 8할이 바람이라고 했지만, 돌이켜보면 나를 키운 것은 법정 스님 말씀대로 가난이 맞는 것 같다. 분分 외의 것을 바라면 죄를 짓게 되거니와 또한 남을 원망하게 된다. 조금 덜 갖고 덜 쓰는 편이 내겐 훨씬 쉬웠다. 나는 한 끼 밥이 어려웠던 작가들이나 고흐를 생각할 때가 많다. 따뜻한 불빛 아래 식구들과 식탁에 둘러앉으면, 평범한 일상사가 왜 그렇게도 어려웠을까, 그리고 한편, 이 작은 평화에 무한한 감사를 드리게 된다. 전도가 양양하던 젊은 가장의 실직은 가족을 불우한 그늘로 이끌었다. 사실상 가난의 대물림에서 용이 나오기는 쉽지 않다. 불우함을 넘어서려면 불우함을 싫어하지 않아야 하고, 가난을 넘어서려면 가난을 싫어하지 않아야 한다는 게 내 생각이다.

주周나라 문왕은 유리옥에서 저 유명한『주역』의 괘사를 썼고, 다산은 유배지에서 『목민심서』를 썼다. 사마천도 불우함 속에서 『사기』를 썼다. 나는 험난한 때를 어떻게 보냈는가? 스스로를 돌아보게 된다.

"세상살이에 곤란 없기를 바라지 말라. 세상살이에 곤란이 없으면 업신여기는 마음과 사치한 마음이 생기나니 근심과 곤란으로 세상을 살아가라"는 부처님의 말씀에 '근심과 곤란'에 '가난' 하나를 더 보탠다. 배고픔을 모르고 사는 사람은 남의 배고픔을 알지 못한다. 남의 아픔을 같이 느끼는 것이 자비가 아닌가.

하루 아침의 티끌 같은 '헛것'에 매달리지 말고, 맑은 가난 속에서 성聖스러운 샘물을 키워나가자. "가난이 우리를 이만큼 키웠습니다." 내 가슴속 깊은 샘물에 떠 있는 달이다.

현대불교신문 2017년 12월

책 버리는 날

너무 울어
텅 비어버렸는가
매미 허물은.

마쓰오 바쇼松尾芭蕉의 시구처럼 요즘 내 심정이 그러하다. 껍질만 남은 듯.

홀로 되신 아버지와 시아버님이 별세하신 나이는 일흔둘. 아내를 먼저 떠나보내고 병고에 시달리는 두 분의 만년을 지켜보면서 나는 여기까지 살자고 생각했던 그 나이를 지나 어느새 여든하나가 되었다. 그동안 인연이 닿아『나 이대로 좋다』,『본래 그 자리』,『시간의 강가에서』, 수필선집『까마귀』, 금년에는 연재물까지 묶어『하늘의 피리 소리』를 출판했다. 9년 동안의 정진이었다. 늘 마지막이라고 생각했다. 그러는 사이 작은 우거에 쌓이는 것은 책

뿐. 이제는 그것과 나를 치워야 할 때 이른 것이다.

작년부터 에어컨이 덜컥거리기 시작했다. 20년을 버텨준 고마운 물건도 이제는 그만 떠나보내야 한다. 실외기 공사를 하려면 한쪽 벽면의 책을 모두 치워야만 하는데 날은 자꾸 더워지고 기운은 딸려 곤혹스러운 전쟁이 되고 말았다. 급히 치워야 할 애물단지가 된 책과 내 '몸'이 구차스럽게 여겨진다. 무릇 사물의 종말이란 이렇게 되고 마는 것인가.

어려서부터 책은 늘 내 곁에 있었다. 언제 주무시는지 아침에 눈을 뜨면 아버진 서재의 책상에 앉아 계셨다. 학교에서 돌아오면 책으로 둘러싸인 아버지의 서재에 혼자 앉아 어둑해지는 그 적막 속에 정물처럼 붙박여 있던 기억. 책등의 한자나 일본 글자는 읽지 못해도 그 다다미방의 고요와 책 냄새가 좋았다. 일본 문고판 번역본인 장 콕토나 하이네, 괴테의 시를 뜻도 모르고 외웠다. 초등학교 4학년 때였다. 종로구청에 다니던 20대에는 길만 건너면 종로도서관이 있었고, 30대 후반 정수직업훈련원 국어교사로 재직할 때, 내 책상은 도서실에 있었다. 학생들이 수업 중일 때면 나는 혼자 책의 바다에 풍덩 빠져 있었고, 서울시립목동청소년회관 근무 시에는 지역주민을 위한 여러 강좌 이외에 극장과 도서실을 담당하며 책을 관리했다. 부족한 지식을 독서로 공급하고 외출이 금지된 시간을 나는 그곳에서 보냈다. 노자가 주周나라 왕실도서관 책임자였고, 보르헤스가 아르헨티나 국립도서관 관장이었다는 사실을 나중에 알고는 반가웠다.

진종眞宗 황제는 「권학문」에서 '책 속에 좋은 전답이 있고, 황금의 집이 있으니 부지런히 글을 읽으라'고 권했지만 나의 책 속에는 눈물의 위안과 작은 평화가 있었다.

일본의 소설가 오에 겐자부로大江健三郎는 비탄의 시기에 영국의 시인 윌리엄 블레이크를 만났다고 한다. 그는 『순수의 노래』 끝부분에 실린 「사람의 슬픔」에서 "타인의 슬픔woe을 보며/ 어찌 나 또한 슬퍼하지sorrow 않을 수 있을까. 타인의 한탄grief을 보며 어찌 따뜻한 위로를 구하지 않을 수 있을까. (…) 우리의 탄식이 사라져 없어질 때까지 그분은 우리 옆에 앉아 신음하고 계신다"라는 구절에 마음을 빼앗기며, 장애아들과 함께 비탄의 벽을 넘어서는 모습을 보여준다.

나 또한 유진 오닐과 아쿠타가와 류노스케를 만나 그분들의 가엾은 어머니를 생각하면서 내 아픔을 내려놓을 수 있었다. 이들의 고통에 동참하는 일은 위안을 넘어, 영혼을 정화시키는 씻김굿과도 같았다. 책 속에서 만난 오스카 와일드는 '슬픔은 인간이 가질 수 있는 최고의 정서'라며 "슬픔이 있는 곳에 성지聖地가 있다"고 내게 비밀스레 말해주었다. 슬픈 영혼은 순도 높은 증류수다, 그 순도야말로 성스러운 영혼의 땅을 허락하지 않던가. 수필만큼 심층적이고 영적인 문학이 다시 있을까. 수필쓰기는 인격 도야陶冶

의 과정, 그리하여 자기 완성을 향한 영혼의 계단 밟기라고 생각된다.

어린 나이에 경험한 피붙이들과의 사별, 그리곤 가족들의 해체. 굴곡진 인생을 몸으로 겪으며 나는 물음이 많았다. 그 해답을 찾아 나가는 구도求道의 여정이 수필쓰기였으며 책을 읽는 동안 마음의 번민이 줄어들었고 이제는 고요하다. 그러나 너무 울어버렸는가? 텅 빈 가슴은.

'한정소언閑靖少言'하여 한가하고 조용하며 말수가 적은 오류五柳 선생의 『도연명전』. 16년 동안 구상하고 7년이나 걸려 쓴 제임스 조이스의 『율리시스』. 구상하는 데만 19년이나 걸렸다는 가브리엘 가르시아 마르케스의 『백 년간의 고독』을 펴들고 손으로 매만지며 책 먼지를 닦는다. 아직 독자를 만나지 못한 내 미거한 책들도 잘 가거라! 몸의 한 부분이 잘려나가는 듯 아릿했다.

"아! 육체는 슬프다/ 내 만 권 서적을 읽었건만…." 말라르메의 시 한 구절이 무상감으로 내 가슴을 관통한다. 마치 내가 기록한 활자들이 낙장이 되어 허공에 흩어지는 듯… 물리적인 나이는 어쩔 수 없나보다.

책 읽는 공간은 나만의 절대 성역, 나는 세상의 지식을 그동안 책에서 흡혈했다. 모순 같지만 '위도일손爲道日損'(학문은 날로 채우려들지만 도는 날로 비운다)을 숭상하면서도 나는 앎에 대한 욕망을 떨치지 못하고 지내왔다.

궁극적인 앎道이란 무엇일까? 오래 전 이원섭 선생께서(민들레 영토 모임) 들려주신 향엄香嚴선사의 시구가 오늘 따라 가슴에 사무친다.

작년의 가난은 가난이 아니요去年貧未是貧
금년의 가난이사 진짜 가난이니今年貧始是貧
작년에는 송곳 꽂을 땅이 없었으되去年無卓錐之地
금년에는 그 송곳조차 없구나今年錐也無

선생님의 경지는 대체 어디까지일까?
금년추야무今年錐也無를 되뇌며 본래 무일물無一物의 의미를 생각한다.

『인간·철학·수필』(제4집) 2022년 9월

죽음을 그리다

　원인불명의 미열이 열흘째 계속되고 있다. 혼곤한 미망 속에 점점 가라앉는 느낌이다. 코로나 2차 백신접종 날짜가 가깝게 다가오고 있는데 어떻게 해야 할까? 주사를 포기해야 하나? 온 국민의 지상명령과도 같은 임무를 방기하려니 마음이 개운치 않다. 그러다가 갑자기 떠오른 생각, '몸이 가도록 내버려두겠다'며 몇 년 전부터 건강검진도 하지 않았고, 당뇨합병증 검사며 특히 의사가 권하는 뇌혈관 동맥 검사도 미루어왔던 나. 그런 내가 이제 와서 백신주사를 놓고 이렇게 갈등하고 있다니, 이중적인 내 마음을 돌아다보게 된다. 죽기 싫은 것인가?

　"어찌하여 그대들은 뒤로 물러서는가? 아무에게도 도망칠 구멍은 없지 않은가. 그대들은 많은 사람들이 죽음으로써 불행에서 벗어나 행복을 누리게 된 것을 목격하였을 것이다. 그런데 죽어서

손해를 본 사람을 목격한 적이 있는가."

몽테뉴의 글을 읽으며 얼마나 공감하였던가. 움직일 수 없는 낡은 수레처럼 정지된 몸, 104세가 된 식물학자 데이비드 구달 박사는 휠체어에 앉아 '더 이상 삶을 이어가고 싶지 않다'며 스위스에서 자발적 안락사를 택했다. 몸이 의지대로 되지 않아 넘어지면서 삶의 질이 악화된 것을 느꼈다고 했다. 내가 두려워하고 있는 것도 바로 그 지점이다.

"대지는 육신을 주어 나에게 짐을 지우고, 삶을 주어 고달프게 하고, 늙음으로 나를 편안케 하고, 죽음으로 나를 쉬게 한다. 따라서 삶이 좋은 것이라면 죽음 또한 좋은 것이다"라던 장자莊子의 철학에 전적으로 동의하며 죽음을 순순히 수긍했던 터였다.

죽음이란 온갖 의무가 면제된, 그야말로 근심 없는 곳으로 가는 것이다. 구속으로부터의 해방, 더없이 좋은 일이 아닌가. 문제는 그 길로 가는 도정道程이 길지 않기를 바랄 뿐이다. 병의 과정을 제하고 노사老死로 바로 가면 더없이 좋으련만, 그러나 사고사가 아니라면 우리 대부분은 앓다가 죽는다.

몸이 떠날 때가 되었는데도 목숨이 끊어지지 않아 애쓰는 사람들의 고통을 생각해본다. 보스턴의 한 호텔 방에서 "왜 빨리 죽어지지 않는지 모르겠다"고 고함치던 미국의 극작가 유진 오닐, 그는 파킨슨으로 2년 동안 그곳에 유폐되어 있었다. 폐공기증을 앓던 프랑스 철학자 질 들뢰즈는 고통을 이기지 못하고 자기 아파트에서 뛰어내렸다.

어떻게 죽을 것인가? 23년 전, 나는 역사 속 인물 108명의 마지막 순간을 채집하여 책으로 묶은 적이 있다. 『남산이 북산을 보며 웃네』를 본 모 방송국 PD가 나에게 "그렇다면 당신은 막상 어떻게 죽을 것이냐?"고 물어왔다.

"책에서 언급한 대로 좋은 죽음의 모델들을 제시할 수는 있겠으나, 과연 그것대로 죽을 수 있을지는 의문"이라고 답했다. 그리고 "오 주여! 자신의 죽음을 죽을 수 있게 하소서"라던 릴케의 기도가 내겐 화두라고 말했다. 어떻게 하면 내가 원하는 내 자신의 죽음을 죽을 수 있을까?

나는 PD에게 의료행위를 거절하고 타계한 재클린 케네디의 존엄사를 거론한 뒤, 나의 경우 다만 어떠한 연유에서건 자신의 죽음을 수용하게 되었을 때, 그때 죽음이 찾아와준다면 더 없어 좋으리라는 생각이며 떠나려는 시간과 끊어지는 시간이 적절하게 맞추어지기를 바랄 뿐이라고 말했던 기억이 난다. 그러나 어찌 그 시간이 마음대로 맞추어지겠는가? 스스로 목숨을 끊기 전에는.

미국의 사회개혁자 스콧 니어링은 100세가 되자 자신이 원하는 죽음을 죽을 수 있었다. 스스로 식음을 전폐해서였다.

"몸이 가도록 두어요. 썰물처럼 가세요…."

옆에서 아내 헬렌 니어링의 조력이 남편의 항해를 도왔다.

나른한 미열, 방과 후 책가방이 무거워 언덕 위의 집을 바라다보고 서 있던 열여섯 살짜리는 그 후 몸으로 여러 질병과 그리고세상의 풍우와 맞서다가 어느새 팔십객八十客이 되었다. 아픈 곳이 적지 않다. 헬렌 니어링의 권고대로, 몸이 가도록 내버려두고갈 때는 썰물처럼 지체 없이 가고 싶다. 다만 아픈 몸을 가지고 저레테의 강을 어떻게 건너야 할 것인가. 그것이 숙제이다.

요즘 『침묵』의 작가 엔도 슈사쿠를 많이 생각하게 된다. 그는수술로 인해 7개의 늑골을 잃고 한쪽 폐가 잘려나갔지만, 잃은 것에 비해 얻은 것이 훨씬 큰 것이었다고 말하며 인생에서 일어나는모든 일은 이용할 가치가 있으며 인생에서 헛된 것은 아무것도 없다는 것을 알게 되었다고 고백했다. 그는 세 번의 폐 수술 이후 복막투석을 받으며 마지막 작품 『깊은 강』 집필에 매달려 있었다. 약의 독성이 온몸에 퍼져 가려움증에 시달리자 "마치 욥 같군요"라는 아내의 말에 그는 "그래 욥과 같은 고통이구나. 「욥기」를 쓰자"고 큰소리로 말했다, 구약성서의 욥은 가축을 모두 빼앗기고, 종들도 모두 죽임을 당한다. 자식들이 몰살당하고, 자신은 피부병에걸려 발바닥에서 정수리까지 악창이 났다. 하나님이 사탄의 손에욥을 맡겨 시험해보도록 한 것이다.

"나는 이 고통에 어떤 의미가 있는지 몰라요. 하지만 인간의 지혜를 넘는 계획 속에 반드시 의미가 있을 것이므로 고통에는 어떤 의미가 있는가?를 주제로 글을 쓰려고 해요."

그 후 상태가 악화되어 그는 「욥기」를 쓰지 못했다. 하지만 「욥기」를 쓰자고 선언한 이후, 엔도는 고통이나 온몸의 가려움에 대해 푸념이나 한탄 같은 말을 단 한마디도 하지 않았다고 한다. 마치 딴사람이 된 것 같았다고 한다.

내게 인상 깊었던 것은 "아버지께서 「욥기」를 쓰려고 결심한 뒤부터 일생을 통해 애써온 대로 그리스도의 모습을 닮아가는 것을 제 눈으로 똑똑히 보았습니다"라는 장남 엔도 류노스케의 술회였다. 엔도 슈사쿠는 '꽤 잘 살았다'고 스스로 말하기도 했지만 죽기도 잘 죽은 사람이었다. 그의 최후가 곧 그 사람의 전부였기 때문이다.

죽는 순간까지도 그 몸으로 고통의 의미를 되새기며, 삶의 균형을 잃지 않았던 사람. 성자의 모습을 닮아가던 그의 죽음을 그려보게 된다.

『한국산문』 2021년 8월호

욕망의 무화無化

일 없는 늙은이의 단조로운 생활, 그러나 오늘은 '글귀 한 줄'로 천금千金같이 값진 날이었다.

"도道란 본래 천진天眞하고 또한 방소方所가 없어서 실로 가히 배울 수 없음이라. 만일 도를 배운다는 생각이 있다면 문득 도를 미迷함이 되나니, 다만 그 사람의 한 생각 진실함에 있을 뿐이다."

상원사에 계시던 방한암方漢岩 스님께서 도道를 묻는 20세의 청년, 탄허 스님께 내린 답신 속의 글이다.

'도道를 배운다는 생각이 있다면 문득 도를 미迷함이 되나니.'

내 그것을 진작 알았더라면 고단한 걸음을 줄일 수도 있었을 텐데…. 스물한 살, 나는 가장이 되어 휴학계를 내고 서울시청에서 촉탁근무를 하고 있었다. 박봉을 쪼개 장기 할부로 『팔만대장경』을 사고 일요일에는 불교 강의를 들으며 도道에 대한 관심을 키웠다.

"하늘이 내게 액厄을 주시거든 나는 도를 형통해서 그것을 뚫으면 하늘인들 또 내게 어찌하겠는가?"라는『채근담』의 마지막 구절에 붙들려 도를 알고 싶었다. 깊은 좌절 속에서 액을 뚫고 싶었다. 진리를 알기 위해 메피스토펠레스에게 영혼을 판 파우스트만큼이나 간절했다. 그 형오도亨吾道를 위해 여기저기 참으로 많은 발걸음을 놓았다. 생사生死란 무엇인가? 도道란 무엇인가? 그로부터 60년이 흘러 이제 '죽음'이 눈앞이다.

도道란 무엇인가?

'혼돈이 이루어진 물건, 천지보다 먼저 생겨난有物混成 先天地生'(『도덕경』25장) 그것의 이름을 노자老子는 '도'라 하고 '도법자연道法自然'이라 말하였다.

"도는 귀로 들을 수 있는 것이 아니니, 들을 수 있는 도라면 그것은 도가 아니라네. (…) 도는 말로 설명할 수 있는 것이 아니니 설명할 수 있는 도라면 이 어찌 최상의 도라고 창하겠는가? 그대는 도가 형상形相을 형상이게끔 주재하면서도 그 자신은 형상이 되지 않는다는 걸 알고 있는가? 도에는 필경 어떤 명칭도 붙지 못한다네. (…) 도는 물을 수 없는 것이며, 설사 묻더라도 응답할 수 없는 것이라네."

장자莊子「지북유」의 설명이 더욱 구체적이었다.

그리스의 철학자 제논Zenon도 도를 간절히 알고 싶었던가보다. 그는 견유학파 중의 한 사람인 크라테스 문하에 머물며 그가 시키는 대로 밥 짓고 빨래를 하였다. 한 해가 지나도 가르쳐주는 것은 아무것도 없었다. 어느 날, 제논이 죽을 담은 큰 항아리를 이고 돌아오는데 크라테스가 거기에 돌을 던졌다. 항아리는 깨지고 죽이 흘러내렸다. 제논은 크라테스의 욕이 무서워 달아나기 시작했다.

"이 페니키아의 얼빠진 녀석아! 뭐가 무서워 도망치는 거냐?"

뒤에서 고함치는 소리가 들려왔다. 제논은 걸음을 멈추고 자기 자신으로 돌아왔다. 내가 왜 도망치고 있는 것일까. 무엇 때문에? 무엇이 무서워서. 그때 제논의 가슴에는 한 줄기 서광이 비치기 시작했다. 달아나던 발걸음을 멈추고 스승을 향해 큰절을 올렸다. 스토아의 시조, 제논이 탄생하는 순간이다.

스물여덟 살에 출가하여 직지사에서 벽계 정심선사를 모신 벽송碧松 스님도 위와 같은 경로를 거쳤다. 본명은 송지엄宋智儼(1464~1534)으로 무인으로서 많은 전공을 세웠으나, 죽음에 대한 회의가 깊었다. '그까짓 허명虛名이 생사해탈에 무슨 도움이 되겠는가'라며 그는 분연히 출가하여 정심선사를 모셨다.

석 달이 되어도 법은 한마디도 일러주지 않고, 매일 땔나무만 가져오게 하였다. 이에 불만을 품고 그는 하산을 결심한다.

"내가 안 가르쳐주었나, 제 놈이 알아듣지 못했지."

중얼거리며 정심은 산 아래로 떠나고 있는 벽송을 향해 크게 불렀다.

"지엄아! 지엄아! 나 좀 보고 가거라!"

메아리가 계곡을 울렸다. 화가 잔뜩 난 지엄은 떠나온 산마루 쪽을 바라보았다.

"도道 여기 있다. 옜다 받아라!"

정심이 무엇을 집어던지는 시늉을 해보였다. 순간 지엄은 그 자리에 주저앉고 말았다. 무엇인가 무너져내리는 것 같았다. 그러고는 감격의 눈물이 주르륵 흘렀다. 다시 스승께 나아가 큰절을 올리고 용맹정진을 거듭했다. 말년에는 지리산에 은거하면서 『법화경』 방편품을 강의하던 중, 그대로 적멸상을 보이며 원적圓寂에 들었다.

"정법正法은 적멸허확寂滅虛廓하여 말로써 그 형상을 그릴 수 없는 것이니 오늘 내가 너희들을 위하여 하나의 적멸상寂滅相을 보일 테니 절대로 밖에서 찾으려 하지 말고 한마음으로 마음속을 더듬어보거라." 간곡하신 유언이었다.

삶의 의미를 자기 자신의 일치에서 찾으려 했던 제논은 어떻게 해야 인간이 자기 자신과의 합일에 도달하는가를 묻는다. 그것은 인간이 자연과 합치되어 살게 됨으로써 가능하다고 말한다. 자기 자신과 합일하여 행동하고, 자신의 내부에서 그 본성을 실현하는 사람이 동시에 우주의 포괄적 법칙과도 합치되어 행동한다는 것이다.

우주의 법칙, 인간은 자연을 따른다. '도를 배운다는 생각이 문득 미迷함이 되나니' 나는 이제 그것마저 내려놓는다. 욕망의 무화無化다. 나머지는 자연에 맡긴다.

『인간·철학·수필』(제3집) 2021년 10월

제5부

작가란 무엇인가

작가란 무엇인가

글을 읽고 글을 쓰는 사람이 작가다.

누에가 뽕잎을 먹어야 비단실을 뽑아낼 수 있듯이 읽지 않은 작가는 병든 누에처럼 튼실한 고치집을 지을 수 없다.

『의지와 표상으로서의 세계』 서문에서 쇼펜하우어는 이렇게 밝혔다. 『우파니샤드』, 플라톤, 칸트가 없었다면 나의 학문도 없었을 것이라고.

범아일여사상의 '우파니샤드' 철학은 모든 종교적 신앙의 원천이라고 말한 이는 올더스 헉슬리였다. 아일랜드의 시인 예이츠는 인도의 승려 프로히트 스와미를 만나 『우파니샤드』를 영역하고 상대성과 분별심을 뛰어넘는 니르바나의 성취로 그는 존재의 통일을 깨닫는 『비전』을 쓸 수 있었다.

문학작품이란 완벽하게 새롭게 창조되는 것이 아니라 그 이전 선조들과 문화가 남겨놓은 것을 조립하는 것에 불과하다던 롤랑 바르트의 말이 아니더라도 인간의 정신사는 역사를 무시할 수 없으며 선배의 족적을 답습하지 않을 수 없다. 그 위에 벽돌 한 장을 올려놓는 것이 작가가 아닌가.

호메로스가 쓴『오디세이』는 3,000년 뒤 제임스 조이스에 의해 『율리시즈』로 재탄생했고, 5,000년 전, 중국의『주역』이 노자에 의해『도덕경』으로 갈음되었다. 헤르만 헤세는 주역과 노장사상을 뼈대로『유리알 유희』라는 명작을 써냈다.

작가는 모름지기 오래 살아야 만성晩成한다. 충분한 일조량과 풍우를 거쳐 과육이 단맛甘味을 완성하듯 작가들에게도 오랜 숙성의 시간이 필요하다. 세월의 풍파를 거쳐 작가들은 역사를 증언하고, 사명감으로 대안을 제시해왔다. 허균은『홍길동』을 내세워 부조리한 사회를 고발하고 이상국가 율도국을 세웠으며, 헤르만 헤세는 세계대전을 겪은 후『유리알 유희』에서 이상국가로서의 학자국學者國 카스타리엔을 세워 인간의 영성과 진리, 명상 등을 강조하였다.

노신은 일본 센다이 의학정문학교에 유학 중, 의학이 중국 사회개혁에 긴요하지 않다고 판단하고 문학으로 뜻을 바꾸었다. 그는 정신에 영향을 주는 것은 문학밖에 없다면서『광인일기』와『아Q정전』같은 걸작을 써서 사회의 모순을 비판하고 민족의 정신 개조와 각성을 촉구하는 데 앞장섰다. 노신은 소설 속에서 "앞으로 사람을 잡아먹는 사람이 버젓이 살아가도록 허락하지 않을 것이며 미래세계는 진정한 사람들만의 세상이 될 것"이라고 예언했다. 그리고 그는 "젊은 후진들이 사다리를 밟고 더 높이 오를 수만 있다면 우리들이야 아무리 밟힌들 무슨 원한이 있겠느냐"며 청년교육에 힘썼다. 그의 유해가 만국공묘에 묻힐 때, 흰 천에 '민족혼'이라 쓴 만장이 영구를 덮었다.

빅토르 위고는 억압받는 민중의 편에 서서 코뮌의 반역자들과 유태인들을 탄압과 박해로부터 보호하고 이들을 위해 시를 쓰고 극장에서 목소리 높여 그들을 옹호했다. 그를 가리켜 '프랑스의 톨스토이'라고 말한 사람은 작가 로맹 롤랑이었다. 위고와 톨스토이는 80이 넘는 장수를 누리면서 자기 내부의 선善을 실천한 사람들이다. 자국을 대표하는 문호로서 톨스토이는『부활』, 위고는『레미제라블』로 자신의 인도주의사상을 남김없이 선양하였다. 왕성한 정력으로 많은 염문을 뿌린 것조차 비슷했다. 장발장의 뒤를 밟던 자베르는 그의 고결한 마음씨에 감동하여 그를 체포할 수가 없었다. 직무와 인정의 틈바구니에 끼인 형사는 번민 끝에 투신자살로 관계를 청산한다. 이는 '세상에 절대적인 악은 존재하지 않는다'는 위고의 세계관을 그대로 반영한 작품이다. 프랑스 정부는 위고를 국장國葬으로 예우했다.

톨스토이는 젊은 시절, 방탕과 도박, 간음과 성병, 낙제, 허영심으로 가득 찼지만, 일기장에 자신의 과오를 면밀히 분석하며 반성

했다. 그의 인생 40년이 인간적인 본분을 만드는 기간이었다면 나머지 40년은 그것을 개선해나가는 데 바쳐진 삶이라고 할 수 있다. 『부활』을 쓴 것은 72세였으나 이 작품의 정신적 배경은 50세에 쓰기 시작한 『참회록』에 그 연원을 둔다. 노벨상이 결정되었지만 '대중과 함께가 아닌 혼자만 받는 상은…' 하면서 그 상마저 거절해버렸다. 많은 사람이 추종하며 성자처럼 떠받들자 "나는 성인이 아닙니다. 성인인 척한 일도 없습니다. (…) 나를 약한 인간이라고 생각해준다면 그것이 사실 나의 본모습입니다." 그러자 "이 사람은 하느님을 닮았구나!" 막심 고리키는 찬탄해 마지않았다.

어떻게 살아야 할 것인가? 인문학적인 근본 질문에 과학은 답하지 못하지만 문학에서는 가능하다. 톨스토이의 답안이다. "인간의 구원은 자아를 버리고 스스로를 희생시키며 신의 말씀에 따르는 데 있다."

도스토옙스키는 『작가일기』에서 "우리들이 저 사람과 똑같은 입장에 놓인다면 아마도 우리는 저 사람보다 더 나쁜 짓을 했을 것이다. 그러니 무죄로 해주어야겠어"라고 말한다. 『악령』에서 스테판이 임종 직전에 한 말도 "모든 사람은 모든 사람 앞에서 죄를 지었다"였다. 『카라마조프의 형제들』에서 조시마가 죽어가는 형에게 한 말도 이것이었다. 작가가 우리에게 진정으로 하고 싶었던 말은 '무죄' '용서'였을 것이다. '죄를 거쳐 예수로' D·H 로렌스의 말한 대로 그는 거기까지 도달한 사람이었다.

위대한 작가정신, 그것은 글을 쓰면서, 쓰는 동안 나다니엘 호손의 『큰 바위 얼굴』처럼 스스로 내면의 성지聖地를 이룩해가는 도정이 아닐까 싶다.

카뮈의 스승인 장 그르니에는 『페스트』를 발표한 그를 '신神 없는 성자' '덕망 있는 무신론적 성자聖者'로 평가했다.

"그렇다면 난 지옥엘 가겠어"라며 『허클베리 핀의 모험』에서 인류애를 일깨운 마크 트웨인. 천황제 국가주의를 비판하고 반전·반핵·인류의 공존을 역설한 오에 겐자부로, 그리고 우리를 개안開眼으로 이끈 인생의 달관자 도연명. 몽테뉴, 셰익스피어, 임어당, 괴테, 헤세, 사뮈엘 베케트… 등 그분들의 영전에 삼가 존경의 염念을 바친다.

작가는 시대의 등불이며, 중생 구제를 서원하는 관음보살의 화신과도 같은 존재가 아닐까. 나는 지금 그들의 연민을 생각한다.

『인간과문학』 2024년 여름호

보르헤스를 다시 읽다
― 세계는 꿈과 망각을 닮았다

보르헤스를 처음 접하게 된 것은 1998년 김홍근 선생이 번역한 『보르헤스의 불교강의』(여시아문)를 통해서였다.

'20세기의 창조자' '중남미의 호머' '포스트모더니즘의 선구자'로 일컬어지는 호르헤 루이스 보르헤스Jorge Luis Borges(1899~1986)는 어릴 때부터 아버지의 서재에서 책에 파묻혀 살다가 작가가 되고, 시립도서관 사서로 시작하여 90만 권의 책이 소장되어 있는 아르헨티나 국립도서관 관장이 되었다.

집안의 유전과 과도한 독서로 시력을 상실한 만년에는 구술로 저작했다. 책 읽어주는 아르바이트생을 고용, 독서를 멈추지 않았다. '걸어다니는 도서관'으로 불렸을 정도로 방대한 양의 책들을 머릿속에 저장한 비상한 기억력의 소유자, 그가 다 읽고 기억한 것을 눈감고 창조해낸 그의 문학세계는 어떠한 것이었을까?

『에세이문학』 재직 당시 나는 '수필로 만나는 해외작가'를 기획

특집으로 꾸며 그 첫 번째 작가로 보르헤스를 선정했다. 보르헤스의 수필 몇 작품(번역 겸하여)과 작가세계를 김홍근 선생께 부탁드렸다. 시인·소설가 아홉 명의 글로 연재를 끝마친 뒤『세계의 유명작가 명수필』(청조사, 2006년)로 출간되었다. 나는 지금 16년 전, 그 책을 펼쳐놓고 있다. 책은 한꺼번에 얼굴을 다 보여주지 않는 것 같다. 몇 번을 읽다가 되물리고 얼굴을 어지간히 익힌 다음이라야 겨우 해독解讀이 가능해진다.

이 책에 소개된 보르헤스의 글은 짤막한 수필이 네 편이다. 「보르헤스와 나」에서는 작가 보르헤스와 개인적인 내면의 '나' 사이의 복수複數적인 자아의 분열상을 드러낸다. 글의 서두는 이렇게 시작된다.

무아無我사상

"번잡한 세상사는 그의, 보르헤스의 몫인 것 같다. 나는 부에노스아이레스 시市 거리를 걷다가 문득문득 습관적으로 멈춰 서서 아름다운 현관이나 유리문을 바라본다. 보르헤스에 관해서는 우편함을 통해 소식을 듣고, 교수진 명단이나 문인 인명사전에서 그의 이름을 본다. (…) 나는 살아가면서 보르헤스도 역시 살도록 허용해주고 있다. 보르헤스는 그의 문학을 짜놓을 것이고, 그 문학이 내 생에 의미를 줄 것이다. 그가 얼마간 가치 있는 글들을 썼다고 인정해줄 수는 있다. 하지만 그 글들이 나를 구원할 수는 없을 것이다. 그 이유는 어쩌면 좋은 문학적 자산은 그 또는 어느 개인의 것이 아니라 언어나 전통에 속하는 것이기 때문이다. 내 생의 나머지 흔적들은 영원히 사라질 것이고, 내 생의 몇몇 순간들만이 그를 통해 살아남을 것이다. (…) 나는 나로서가 아니라 (그 '나'도 누구인지 잘 알 수는 없지만) 보르헤스로 남게 될 것이다. (…) 몇 년 전 나는 그에게서 자유로워지고 싶어서 동네 잡담이나 긁적거리던 것에서 벗어나 '시간과 무한無限'을 소재로 장난도 쳐보았다. 하지만 그런 것들도 이제 모두 보르헤스의 것이 되어버려서 난 딴 궁리나 해봐야겠다고 생각했다. 이렇게 내 생은 도망자의 생이었다. 난 이제 모든 것을 잃었거나 망각에 묻어버렸다. 아니면 그에게 주어버렸다. 우리 둘 중 누가 이 글을 쓰고 있는지 모르겠다."(결미 부분)

작품 속 그와 나, '나'에게서 떼어낸 작가 보르헤스는 현상現象으로서의 가명假名의 '나'일 테고, 관찰자 시점의 '나'는 본질道로서의 나. 무명無名의 '나'일 것이다. 그는 죽고 나면 '자신의 의지와는 상관없이 '보르헤스'라는 이름이 하나의 픽션假名이 되어 세상을 떠돌 것'이라고 한다.

가명假名과 무명無名의 본질은 비실체非實体로서 노자의 '명가명 비상명名可名 非常名'을 떠올리게 한다. 형상도 이름도 없는 본체를 굳이 표현하자면 노자는 무無라고 했던 것이다. "그 '나'도 누구인지 잘 알 수는 없다"고 말한 보르헤스는 단편소설 「타자」에서 70세의 보르헤스와 19세의 보르헤스를 만나게 한다. 「1983년 8월 25일」이라는 작품에서는 어떤 호텔 19호실에서 61세의 보르헤스가 84세의 보르헤스를 만난다. 우리는 늘 내 안에 여러 나와 산다. 진짜 나는 누구인가? 본질론에 집중한 그는 자아의 정체성 문제를 끊임없이 탐구한다. 두 번째의 작품은 「전체와 무無」이다.

"그의 안에는 아무도 없었다. 그의 얼굴 뒤로 그리고 그의 모방적이고 환상적이고, 격정적인 말들 뒤에는 약간의 냉소와 아무도 꾸지 않는 꿈 이외엔 아무것도 없었다. 그는 처음엔 모든 사람이 자신 같은 줄로만 알았다. (…) 그는 스무 살이 넘어 런던으로 가 배우가 되었다. 시저, 줄리엣, 맥베스 등 모든 얼굴을 가져보았다. 그는 때때로 공연 도중 대사에다 아무도 이해 못하는 고백, "라카르도는 한 사람이 수많은 역할을 모두 할 수 있다고 믿는다" "야곱은 이상한 발음으로 '나는 내가 아니다'라고 말한다" 등을 섞어놓곤 했다. 존재하기, 꿈꾸기, 연극하기가 동일한 일이었던 그는 유명한 장면들에서 영감을 받았다. 20년 만에 극장을 팔아치우고 그는 고향에 돌아갔다. (…) 기록에 의하면 그는 죽기 전후에 신에게 가서 물었다고 전한다.

"헛되이 그렇게도 많은 사람이 되어본 나는 이제 한 사람, 나 자신이 되고 싶습니다."

일진광풍 끝에 신의 목소리가 들려왔다. "나 역시 내가 아니다. 네가 나의 작품을 꿈꾼 것처럼 나도 세상을 꿈꾸었다. 내 꿈의 여러 형태 중에는 나처럼 모두이면서 아무도 아닌 너가 있다."(결미 부분)

모두이면서 아무도 아닌 '너'는 누구인가? '우리는 동시에 배우이며 관객'이라던 그의 소견에 대입하면 시저, 줄리엣, 맥베스는 내 안의 동일한 존재들이다. 쇼펜하우어가 "고문하는 자와 고문받는 자는 동일인"이라고 했듯 자와 타自他가 다르지 않는 '이이일異而一'의 관계라고 하겠다. 그러나 궁극적으로 '나 역시 내가 아니'라는 언명은 모든 존재는 연기緣起로 이루어진 것이므로 사실상 실체가 없다는 뜻이다.

보르헤스는 앞의 글에서 '시간과 무한無限'을 소재로 장난쳐 보았다고 하듯 그는 어느 대담에서도 자신의 문학을 관통하는 주제는 바로 '시간과 무한'이라고 밝혔다. 왜냐하면 시간체험은 곧 존재의 체험이기 때문이다.

1928년 그는 실제로 부에노스아이레스 교외를 산책하다가 '현재'와 마주치는 경험을 하게 된다.

"황량하고 을씨년스런 땅 위에 서 있는 분홍빛 토담은 달빛을 비추는 게 아니라 자신의 내면에서 새어나온 빛을 비추고 있는 것 같았다. (…) 나는 확신을 가지고 이렇게 생각했다. 이것은 30년 전과 조금도 다름없는 모습이다. 나는 그 세월을 가늠해보았다. '나는 천팔백몇십 년에 있다'고 마음먹으니 그 말의 의미는 단순한 상념에서 풀려나 문자 그대로 현실화되는 것 같았다.

나는 스스로가 마치 죽은 사람인 것처럼, 이 세상에 대한 추상적인 주시자로 느껴졌다. 그러나 선명한 형이상학적 공포가 나를 엄습했다. 내가 소위 시간의 강물을 거슬러 올라왔다고는 도저히 믿어지지 않았다. 나는 감각할 수 없는 '영원'이란 단어의 묵시적이고 부재不在라는 의미를 포착한 게 아닌지 의심해보았다. 단지 시간이 제법 흐른 지금에야 그 느낌을 이렇게 말해본다. 말하자면 이렇다.

적막한 밤, 무늬 없는 작은 토담. 원시림의 시골 냄새. 토속적인 흙길 등 순박한 모습은 몇십 년 전 그 모퉁이에 있었던 광경과 비슷하다는 것이 아니라 반복이나 유사성을 뛰어넘어 그때와 똑같은, 바로 '그것'이었다. 만일 우리가 그 동질성에 착안한다면 시간이란 하나의 환상에 지나지 않는다는 것을 알 수 있다. 겉으로 드러난 어제라는 시간과 오늘이라는 시간 사이에 내재하는 무차별성과 불과분성은 시간이란 개념을 해체시키기에 충분하다"고 그는 에세이 「죽음 속에서 느끼다」에 적고 있다.

의식의 흐름이 끊어지는 시간체험을 통해 그는 무아와 무한을 경험한 것이다. 시간체험은 정체성체험으로 연결될 수밖에 없다. 시간 밖으로 나가서 시간이 환상임을 깨닫는 것은 개인이 환상임을 깨닫는 '무아사건'과도 연결된다. 시간이 환幻이라면 자아도 환幻이라는 결론에 이른다. 또 다른 에세이 「시간에 대한 새로운 반론」에서 그는 다음과 같이 말한다.

"시간은 나를 이루는 본질이다. 시간은 나를 휩쓸고 가는 강이지만 내가 바로 그 강이다. 시간은 나를 삼키는 호랑이지만, 내가 바로 그 호랑이다. 시간은 나를 소진시키는 불이지만 나 또한 그 불이다."

나를 휩쓸고 지나가는 강과 나를 소진시키는 불, 내가 강인 까닭은 시간과 강물은 나와 함께 태어났고 나와 함께 죽을 것이기 때문이다. 내가 없다면 시간도 없다. 그의 말대로 존재한다는 것은 곧 시간이 되는 것이다.

"존재와 시간은 서로 인대因待한다. 만약 존재가 없다면 어떻게 시간이 있을 수 있겠는가?"라고 일찍이 시간의 공성空性을 제기한 인도의 철학자 나가르주나가 떠오른다.

"우리의 본질이 시간이라면 개인의 정체성이란 시간의 환영일 뿐"이라는 보르헤스의 작품에서 자아정체성의 허구인 '무아'를 읽는다.

세 번째의 수필 「원수에 관한 이야기」도 같은 선상에서 읽게 된다.

"오랜 동안 피하기도 하고 기다리기도 했던 원수가 지금 나의 집에 있었다"로 글은 시작된다.

그 원수는 작가의 분열된 또 다른 '나'이다. 피하기도 하고 기다리기도 하던 원수가 찾아온 것이다. 문을 열어주자 지팡이를 땅에 떨어뜨리고 침대 위에 힘없이 쓰러진 그에게 '내'가 말했다.

"사람은 누구나 자기 혼자만 나이를 먹는 줄 알지만, 남들 역시 나이를 먹는 법이지. 우리는 결국 여기서 만났고 과거의 일들은 이제 아무 의미가 없어."

내가 말하는 동안 또 다른 '나(원수)'는 외투의 단추를 풀고 권총을 꺼내 겨누었다. "내가 오래 전에 어떤 소년을 학대한 것은 사실이지만 당신은 이제 그 소년이 아니고, 나도 그때의 분별없는 사람이 아니오. 게다가 복수는 용서만큼이나 허황되고 어리석은 일이오."

"나는 당신을 죽여야만 해. 이건 복수가 아니고 정의의 행동이지. 보르헤스, 당신의 주장은 내가 당신을 죽이지 않도록 당신의 두려움이 만들어낸 계략일 뿐이야. 당신은 이제 아무것도 할 수가 없어."

그러자 보르헤스는 원수를 향해 이렇게 말한다.

"내가 할 수 있는 것이 한 가지 있소."

"그것이 무엇이지?"

"꿈에서 깨는 일이오."(결미 부분)

그렇다. 꿈을 깬 '각자覺者', 그의 활구活句다! 꿈이란 환영이며 꿈의 재료인 우리 존재 역시도 환영일 뿐이다. 보르헤스는 자신의 마음이 펼쳐낸 이중적 자아의 그림자를 보고 그 대상의 비실체성을 순간순간 체크하는 각성覺醒의 상태를 보여준다. 원수의 이름으로 자행되는 파국, '복수' '살인'의 광증은 아바타들分身의 부질없는 한바탕 중생놀음인 것이다. '환幻인 줄 알면 바로 각覺'이라는 『원각경』에서 말하는 '허공꽃'도 이와 다르지 않다. 마치 꿈 같고, 그림자 같고 이슬과 같이 눈앞에 어른대는, 그러나 실체가 없다는 무아無我와 연기緣起 즉 공空, 中道을 보르헤스는 종교로 말하지 않고 문학작품으로 형상화한 그의 빼어난 솜씨와 혜안慧眼이 놀라울 따름이다.

「보르헤스와 나」에서 놓쳤던 부분이 새롭게 인식된 것은 다음과 같다. "그가 얼마간 가치 있는 글들을 썼다고 인정해줄 수는 있다. 하지만 그 글들이 나를 구원할 수는 없을 것이다. 그 이유는 어쩌면 좋은 문학적 자산은 그 또는 어느 개인의 것이 아니라 언어나 전통에 속하는 것이기 때문이다"라는 정중한 그의 술회가 이제야 들린 것이다. 얼마간 가치 있다고 생각되는 자신의 글도 자신의 것이 아니라 문학 자체에 속한다는 진솔한 고백, 내 글이 왜

내 것이 아닌가? "책은 격리된 실체가 아니라 관계다. 그것은 수많은 관계들의 축"이며 "책들은 다른 책들과의 인연소기所起의 관계에 놓여 있기 때문"이라는 것이다. 텍스트들의 관계성, 이것이 포스트모더니즘의 핵심 이론인 상호 텍스트성이다.

연기론에 텍스트를 대입하면 그대로 상호텍스트성inter-textuality 이론이 된다. 텍스트가 컨텍스트이고 컨텍스트가 텍스트이기에 '개인'과 '저자'라는 개념은 몽상에 불과하다는 것이다. 여기에 덧붙여 보르헤스의 연구가 에미르 로드리게스 모네갈에 의하면 "주체가 아니라 다른 사람에 의해 꿈꾸어진 존재라는 인간관을 가진 보르헤스 같은 작가에게 문학 생산은 창조가 아닌 '반복'이고 창작이 아닌 '개작'이며, 글쓰기가 아닌 '독서'"라고 규정한 바 있다.

독서가 글쓰기보다 더 지적인 행위라고 본 보르헤스는 텍스트가 독자의 독서행위에 의해 다시금 씌어져 새롭게 해석됨으로써 맹목적인 이데올로기나 도그마에 속박된 인간성을 해방시킬 수 있다고 언급했다. 『픽션』의 서문에서 그는 또 이렇게 말한다.

"방대한 양의 책을 쓴다는 것은 쓸데없이 힘만 낭비하는 정신 나간 짓이다. (…) 하나의 코멘트 즉 그것들의 요약을 제시하는 척하는 것이다. 나는 상상의 책 위에 쓰인 주석으로서의 글쓰기를 선호했다."

그러니까 그에게 새로운 문학을 쓰는 것은 오래된 텍스트를 새로운 관점으로 보는 해석능력이라고 할 수 있겠다. 주석으로서의 글쓰기를 시작한 사람은 16세기 후반 프랑스의 몽테뉴였다. 그는 라틴고전과 현대서적을 섭렵하며 스토아철학, 에피쿠로스의 쾌락주의, 피론의 회의주의철학에 경도되어 그의 글들을 인용하고 거기에 자신의 견해를 얹어 107편의 『에세』를 남겼다. 프랑스의 후기 구조주의자 롤랑 바르트는 자신을 '나' '그' '자기 자신' 등 다양한 방식으로 호칭하면서 200개의 단장斷章을 묶어 자전적 에세이 『롤랑바르트가 쓴 롤랑바르트』(1975년)를 내놓았다. 작가보다는 텍스트를 연구해야 한다던 바르트는 보르헤스를 이어 '저자의 죽음, 독자의 탄생'을 선언하기도 했다.

"문학작품이란 완벽하게 새롭게 창조되는 것이 아니라 그 이전 선조들과 문화가 남겨놓은 것을 조립하는 것에 불과하다"던 그의 말이 "좋은 문학적 자산은 그 또는 어느 개인의 것이 아니라 언어나 전통에 속한다"는 보르헤스에 와서 맥이 닿는 것이다.

영원한 현재

쇼펜하우어를 통하여 불교와 힌두교, 우파니샤드 철학을 접하게 된 보르헤스는 불교의 무아사상과 화엄사상을 근간으로 하여 여러 작품을 썼다. 「두 갈래로 갈라지는 오솔길의 정원」에 나타난 '시간의 그물'은 불교의 업사상에서 힌트를 얻었고 「원형의 폐허」에서는 이방인 신비주의자가 한 소년을 꿈꾸어서 창조했는데, 그 소년은 신전에 불이 났는데 불에 타지도 않고 그 자신 또한 자신의 아들처럼 '다른 사람에 의해 꿈꾸어진 하나의 환영'이라는 것을 깨닫는다.

　그의 대표작 『알렙』에서는 1인칭 화자가 체험한 불가해한 우주의 신비를 기록하고 있다. 어느 집 캄캄한 지하실에서 발견한 작은 구체인 '알렙'에는 우주의 전 공간이 축소되지 않고 들어 있었다. 한순간에 수백만 가지의 장면들을 한 점에서 보았는데 서로 겹치지도 않고 거울에 비친 달처럼 하나의 사물에는 무한히 많은 사물들이 있었다. 이는 "한 티끌 작은 속에 시방세계를 머금었고 一微塵中含十方 낱낱의 티끌마다 우주가 다 들어 있네一切塵中亦如是" (…) 그러나 "따로따로 뚜렷한 만상이여仍不雜亂隔別成"라는 의상대사의 화엄법계연기華嚴法界緣起사상을 표방하고 있다. 하나 속에서 전체를 볼 수 있고, 전체 속에서 하나를 발견한다. 그리고 그 하나가 전체이고 전체가 바로 하나이다. 모든 것은 연聯하여 생生하고 자성이 없는 그 본성空 때문에 서로를 투영하고 감싸면서 화엄의 무한법계를 펼칠 수 있다는 것이다.

　붓다가 깨달음을 통해 본 우주의 구성 방식도 비유하자면 '인드라의 그물망' 같다는 것이다. 그 그물코 하나하나는 진주로 되어 있어서 각각의 진주 속에는 전체 진주가 다 투영된다는 즉 일체는 서로 관계성에 속해 있고 서로를 포함한다는 화엄사상에 착안하여 그는 『알렙』을 썼던 것이다. '알렙'이란 히브리어의 첫 번째 알파벳으로 동시에 숫자 1을 가리키며 일반적으로 세계의 모든 것이 그것에 수렴된다고 본다. 여기서 보르헤스의 '알렙'은 인간의 문명과 우주의 비밀을 담은 은유로 작용한다. 우주의 비밀을 압축 재현할 수 있는 도장海印과 같다는 의상대사의 「화엄일승법계도」에서 그는 많은 감명을 받은 것 같다.

"일념즉시 무량겁一念卽時 無量劫 일찰나가 무량겁이요, 무량원 겁 즉일념無量遠劫 卽一念 무량겁이 일찰나이다. 구세 십세 호상즉 九世十世互相卽 과거·현재·미래가 찰나 속에 깃든다"고 노래한 의상 대사의 「법성게」에 시간은 '상즉相卽'해 있다는 것, 즉 현재는 영원 과 맞닿아 있다는 것이다. 그리하여 '시간과 무한'이라는 그의 테 마는 '여기·지금' 모든 시간과 공간이, 현재가 바로 '영원'이라는 화 엄적인 것이었다.

「죽음속에서 느끼다」에서 그가 마주친 현재도 언제나 '영원한 현재'라는 것을 깨달은 것이기도 하다. "어제와 오늘이라는 시간 사이에 내재하는 무차별성과 불과분성은 시간이라는 개념을 해 체시키기에 충분하다"고 한 것이 그것이다.

'우주는 거대한 환영幻影이며' 본질은 영원한 현재'라고 설파한 베단다 철학자 상카라sankara에게 그는 빚지고 있다. 그리고 보 면 앞에서 모네갈의 지적처럼 어쩌면 보르헤스의 글쓰기는 창작 이 아닌 개작改作, 창조가 아닌 '반복'일지도 모른다. 그러나 그의 말대로 '우주는 신이 쓴 하나의 거대한 책', 세계를 한 권의 책으로 본 보르헤스는 "그 책은 완성된 것이 아니라 썼다가 지우고 그 위에 다시 쓴, 문학이란 일종의 양피지사본이 아니냐"고 묻던 그의 물음 앞에 다시 서게 되는 것이다. 그러나 『불교 강의』(1976년) 곳곳에서 불교학자 파울 도이센, 스즈키 다이세츠, 상카라 등의 말을 인용하며 "세상은 환幻이고 산다는 것은 바로 꿈꾸는 것"이라고, 그리고 인간을 통해 드러나는 환幻을 추적하면서 문학의 본질도 이와 마찬가지가 아닐까 묻는 그에게 전적으로 동의하게 되는 바이다.

『인간·철학·수필』(제4집) 2022년 9월

오에 겐자부로를 말하다

내가 오에 겐자부로大江健三郎를 처음 알게 된 것은 1960년께 『일본 전후 문제 작품집』에 실린 「사육」을 통해서였다. 제2차 세계대전 말기, 일본 시코쿠 깊은 산에 추락한 미군 비행기에서 살아남은 흑인 군인과 산골 소년들 사이에 펼쳐지는 교류와 우정과 그리고 파멸, 결국은 작은 우리에 갇혀 사육되다가 타살된 흑인 군인의 시체. 그것을 바라보는 한 소년의 눈을 통해 작가는 억류라는 인간의 '감금상태'를 통해 인간의 한계상황과 실존을 다룬다.

스물세 살에 쓴 이 작품으로 그는 최연소 아쿠타가와상 수상작가가 되었다.

고등학생 때, 그는 평생의 스승이 될 와타나베 가즈오의 『프랑스 르네상스 단장』을 읽고 '자유검토의 정신'에 감명받아 도쿄대학의 프랑스문학과에 진학, 스승에게 휴머니즘과 관용의 정신을 이어받고 특히 사르트르를 탐독하며 그의 '실존은 본질에 앞선다'

에서 실존이란 각자의 의식, 육체 존재요, 본질이란 신, 인간성 진리 등의 관념을 말하는데 우리는 영원한 미美에 봉사할 것이 아니라 역사적 현실에 참가해야 한다고 주장하며 그와 현실참여의식을 같이한다. 졸업논문은 「사르트르 소설의 이미지에 대하여」를 썼으며 2년 뒤인 1961년 사르트르와 인터뷰를 가졌다. 그의 나이 스물여섯 살 때였다.

1957년 도쿄대학 신문에 게재된 「기묘한 아르바이트」가 평론가의 호평을 받고 같은 해 「사자의 잘난 척」을 발표하면서 학생작가로 등단한다. 스물두 살부터 글을 쓰기 시작하여 2023년 3월 3일 88세를 일기로 사망한 작가 오에 겐자부로에게 나는 한 작가로서의 전형典型을 발견한다. 대학 3년생(22세)인 오에는 신문 편집부로부터 "자네는 이로써 등단하게 되었다. 대학신문에 실린 단편을 다시 문예지에 실어도 좋을지, 아니면 조금 길게 다시 쓸 것인지"를 제안받고 전후 사회를 살아가는 학생이 개를 도살하는 이야기인 「기묘한 아르바이트」를 다시 써보자고 마음먹은 시점이 자신이 의식적으로 소설가가 된 첫걸음이라고 밝혔다. 그는 쓴 것을 계속 고쳐나가며 내용이나 문체를 확정지어가는 일이 '소설가의 습관'이라고 언급한 바 있다.

인생의 3분의 1은 책을 읽는데, 3분의 1은 소설을 쓰는 데에 그리고 나머지 3분의 1은 아들 히카리와 사는 데 바쳐진다고 하는 그에게 독서는 빼놓을 수 없는 일과다. 새벽 6시에 일어나 생수한 잔을 마시고 오후 2시까지 꼬박 여덟 시간 글을 쓴다. 나머지 시간 대부분은 책을 읽는다고 한다.

"나는 생각한다. 고로 존재한다"(데카르트)가 아니라 "나는 읽는다. 고로 존재한다"(렉토 에르고 숨Lecto ergo sum)'라면서 책을 읽는 행위를 통하여 자신의 존재를 새롭게 하고 확장하는 것이 가능하다고 한다. 영어와 프랑스어에 능한 오에는 외국어와 일본어를 대조하면서 읽는 작업을 통해 일본어로 새로운 문학형식을 만들기를 바랐다. 천부적인 재능 말고도 무서우리만치 공부하고 노력하는 작가, 근면한 집필태도, 게다가 엄격한 자기 점검에 나는 한 전형적인 작가 오에 겐자부로의 글쓰기를 주목하게 된다.

오에 만큼 퇴고를 거듭하는 작가가 또 있을까? 그는 자신의 문학적 방법 중 하나는 '차이를 가진 반복'이라고 언급한다. "새 작품을 시작하면 이미 쓴 작품에 대한 새로운 접근법으로 다가갑니다. 같은 적과 다시 한번 싸우려고 애쓰는 거지요. 그 결과로 나온 초고를 계속 손질하고 퇴고합니다. 그러는 중에 옛날 작품의 흔적이 사라집니다. 제 작품은 반복 안에서 차이들이 통합되는 과정입니다. 저는 정교하게 수정하고 손질하는 과정인 퇴고가 소설가가 배워야 할 가장 중요한 덕목이라고 생각합니다." 『파리 리뷰』지에 실린 인터뷰에서 읽을 수 있는 글이다.

그는 와타나베 가즈오 교수의 조언으로 작가나 사상가를 중심으로 5년 주기로 연구하고 또 특정 주제에 초점을 맞추는 3년 주기 연구를 스물다섯 살 때부터 해왔으며, 3년 주기 연구를 12가지 이상 했는데 한 가지 특정 주제를 작업할 때는 종종 아침부터 저녁까지 종일 읽기만 한다며, 그 작가가 쓴 모든 것을 읽고 작가의 작품에 대한 연구서를 다 읽는다고 한다. 그래서 그의 작품에는 그가 좋아하는 영미 중심의 즉 서구 작가들, 윌리엄 블레이크, 맬컴 라우리, 예이츠, 단테, 엘리엇 등의 시구들이 인용되고 있는 것을 볼 수 있다.

인간은 노역하지 않으면 안 된다.
슬퍼하지 않으면 안 된다.
그리고 배우지 않으면 안 된다.
잊어버리지 않으면 안 된다.
그리고 돌아가지 않으면 안 된다.
왔던 어두운 골짜기로~

블레이크의 시(「결백의 노래」「경험의 노래」)를 읽다가 위의 시구를 발견하고 자신의 인생에 대한 예언시라고 생각한다. 장애아들 히카리가 열네 살일 때였다. 사춘기 반항기를 겪는 히카리가 가족에게 완전히 고립되어 밥도 방문 앞에 놔두면 한밤중에 일어나 혼자 먹는 등… 여행에서 돌아온 아버지는 아들의 눈 속에서 '비탄'을 발견하고 블레이크의 시를 다시 꺼내 읽는다.

흐르는 눈물 보며/ 내가 어찌 슬퍼하지 않을 수 있을까?

우는 아이를 보는 아버지가/ 슬픔에 젖지 않고 견딜 수 있을까?

(…)

오오, 그분은 우리의 비탄을 부숴버리러/ 기쁨을 내어주신다.

우리의 비탄이 떠날 때까지/ 그분은 우리 옆에 앉아/

신음소리를 내고 계신다.

—「순수의 노래」에서

그는 블레이크를 읽으며 '앞으로 전개될 일이 이제 내가 쓸 소설이다'라고 다짐하며 그렇게 쓴 작품이 『새로운 사람이여 눈을 떠라』이다.

그는 블레이크의 예언시라 불리는 작품의 몇몇 시구나 이미지에 부분적으로 자극을 받아 소설을 썼다. 『개인적인 체험』에서도 블레이크의 시가 인용되고 있다.

채워지지 않는 욕망을 키워나가기보다는

갓난아기의 요람 속에서 그것을 죽이는 편이 낫다.

'욕망'에 대한 의미를 숙고하게 만든 일구였다.

1963년, 두개골 이상을 가진 장남 히카리가 태어나고 수술을 해도 장애가 있을 거라는 의사의 소견을 듣는다. 참담한 젊은 작가 아버지는 당시의 심정을 『개인적인 체험』과 「허공의 괴물 아구이」로 출간한다. 아기를 포기할 것인가, 받아들일 것인가 하는 기로에 선 작가 자신의 '분열'을 극복하기 위한 작업으로 보인다. 「허공의 괴물 아구이」에서는 장애를 가지고 태어난 아이를 '사산死産'으로 처리해버리고 깊은 죄악감에 시달린다. 죽은 아이의 환영이 "아구이~" 하고 비명을 지르는 괴물이 되어 허공에 떠 있는 환청을 듣는다. 그로 인해 주인공 D는 아구이를 쫓다가 트럭에 치여 자살과도 같은 죽음을 맞는다.

『개인적인 체험』에서 젊은 아버지 버드는 후두부에 큰 혹이 있는 기형을 갖고 태어난 아이로부터 벗어나려고 발버둥친다. 어린 아이를 정체를 알 수 없는 병원에 방치하고서 싸구려 술집에서 술을 마시고 그 위스키를 토한다. 학원 강사인 그는 교실 바닥에 폭음을 토해 실직 위기에도 처해진다. '아기의 쇠약사' 소식만을 간절히 바라며 옛 여자 친구 후미코의 집에서 전화를 기다리는 동안에 벌어지는, 옛날에 불발된 그녀와의 섹스를 떠올리며 과격해지는 일탈된 행동을 통해 그가 자신과의 절망적인 싸움을 어떻게 구체적으로 결행했는지를 촘촘한 심리묘사로 보여준다. 소설 결미 부분에서 주인공 버드는 다음과 같은 각성에 이른다.

나는 아기 괴물에게서 수치스런 짓들을 무수히 거듭하여 도망치면서 도대체 무엇을 지키려 했던 것일까? 대체 어떤 나 자신을 지켜내겠다고 시도한 것일까? 하고 버드는 생각했다. 그리고 문득 기가 막혔다. 답은 제로였다.

"이 세상에게도 전혀 무의미한 존재 하나를 살아남게 만드는 것이 무슨 의미가 있느냐?"고 후미코가 묻자 버드의 답이 이어진다. "그건 나를 위해서지. 내가 도망만 치는 남자이기를 멈추기 위해서지."

작가는 자신의 고뇌를 두 개의 작품으로 대상화해봄으로써 아이와의 공생을 확고히 할 수 있었던 힘이 아닐까 싶다. 지적장애 아들을 둔 아버지가 겪는 심적 갈등과 성장을 통해서 비극을 극복하고 마침내 공생과 화해에 이르는 과정을 높게 평가한 스웨덴 한림원은 1994년 그에게 노벨문학상을 수여하였다.

오에 겐자부로는 노벨상 강연에서 일본이 '전쟁 포기약속'을 했던 '헌법9조'를 언급하며 한국, 중국 등 이웃나라에 저지른 과오를 기억하는 자신은 가와바타 야스나리의 '아름다운 일본의 나'(수상 연설 제목)에 목소리를 합할 수 없다면서 그에 대한 안티테제로서 「애매한 일본의 나」라는 제목의 연설을 했다. 그는 또한 노벨문학상 직후 천황이 직접 수여하는 문화훈장과 문화공로상의 수상이 결정되었을 때, '전후戰後 민주주의자'로서 민주주의에 앞서는 어떤 권위나 가치관도 인정할 수 없다는 이유로 그 상을 거절해버렸다.

1963년 장애아가 태어난 뒤 오에는 히로시마를 방문한다. 그는 원폭의 시련을 겪어내고 여기에서 봉사하는 원폭병원원장 시게토 후미오를 만나 '이런 본받을 점을 나는 잊지 말자'고 스스로에게 다짐한다. 깊은 수렁에서 자살까지 생각한 그를 회심으로 건져낸 곳이다. 나는 소년 오에의 또 한 가지 '다짐'을 사랑한다.

1935년 1월 일본 시코쿠 에히메현에서 태어난 열 살짜리 소년 오에는 전쟁이 끝난 직후 선생님이 "애들아 여태까지의 국가 방침은 사라졌다. 이제 일본은 패했고 엉망진창이 되었다. 너희들 한 사람 한 사람이 자기 방침을 세우고 살아가는 것이 좋을 것이다"라고 하자 그는 『허클베리 핀의 모험』에서 주인공 허크가 한 말을 자신의 방침으로 삼자고 다짐한다.

백인 소년 허크는 도망친 흑인 노예 짐의 주인인 왓슨 여사에게 짐의 행방을 알리는 편지를 썼다가 찢어버리면서 스스로에게 말한다. "그래 좋다. 나는 지옥으로 가겠다."

지옥으로 가도 좋으니 짐을 배신하지 않겠다고 다짐하는 허크에게서 나는 소년 오에 겐자부로의 참 모습을 발견한다.

그 후 무엇인가 어려운 선택을 해야만 한다면 힘든 쪽을 선택하고 뒤돌아보지도 않았다고 술회한 오에 겐자부로.

머리에 장애를 가진 장남의 탄생과 히로시마 방문에 의해서 '장애아'와 '핵'을 하나로 연관시킨 문제는 그의 작품의 특징으로 보인다. 작가에게는 고통이 문학의 재료가 되기도 한다. 그것으로 깊어지고 성장하면서 인격이 완성된다.

"작가가 하는 일은 어릿광대의 일이지요. 슬픔에 대해서도 말하는 광대 말입니다"라던 그의 말이 가슴 시리게 떠오른다.

사회적인 약자 편에 서서 언제나 불의와 맞서 싸운 시대의 양심, 그는 한 사람의 행동하는 지성인이었다.

『인간·철학·수필』(제5집) 2024년 9월

몽테뉴의 『수상록』
— 발고여락拔苦與樂을 탐구한 인생 주석서

1. 몽테뉴의 생애와 사상

몽테뉴(1533~1592)는 르네상스 당시 프랑스를 대표하는 지성인이며 문필가이다. 남프랑스 페리고르 지방의 몽테뉴 성에서 태어났다. 보르도에서 포도주 장사로 부자가 된 그의 증조부가 성을 매입했고, 부친은 이탈리아 전쟁에서 참전하고 돌아와서 성을 확장하고 가꾸어 귀족 행세를 하며 살았다.

진보주의자였던 그의 부친은 아들에게 라틴어를 가르치기 위해 프랑스어를 전혀 모르는 독일인 학자를 가정교사로 초빙했다. 그 결과 몽테뉴는 여섯 살에 라틴어를 유창하게 구사할 수 있었다. 보르도 시의 명문 기엔느중학교를 졸업 후에 그는 철학과 고전에 몰두하며 툴루즈대학에서 법률학을 공부하였다.

21세(1554년)부터 페리고르 지방재판소의 근무를 시작으로 보르도 고등법원에서 퇴직할 때까지 16년간 판사로 재직했다. 32세

(1554년)에는 보르도 고등재판소 판사의 딸 프랑소아즈 드 라 샤뉴사와 결혼했고 35세(1568년)에 부친 피에르 에켐이 사망하면서, 몽테뉴 성과 막대한 재산을 상속받았다. 1570년, 판사직을 사임하고 몽테뉴 성으로 돌아온 것은 종교전쟁의 내란 때문이기도 했다. 귀족의 신분이었던 그는 왕을 수행하여 구교도로 참전하고 때로는 양 진영 사이에서 중재자의 역할을 맡기도 했다.

그러나 전쟁의 참혹함을 목도하며 '전쟁은 인간이 하는 것이고 문제가 있다면 바로 인간에게 있다. 인간의 삶 속에서 일어나는 모든 것은 근본적으로 인간 자신과 관련되어 있으며 필경 인간의 문제로 귀착된다'는 결론에 이른다. 그로부터 그의 시선은 인간탐구에 집중되었다. 대부분의 시간을 성탑 3층에 있는 서재에 들어앉아 독서와 명상에 잠겼다. 그는 라틴고전과 현대서적을 섭렵하여 책 여백에다 주석과 독후감을 기입하며 지냈다. 1572년에 쓰기 시작한 그의 『에세』는 한마디로 '인간에 대한 물음'이라고 할 수 있다.

1575년(43세) 몽테뉴는 자신의 초상을 주조시켜 'Que sais-je?'(나는 무엇을 아는가?)를 새기고, 뒷면에는 평형을 이룬 저울 天秤을 그려 그 주위에 'Επέχω'(나는 판단을 배제한다)를 새겨넣었다. 이것은 회의주의자들의 주장에 대한 자신의 판단 보류를 표명한 것이다. 자신이 밝힌 대로 그는 플루타르크와 세네카의 책에서 많은 부분을 빚졌다고 하며 제논의 엄격한 스토아철학, 에피쿠로스의 쾌락주의철학, 피론의 회의주의철학에 경도되어 자신의 글 주제에 맞게 그의 글들을 인용하고 거기에 자신의 견해를 얹어 『에세』를 써나갔다.

1580년에 써모은 수필을 간추려 『에세』(2권)를 보르도에서 간행하고, 이 해 신장결석 치료를 겸하여 독일·스위스·이탈리아 관광길에 올라 1년 반을 외국에서 보냈다. 이 여행에서 『여행기 journal de voyage』(1774년)가 나왔다. 외국 체류 중에 보르도 시장에 선출되었고 아버지의 뒤를 이어 보르도 시장이 된 것에 그는 자부심을 느꼈다. 1583년 다시 시장에 재선되었으며 종교전쟁과 페스트로 많은 어려움을 겪었다. 1586년에 몽테뉴 성으로 돌아와 『에세』에 증보와 수정을 가하고, 그 뒤 집필을 계속하여 1588년 3권 107장의 『에세』 신판을 간행했다. 이후 독서와 집필에 몰두하다가 1592년 자택에서 59세의 나이로 영면에 들었다.

2. 몽테뉴의 『수상록』

몽테뉴는 자신의 책 제목을 『에세Les Essais』라고 붙였다. '에세'는 '실험' 또는 '시험'을 의미한다. "내가 묘사하는 것은 나의 행위들이 아니라 나 자체이며 나의 본질"이라며 "나는 내면으로 시선을 돌려 스스로를 평가한다. 자신만 돌보며 나를 끊임없이 시험하고 분석하고 음미한다"고 말했다. 그에게 세상에서 가장 위대한 일은 자기 자신을 아는 일이었다. '자신의 탐구'야말로 몽테뉴가 그토록 존경했던 소크라테스의 '너 자신을 알라'는 말을 그대로 실천한 것이라 하겠다. "세상에서 가장 중요한 것은 어떻게 하면 내가 진정 나다워질 수 있는가를 아는 것이다." 그의 『수상록』에서 읽을 수 있는 글귀이다. "에세란 자기 판단력의 시험이다", "에세는 나에 관한 연구이며 자신을 위한 교훈이다"라는 말도 놓칠 수 없다.

그의 『에세』는 오늘날 에세이의 효시가 되었으며 우리나라에서는 『수상록』으로 번역되었다. 그는 자기 체험을 중시하고 경험으로부터 얻어낸 교훈을 『수상록』에 기록했다. 키케로의 "철학은 죽는 법을 배우는 학문이다"를 아예 한 장章의 제목으로 삼아 '에세'를 쓰기도 하였다.

① 죽음에 대한 통찰

몽테뉴는 죽음을 특별히 좋아하는 소재로 삼았다. "인간의 죽음이야말로 내가 특별히 좋아하는 소재다. 만일 내가 책을 만드는 사람이었다면 다양한 죽음을 모은 사례집을 한 권 만들었을 것이다. 인간에게 죽는 법을 가르쳐준 사람이야말로 인간에게 사는 방법도 가르쳐주니까"라며 『에세』 제1권 제20장에서 몽테뉴는 말한다.

그는 죽음이 예고 없이 찾아온다는 사실을 다양한 사례로 보여준다.

"죽음은 예고 없다. 교황 클레멘스가 리옹에 입성할 때, 군중들에게 치여 죽을 줄을 누가 미처 생각할 수 있었겠는가. 그런가 하면 우리 임금의 한 분(앙리 2세)이 경기를 하다가 죽는 것을 보지 않았던가? 그리고 그의 조상 한 분(필립)은 돼지와 충돌하여 죽지 않았던가. 에스킬스는 집에 깔려 죽을 것이라는 위협을 받고, 언제나 집 밖에서 잤지만 끝내 죽음을 모면할 수 없었다. 그는 하늘을 나는 독수리 발에서 떨어진 거북의 등에 맞아서 죽었던 것이다. 그리고 포도 씨 한 알 때문에 죽은 자도 있다. 그런가 하면 어느 황제는 머리를 빗다가 빗에 찔려 죽었다. 아이밀리우스 레피두스는 자기 집 문지방에 발이 걸려 죽었으며, 아우피디우스는 회의실에 들어가다 문에 부딪혀 죽었다. 집정관 코르넬리우스 갈루스는 여자의 허벅다리 사이에서 죽었다."

그는 죽음이 여러 가지 방법으로 우리를 기습해오는 것을 소개하면서 '이렇게 죽음이 대수롭지 않은 일로 흔히 우리 눈앞에서 일어나는 것을 보고 어찌 우리가 죽음에 관한 생각에서 벗어날 수 있으며, 한순간인들 죽음이 우리의 목덜미를 잡는 것을 보지 않을 수 있으랴. 그러니 죽음에 대한 대비가 있어야 한다'고 강조했다.

몽테뉴는 죽음이 피할 수 없는 것이라면 차라리 정면으로 대면하자고, 피하려 하지 말고 앞서 마중하자고 말한다. 사실 죽음이 두려운 것은 그것의 낯섦 때문인데, 그렇다면 죽음을 자주 바로 보고 죽음과 친해지면 된다고 했다.

"일찍이 아무도 나만큼 철저히 이 세상을 떠날 마음의 준비를 한 사람은 없으리라"고 말할 만큼 그가 죽음에 천착하게 된 데에는 1563년 친한 친구 라 보에티La Boetie의 급작스러운 죽음(30세)과 이듬해 남동생(27세)이 운동경기 중 머리에 공을 맞은 후 갑작스런 사고사, 뿐만 아니라 다섯 딸의 유아기 사망, 아버지의 죽음, 그리고 신장결석이라는 지병이 있었다.

"죽음을 미리 생각하는 것은 자유를 미리 생각하는 것이다. 죽음을 배운 자는 굴종을 모른다. 죽음의 도道는 모든 예속과 억압에서 우리를 해방한다. 목숨을 빼앗기는 것이 불행이 아닌 까닭을 깨닫는 자에게는 이 세상에 불행이 있을 수 없는 것이다"라고 말하며, "나는 언제나 생각을 정리하여 있을 수 있는 여러 가지 일에 대비하고 있다. 그러므로 죽음이 찾아오더라도 내게는 새삼스러운 소식이 아닌 것이다. 언제나 구두는 신고 있어야 한다. 그리하여 수시로 출동할 준비가 되어 있어야 한다"고 했다.

실제로 그는 어느 날 말을 타고 산책길에 나섰다가 말에서 떨어져 두 시간 이상이나 의식을 잃고 선지피를 토해내며 하인의 등에 업혀 집으로 돌아왔던 적도 있었다.

"말발굽 아래 밟히는 순간 죽었다고 생각했으나 그 생각은 너무 다급하여 공포를 느낄 여유도 없었다. 이때 갑자기 한 줄기 번

갯불이 마음속에 스며드는 것처럼 생각되었다. 이어서 다시 저승에서 돌아온 것처럼 느꼈었다. 이런 조그마한 사건에 대하여 이야기한들 무슨 소용이 있겠는가? 그러나 나는 이 일에 좋은 교훈을 얻었다. 솔직히 말해서 이때 비로소 죽음과 친숙해지기 위해서는 죽음에 접근해보는 도리밖에 없음을 알게 되었다."

말에서 그가 낙마했을 때 허공으로 솟구친 몸은 땅바닥에 세차게 떨어져 이내 의식을 잃었다. 핏덩어리를 몇 번 토하고는 눈을 떴다. 하인들이 손으로 그를 떠받치고 있을 때, 그는 요술 양탄자를 타고 하늘 위에 떠 있는 것 같은 기분을 느꼈고, 아무런 통증도 없었고 누워 있는 것이 행복했다. 이런 경험은 몽테뉴가 그 이전에 상상했던 죽음을 훨씬 초월하는 것이었다. 실습을 통해서 그는 "자신이 존재하지 않게 되는 것을 두려워할 필요가 없다는 점을 깨달았다"고 『에세』에 적었다.

그리고 죽음에 대해 이렇게 강조했다.

"어찌하여 그대들은 뒤로 물러서는가? 아무에게도 도망칠 구멍은 없지 않은가. 그대들은 많은 사람들이 죽음으로써 불행에서 벗어나 행복을 누리게 된 것을 목격하였을 것이다. 그런데 죽어서 손해를 본 사람을 본 적이 있는가. (…) 모든 나날은 죽음으로 달음질친다. 그리고 마지막 날에는 거기에 도달할 것이다. 이것이 우리 어머니인 대자연의 훌륭한 교훈이다"라고 강조한다.

자연은 삼라만상 속에서 얼마나 놀라운 율동과 조화의 기적을 이루어낸다. 자연 안에 고통이 있으면 치유가 있고, 죽음이 있으면 새로운 탄생이 있다. 모든 것은 돌고 돌며 끝없이 원을 그리며 이어진다. 몽테뉴는 삶이 고통의 연속임을 경험했고, 세상이 대립과 갈등과 투쟁의 장임을 보았다. 그러나 그는 절망하거나 탄식하지 않았다. 왜냐하면 자연은 돌고 도는 것이며, 고통 뒤에 평안과 기쁨이 찾아올 것을 알기 때문이었다. 그는 담석증으로 몹시 고통을 받았는데, 이 경험을 통해 고통도 발작의 때가 지나면 자연히 수그러든다는 것을 알았다.

고통이 육체를 죽이지 않는 한, 육체는 다시 일어날 것이다. 이것이 곧 자연의 힘이다. 몽테뉴는 자신의 의지나 인내력 따위를 믿지 않았다. 우리는 단지 그것이 지나갈 때까지 잠자코 기다리기만 하면 된다. 그러니 자연으로 하여금 좀 더 일하게 내버려두는 것이 좋으며 자연은 자기 일을 더 잘 알고 있으니까 자연에 맡기자고 권고한다.

죽음이 피할 수 없는 것이라면 그래서 사死가 생生의 한 부분이라면 아예 함께 사는 것이다. 그런데 이 죽음과의 공존은 우리에게 뜻밖의 선물을 안겨준다. 무슨 선물인가? 죽음과 친해질 때 우리는 죽음의 공포에서 벗어날 수 있다는 것이다.

죽음이란 외형상 존재의 완전한 소멸이지만 동시에 모든 속박과 억압으로부터의 해방이다. 삶이 우리에게 지웠던 모든 짐을 죽음은 남김없이 내려놓게 하지 않던가. 병도 고통도 근심도 번뇌도 모두, 너무나도 완벽하게 덜어 내린다. 이 완전한 해방은 다름 아닌 완전한 자유이다. 그러므로 몽테뉴는 "죽음을 미리 생각하는 것은 자유를 미리 생각하는 것이다. (…) 죽는 방법을 아는 것은 우리를 모든 예속과 속박으로부터 해방시켜준다"고 한다. 그러므로 그는 자연에 순응하라고 말한다.

"자연은 우리에게 말한다. 당신이 이 세상에 들어온 것같이 이 세상에서 빠져나가라. 당신이 생각도 두려움도 없이 죽음에서 삶으로 건너온 것과 동일하게 이번에는 삶에서 죽음으로 건너가라. 당신의 죽음은 우주 질서의 여러 부품 중 하나이다. 이 세상의 생명의 한 부품이다." 자연을 넘어서려는 오만함, 부질없는 야망을 버리고 전적으로 자연에 맡겨라. 그러면 자연이 어련히 알아서 할 일을 할 것이다.

몽테뉴의 삶의 지혜는 결국 '즐기자, 떳떳하게 즐기자'로 요약된다. 그는 스스로 쾌락주의자임을 자랑스레 선포했다. 처음에는 금욕주의적인 스토아철학에 경도되었으나 눈앞의 현실을 외면하고 육체를 경멸하며 이성과 의지로써 인간 본성을 극복하는 데에 행복이 있다고 주장하는 철학에서 벗어나게 된다. 죽음을 염두에 두고 대비하라는 금욕주의의 가르침과는 반대로 몽테뉴는 죽음과 고통 따위는 자연에 맡기고 쓸데없는 걱정은 하지 않는 편이 낫다고 보았다. 그는 자연회귀自然回歸를 택했다.

② 피론의 판단중지

프랑스에 페스트가 창궐하여 많은 시민이 죽었다. 그들의 평온한 죽음을 목도하면서 거기에서 그는 깊은 감명을 받았다. 죽음의 철학이 삶의 철학으로 바뀌는 지점이다. 그러나 그가 목격한 종교전쟁은 신교도(위그노파)와 구교도(가톨릭)의 광신도들이 빚어낸 광기에 불과하였다. 그들은 자신들의 진정성만을 오로지 고집하는 오만한 독단론자들이었다.

몽테뉴는 그들이 진술하는 신, 우주, 영혼, 정신, 육체 등 주요한 주제들에 의견을 점검하며, 그 가운데 절대적 진리가 부재하다는 것을 알았다. 사실 우리는 얼마나 많은 공허한 관념들로 옥죄어 있는가? 우리를 짓누르는 편견과 독단, 이 허구로부터 풀려나지 않는 한 인간은 사유와 창조의 자유를 누리지 못할 것이라고 내다본 그는 지식에 관한 한 그 어떤 권위도 인정하지 않았다. 그는 양극단을 엄격히 배제하는 실증주의자로서, 어떤 종류의 확실성도 인정하지 않으며 단정적으로 결론짓기를 거부하는 회의주의에 기울었다.

회의주의는 그리스 철학자 피론Pyrrhon에게서 비롯되었으며 그들의 목표는 마음의 평정이었다. 회의주의자들은 어떤 사안의 양측면을 동시에 바라보고 판단중지 상태, 즉 모든 문제에 대해 '에포케' 상태를 유지하라고 조언한다.

"우리가 어떤 문제에 대해 말할 수 있는 것은 확실한 것은 아무것도 없다는 것이다."

그들의 판단의 보류를 주장한 것은 불안의 근원인 오진誤診에서 해방되어 마음의 안정安靜 ataraxia을 구하기 위해서였다. 몽테뉴는 회의에 대해 "곧고 굽힘이 없는 판단의 자세"라고 정의하며 "모든 사물을 받아들이되 집착하지도 동의하지도 않는다"고 언급했다.

'사물을 받아들이되 집착하지 않는다'는 대목에서 나는 갑자기 그가 '머무는 바 없이 마음을 내는應無所住而生其心'『금강경』의 수행자처럼 생각되는 것이다. 점차 모든 얽매임과 집착으로부터 놓여나 자유로움을 만끽한 몽테뉴.

저 맑은 하늘처럼 평온한 마음의 상태. 회의주의 철학자(피론파)들은 이를 '아타락시아'라고 불렀다. 몽테뉴가 진술한 만년의 심경을 살펴보면 그가 그런 경지에 도달했음을 느낄 수 있다.

"어디로 시선을 돌려봐도 그 둘레에 하늘은 고요하고, 공기를 어지럽히는 어떤 욕망도, 어떤 두려움이나 의심도, 또 과거와 현재의 어떤 어려움도 없는 그런 자리에 있다는 것이 얼마나 신에게 고마운 일인지…."

이미 어떤 욕망도, 두려움도, 의심도 없는 자리에 가 있다니…. 그가 반야의 행자처럼 진정한 자유인으로 다가왔다. 인간이 도달할 수 있는 마지막 지성소至聖所가 아닌가. '마음에 걸림이 없기에 두려움도 없다'는 『반야심경』의 '무가애고 무유공포無罣碍故 無有恐怖'가 겹치는 것이다. 이미 욕망도 없고 두려움도 없다는 그가 아라한의 경지에 들어 있는 해탈한 성자나 다름없어 보였다.

③ 에피쿠리언과 쾌락주의

에피쿠리즘을 창시한 에피쿠로스Epicouros(BC 342~271)는 인간은 지구상에 단 몇십 년을 머물렀다 사라지고 마는 존재이니 살아가는 동안 반드시 해야 하는 일 같은 건 없다고 말한다. 반드시 기쁘게 해줘야만 하는 사람 같은 것도 없고, 반드시 따라야 하는 율법 따위도 없으니 불행해져야 할 이유를 찾기보다는 즐기는 쪽을 택할 수 있고 행복을 선택할 수 있다는 것이다.

'즐거움은 존재의 알파이자 오메가'라며 그는 삶의 목표를 쾌락에 두었다. 그러나 그들에게 즐거운 삶이란 술 마시고 떠들며 노는 것도, 성을 탐닉하는 것도 아니다. 다만 냉철하게 이성적으로 생각하고 무엇을 선택하든 회피하든 그 근거를 찾고 영혼을 잠식하는 잘못된 믿음을 제거하고 영혼의 평화를 얻는 데 있었다.

그는 아테네 외곽에 집을 마련해 철학공동체를 설립하고 '정원 The Garden'이라 부르며 표지판에는 이렇게 적었다.

"낯선 자들이여, 여기 머무르십시오. 여기서 최고의 선善은 즐거움입니다."

그는 자기 것이라고 부를 물건도 거의 없었고 빵과 올리브, 물만으로 아주 소박하게 끼니를 때워왔다. 에피쿠로스학파의 관심은 행복에 집중되었다. 행복이란 결핍이 없는 만족한 상태, 채움으로가 아닌 비움으로 무엇보다 '갈망이 없는 삶'을 산다는 것이었다. 그들에게 죽음이란 완전한 소멸이었으며 영혼이란 원자 입자들의 일시적인 구성물에 불과했다. 죽음이란 우리에게 아무것도 아니며 전혀 두려워할 필요가 없으며 '잘 산다는 것과 잘 죽는다는 것은 결코 둘이 아닌 하나'라고 규정했다.

스토아학파 역시 죽음에 직면해서 흔들리지 않는 평정심과 고요함을 중시하였다. 고대 그리스 로마 현인들의 훌륭한 사상을 수집한 몽테뉴의 『에세』는 17세기 자유사상가들에게 열광적인 반응을 얻었다. 니체는 몽테뉴의 정신적 가벼움과 그의 스토아적이면서도 에피쿠로스적인 생활방식을 새로운 시대에 맞게 재구성한 점을 높이 평가했다.

그의 『에세』에는 헬레니즘의 세 가지 위대한 전통-스토아, 에피쿠로스, 회의주의의 면모가 깔려 있다. 이들은 모두 '에우다이모니아'로 여기(인간적인 번영)에 이르는 최선의 방법은 평정 또는 균형, 즉 '아타락시아'라고 믿는 공통점이 있다. 몽테뉴는 감각적 쾌락에서조차도 정신을 개입시킴으로써 쾌락이 전인적全人的인 것이 되기를 원했다. 즐거움을 맛보고 누리되 그것이 감각의 표피를 스쳐 물거품처럼 사라져버리는 대신 온 정신으로 그것을 증폭

시킴으로써 더욱 충일한 것을 만들고자 했다. 그는 이 경지를 가리켜 '완성'이란 말로 표현했다. '자신의 현존재를 당당하게 즐길 줄 아는 것' 외에 아무것도 아니라는 것이다.

"나는 주의를 더욱 집중하려고 애쓴다. (…) 내가 가지고 있는 삶의 시간이 짧으면 짧을수록 나는 그것을 더 깊고 완전히 파악해야 한다."

"나는 머물러 있는 존재를 묘사하지 않는다. 그 과정을 묘사한다. 한 시대에서 다른 시대로 지나가는 과정을 묘사하는 것이 아니고 매일 매 순간 변화하는 모습을 묘사한다."

몽테뉴의 방식에 매료된 작가 버지니아 울프는 그가 자신의 의식의 흐름에만 집중한 최초의 작가로 평가하며, '자신이 살아 있다는 단순한 느낌에 주의를 집중한 사람'이라 말했다. 이 현존재의 오롯한 알아차림은 임제선사의 당처當處가 모두 진여眞如라는 말씀을 떠오르게 한다. '수처작주 입처개진隨處作主 立處皆眞'이다. 몽테뉴의 삶의 지혜는 결국 '여기서 지금 완전한 주인으로서 마땅히 즐기자'로 요약된다.

40~50대에 그는 죽음의 강박관념에서 벗어나 어떤 일도 걱정하지 않으려고 했다. "무슨 일이든 걱정할 가치가 없다. 죽음은 단지 인생의 마지막에 이르렀을 때 겪게 되는 몇 가지 나쁜 순간에

불과할 뿐이다"라고 적었다.

삶의 끝이자 극단에 죽음이 있지만 그렇다고 죽음이 삶의 목적은 아니다. 삶이 삶 자체의 목적이자 목표여야 하며 스스로 결정하고 처신하도록 용인해야 한다며 죽음에 대한 앎은 삶을 이해하는 방법의 일부일 뿐이라고 했다.

몽테뉴는 이제 행복하게 살 줄 아는 삶의 기술을 터득한 달인이 되었고, 발고여락拔苦與樂의 현자가 된 것이다.

3. 몽테뉴의 사상과 불교와의 상이점

불교의 궁극적 목표도 발고여락이다. 붓다의 표현을 빌리면 "나는 단지 괴로움과 괴로움으로부터 해탈하는 것만을 가르친다"는 것이다. 이고득락離苦得樂과 해탈, 여기까지가 불교와 맞닿은 지점이라고 할 수 있다. 불교와 다른 점은 죽음을 바라보는 관점의 차이라고 하겠다. 그는 죽음 따위는 걱정할 필요가 없다고 하면서도 죽음을 상정하고 있다.

"죽음은 그대가 살아 있을 때나 죽었을 때나 그대에게 관여하지 않는다. 살아 있을 때에는 그대들 생존해 있으므로(죽음이 없고), 죽었을 때에는 그대들 벌써 이 세상에 없으므로(죽음이 없다), 아무도 그 마지막 때가 되기 전에는 죽지 않는다"는 것이다. 이는 죽음과 내가 요행이 어긋나서 그것을 만나지 않게 된다는 어법이다. 죽음과 내가 맞닥뜨리지 않아서 죽음이 없는 것이 아니다. 불교에서는 '원래 죽음이 없다'고 말한다. 왜냐하면 죽을 내가 없기 때문이다. 불교는 무아無我에 대한 통찰로써 모든 괴로움死으로부터 벗어난다고 가르친다. 괴로움이 생기는 것은 내我가 있다는 생각 때문이다. 생사고生死苦를 고뇌하던 싯다르타는 '생멸生滅이 적멸寂滅'임을 깨닫고 적멸락寂滅樂을 얻어 붓다가 되었다. 얼음이 물인 것처럼 생멸이 적멸이다. 얼어도 물이고 녹아도 물이다. 생겨도 생긴 게 아니고 없어져도 없어진 게 아니다. 불생불멸不生不滅이다. 생멸은 무자성無自性이기 때문이다. 그래서 본래 '적멸'인 것이며 '적멸위락寂滅爲樂'이다.

색(육체)에는 '나'가 없고 수상행식에도 '나'는 없다. "죽을 내가 없는데 어디에 죽음이 있다고 하겠는가." 이것이 불교의 죽음관이라면 "어떻게 죽어야 할지 모르더라도 걱정하지 마라. 그때가 되면 어떻게 대처해야 할지 자연이 소상하게 그리고 완벽하게 일러줄 것이다. 자연이 그 일을 완벽하게 처리할 테니 그 문제로 고민하지 말라"며 자연의 순리에 따르라는 것이 몽테뉴의 죽음관이다.

다음은 발고여락拔苦與樂의 문제에서 열반과 아타락시아의 차이점을 살펴본다.

아타락시아에 대해서는 앞에서 설명한 바 있지만 불교에서의 '열반'이란 지멸止滅로, 괴로움을 일으키는 원인들이 모두 사라져 더 이상 아무것도 남아 있지 않음을 뜻한다. 왜냐하면 '중도中道'를 깨쳤기 때문이다. 중도는 열반에 이르는 길(8정도正道)로써 그 내용은 앞에서 말한 연기緣起이며 공空이다.

몽테뉴가 도달한 아타락시아의 경지는 탐욕의 불이 꺼진 '무욕無慾'과 '평정심'의 상태로 불교의 지향점과 다르지 않다. 그러나 이고득락離苦得樂의 열반, 즉 멸滅의 상태에 이른다는 것은 재생(윤회)에서 벗어난 해탈을 뜻한다. 그리고 그것은 자기의 본래의 마음, 불성佛性의 현현을 체험하는 것인데 거기까지 갔는지는 확인할 수 없다.

그러나 내가 몽테뉴를 경애해 마지않는 것은 나는 누구인지, 나의 실체를 정확히 보려는 것에서 출발한 그의 명상이 도달한 곳은 무심無心과 평정심이었으며 그의『에세』는 엄격한 자기 점검과 성찰로 이어진 수행의 여정이었다. 그는 견해에 대한 집착에서 벗어난 현자였으며 양극단을 배제한 중용中庸의 실천가였다. (여기서 잠깐) 그의 '중용'과 불교의 '중도中道'는 다른 것이다. 중용은 균형을 잃지 않는 모럴moral에 있다면 중도는 연기에 기반한 공空과 무아無我를 확실하게 아는 일이다. 무엇보다 그는 격조 높은 철학수필을 우리에게 선물한 최초의 에세이스트였다.

4.『수상록』의 서지적 평가

몽테뉴는 하나의 물음에 대해 더 많은 질문과 풍성한 일화(호라티우스, 루크레티우스, 아리스토텔레스 등의 고전)들을 소개하면서 독자들이 스스로 해답을 찾도록 이끈다.

앙드레 지드가 "그에게 완전히 빠져들어가 그가 바로 나 자신인 것 같다"고 토로할 만큼 몽테뉴는 인간 보편성에 근접한 내용을 담고 있다. "내가 기록하는 글은 나 자신이며 나의 본질이나 다름없다"며 그는 인간성의 공통 보편이라는 논리에 따라 자신의 성격이나 버릇, 체험 등을 가감 없이 솔직하게 적고 있다. 그럼으로써 독자는 그가 제기하는 여러 문제와 부딪쳐 인간성 일반에 대해 고찰할 수 있도록 우리를 이끌어준다. 한마디로 그의 『에세』는 '어떻게 살 것인가'에 해답과 주석이 친절하게 담긴 책이라 할 수 있다.

그의 『에세』는 1640년, 스페인에서 금서목록에 오른 데 이어, 1676년에는 로마 가톨릭의 금서에 올랐다. 그가 죽고 나서 17세기에 들어와 회의주의는 가톨릭의 적으로 취급되었고, 몽테뉴는 무신론자라고 비난을 받았다. 파스칼은 몽테뉴가 말한 '어리석은 시도'나 '죽음에 대한 신앙 없는 태도'를 보여준 『에세』를 혼란스럽다고 비판했으며 파스칼만이 아니라 다른 여러 종교인도 그의 탄핵에 합세했다.

그 결과 1669년부터 1724년까지 55년간 『에세』는 프랑스에서 출판조차 될 수 없었다. 반면 영국에서는 1685년에 새로운 영역판이 출판되었다. 반세기 동안 프랑스에서 출판되지 못한 『에세』는 1724년 영국에서 출판되어 프랑스로 유입되었다. 18세기에 들어 몽테뉴는 재발견되고 재해석되었다. 몽테뉴는 계몽주의의 선구자로 철학자라는 대접을 받게 되었고, 독일의 철학자 헤르더는 몽테뉴를 자연회귀自然回歸를 주장한 사람으로 높이 평가했다. 독일의 니체는 몽테뉴의 문화상대주의와 '간결하고 발랄한 회의주의'를 찬양했고, 프랑스의 빌레는 몽테뉴를 콩트 실증주의의 선구자로 평가했다.

그의 『에세』는 17세기 이래 프랑스와 유럽 각국의 문학에 큰 영향을 끼쳤다. 500년의 시간을 넘어 이제 그의 책은 영원한 고전古典으로 자리잡았다.

『불교평론』 2020년 가을호

괴테의 시선과 자연법칙

　요한 볼프강 폰 괴테(1749~1832)는 훌륭하고 위대한 인간일 뿐 아니라 하나의 문화였다고 말한 사람은 니체였다. 사실 그는 문학뿐 아니라 미술, 연극, 색채, 광물, 지리, 식물학에도 뛰어났다. 『두산백과』는 그를 독일의 시인, 극작가, 정치가, 과학자, 세계적인 문학가이며 자연연구가로 소개하고 있다.

　"자연은 살아 있는 한 권의 책이다. 불가해하면서도 뚜렷하고 명백하다"고 설파한 그에게 마음이 기우는 건 아무래도 자연회귀에 가까워진 내 나이 탓도 있으리라.

　수많은 연구를 통해 그가 인지한 자연관이란 어떠한 것이었을까 궁금했다.

　"자연은 수천 개의 이름과 수천 개의 명칭으로 자신을 숨기지만 언제나 동일하다"는 의미심장한 그의 말을 기억한다.

　'자연'은 희랍어의 Physis에 해당한다. 하이데거에 의하면 Physis

는 도래와 개벽을 의미하며 Physis는 개시開示, 즉 광명이 비치는 것을 의미하는 것으로 이 빛 속에서 모든 사물이 자기의 모습을 나타내며 현전現前할 수 있게 되는 터라고 언급한 바 있다. 그러나 이때 빛이 없다면 개시는 성립될 수 없다. 자연은 빛 속에서 현전을 약속한다. 빛은 우리의 시원이며 역사이며 생명이다.

빛이란 무엇인가? 일찍이 빛에 매혹된 갈릴레오는 빛의 속도를 재려고 등불을 들고 산에 올랐고, 뉴턴은 태양 빛의 정체를 밝히려다 시력을 잃을 뻔하였다. 빛의 연구를 다룬 그의 책『옵틱스 optics』에서 제일 유명한 실험은 '무지개 실험'이다. 밀폐된 어두운 상자 한쪽 벽의 동그란 구멍을 통해 들어온 빛이 프리즘을 통과한 다음, 반대편 벽에 만드는 무늬를 관찰하는데 들어올 때는 하얗던 빛이 일곱 가지 색(빨주노초파남보)으로 나눠지는 것을 보고, 그 것들이 빛을 이루는 기본 중의 기본색이라고 언급했다. 뉴턴은 흰 빛을 이처럼 여러 가지 색으로 나눌 수 있다는 발견으로 뉴턴의 색상고리Newton's color wheel라는 개념을 내세우면서 이 일곱 가지 색은 서로 다른 굴절률을 가진 근원적인 '빛 알갱이'로 일곱 종류의 존재를 보여주는 것이라며 빛이라는 자연물체의 본질을 이해해냈다고 스스로 자부했다.

뉴턴은 프리즘을 가지고 스펙트럼을 만드는 실험을 통해 색깔은 물체에 있는 것도 아니고 빛이 변형된 것도 아니었다. 그에 의하면 색깔은 빛 속에 있는 것이었다. 뉴턴은 빛을 '입자'라고 보았다. (최근 양자역학이 밝힌 빛은 '파동과 입자'의 이중성을 가진다) 빛에 관심이 많았던 괴테 역시 프리즘과 빛을 가지고 여러 실험에 착수한다. 여기서 그는 언제나 일곱 개의 색이 나타난다는 뉴턴의 주장과는 달리 프리즘으로부터 상이 맺히는 반대쪽 벽까지의 거리에 따라 다른 상들이 맺힐 수 있어 뉴턴의 주장처럼 '하얀 빛은 일곱 가지 색으로 이루어져 있다'고 말할 수 없음을 증명해낸다. 뿐만 아니라 계속되는 실험에서 괴테는 뉴턴의 무지개에서는 볼 수 없는 색깔(삼홍색)도 선명하게 존재한다는 것을 밝혀낸다. 우리에게 익숙한 마젠타Magenta이다. 이는 뉴턴의 무지개색 가운데 하나인 레드Red와는 엄연히 다른 색으로 괴테의 실험을 통해 존재가 입증된 빛깔로 뉴턴이론의 맹점을 지적한 것이기도 하다. 자신의 색이론을 확신해버린 뉴턴, 이성에 대한 숭배가 빚은 오류라며 때론 괴테의 실험처럼 '감각'을 따라갈 때, 새로운 결과가 나오기도 한다는 "이성이 놓친 우주 삼라만상의 '빈틈' … 발견하는 건 인간의 '감각'"이라는 경향신문의 헤드라인 기사(박용주 교수 기고)가 생각난다. '이성'과 '감각'을 견주어보게 된다.

77세가 된 괴테는 비서 겸 말벗인 35세의 요한 페터 에커만을 채용하여 그와 많은 대화를 나누었다. 그는 스승인 괴테의 원고를 정리해주면서『괴테와의 대화』를 남겼다.

"괴테는 요오드를 가져오게 해 그것을 양초 불에 대어 휘발시켰다. 그렇게 하여 자신의 색채 이론 가운데 하나의 법칙인 보라

색 연무현상을 우리들에게 보여주었고 우리는 그 현상 앞에서 찬탄을 금할 수 없었다"(1822년 9월 21일)고 에커만은 쓰고 있다. 책속에서 에커만이 묻는다. "『색채론』이 다른 인접 분야의 대상들을 연구하는 데도 지표로 삼을 수 있는 학문적 연구방법의 모범을 보이셨지만『색채론』쓰신 걸 후회하지는 않으시는지요?"

"조금의 후회도 없어. 생애의 절반 동안이나 거기에 힘을 쏟았지만 말이네. 그렇게 하지 않았더라면 여섯 편 이상의 비극을 더 쓰고도 남았겠지. 하지만 그것으로 그만일 테지. 나 뒤에 오는 사람들도 비극은 얼마든지 쓸 수 있으니까 말이야. 그러나 자네 말처럼 나도 그 연구방법은 좋다고 생각해. 거기에는 방법이 있어. 나는 동일한 방법으로『음향론』을 썼고 나의『식물변형론』도 그것과 동일한 직관적이고 연역적인 방법에 토대를 두고 있으니까. (…) 나는 식물학에 경험적인 길로 들어갔네. (…) 모든 식물에 예외없이 적용되는 공통점을 찾아내려하였고 그리하여 변형의 법칙을 발견했던 걸세. 나에게 중요한 것은 다만 개개의 현상을 일반적인 원리로 환원시키는 것일 뿐이네."

괴테는 계속해서 말했다.

"나는 자연과학을 꽤 다방면으로 연구해왔네. 그러나 나의 연구방향은 언제나 이 지상에서 나를 둘러싸고 존재하고 있고, 내가 감각으로 직접 지각할 수 있는 대상들에게로만 향해 있었지. (…) 이런저런 분야에서 얼마간 업적을 올렸다고 한다면 그것은 내가 그 어떤 시대보다도 자연의 영역에 있어서 위대한 발견이 잇달아 이루어졌던 시대에 태어났다는 사실 때문이었겠지. 나는 소년 시절 프랭클린의 전기 이론을 들었는데 그가 막 이 법칙(미국 대통령으로 피뢰침 발명)을 발견한 때였어. 이처럼 나의 전 생애를 통하여 오늘에 이르기까지 위대한 발견이 잇달아 계속되었네. 그 때문에 나는 일찌감치 자연에 눈을 돌렸을 뿐만 아니라 그 후에도 자연으로부터 끊임없이 강렬한 자극을 받아왔던 걸세."

위대한 발견이 잇따르는 시대에 태어난 것 말고도 그가 1776년(27세) 바이마르 대공 카알 아우구스트의 부름을 받지 않았다면 어떻게 되었을까? 당시 바이마르 궁정 고문관들 중에는 소레나 마이어 같은 광물학자, 물리학자들이 있었고. 특히 지질학 광물학 등에 관심이 많았던 대공은 괴테에게 광산부흥준비며 도로건설위원회 일을 맡기면서 그쪽 일에 관심을 갖도록 독려하였다. 괴테는 광물학 연구에 몰두(31세)하고 일메나우의 새 광산을 개발하며(35세) 식물학 연구를 시작(36세)했다. 41세에 색채론 연구를 시작하여 61세에 『색채론』을 출간했다. 『식물의 형태변화』 『광학에 관한 논문』 완성. 『동물의 형태변화』를 발표하고 예나대학 자연과학연구소 감독에 피임. 66세에는 바이마르 및 예나의 과학과 예술연구소 총감독에 피임됐고, 국무장관에 임명된다. 그의 저서 『나의 식물학 연구사』 『자연과 일반 특히 형태학을 위하여』도 빼놓을 수 없는 성과이다.

1784년에는 동물에만 있고 인간에게는 없는 것으로 되어 있던 간악골을 발견하여(학회에서 인정) 비교해부학의 선구자가 되기도 했다.

괴테는 여러 식물들의 이름을 외우기 위해 라틴어와 독일어로 적은 일람표를 가득 도배해놓고 방 안에서 이리저리 거닐면서 연구에 몰두했다고 한다.

천재성 위에 더해진 그의 근면성과 지식욕. 『파우스트』를 완성하기까지는 60년, 거기에다 어린 시절, 〈파우스트 전설〉의 '인형극' 관람에 빠져 있던 시간을 보태면 75년의 세월이 걸린 셈이다. 민속본 『파우스트』의 소재는 거인주의 모티브로 이는 인식욕에 불타는 젊은 괴테의 내면의 삶과도 일치한다. 제2의 창조자인 시인으로서, 자연의 체험자로서, 행위자로서 무한한 것을 추구하는 점들이 그렇다.

"자연과학 연구에 정진하지 않았더라면 나는 있는 그대로의 인간 모습을 결코 알지 못했을 거야. 자연을 제외한 다른 모든 일에 있어서 우리는 순수 직관과 순수 사고, 감각의 오류와 오성의 오류, 성격의 허약함과 성격의 강력함에 좌우되고 말지. 모두가 다소간 유연성이 있고 가변적이며 어느 정도 융통성이 있어. 그러나 '자연'에게만은 농담이 통하지가 않아. 자연은 언제나 진실하고 언제나 진지하며 언제나 엄격하고 언제나 옳다네. 그러니 결함과 오류는 언제나 인간의 것일 뿐이야. 자연은 어중간한 자를 경멸하며 다만 전력을 다하는 자, 진실한 자, 순수한 자에게만 복종하면서 자신의 비밀을 드러내는 것이네.

오성만으로는 자연에 접근할 수가 없어. 인간은 자신을 최고의 이성에로 이끌어 올려야 하네. 그래야만 근원현상들(물리적인 것, 윤리적인 것을 막론하고) 속에서 그 모습을 드러내는 신성神性에 도달할 수 있는 걸세. 신성은 그러한 근원현상들 뒤에 자리 잡고 있으며 또 그러한 근원현상들은 신성으로부터 나오는 것이네."(『대화』에서. 1829년 2월 13일)

근원현상들 뒤에 자리잡고 있는 신성神性, 그 본질을 생각하게 된다.

"미美는 근원현상이네. 그것 자체가 현상으로 나타나는 일은 결코 없지만 그 반영은 창조적 정신의 다양하기 그지없는 발현發現 속에서 그 모습을 드러낸다네. 자연 자체와 마찬가지로 그토록 다양하고 무수한 형태로 말일세."(『대화』 제3부. 1827년 4월 18일)

"미美는 감춰진 자연법칙의 표현이다. 자연의 법칙이 미美에 의해서 표현되지 않았다면 여전히 감추어져 있는 그대로일 것이다." 놓치고 싶지 않은 대목이다.

그는 문학에서도 묘사와 예감을 중시하며 자신이 『파우스트』에서 주인공의 삶에 지친 음울한 정신상태라든지, 그레트헨의 사랑의 감정을 예감에 의해서 어느 정도 잘 묘사할 수가 있었는데 그것은 자연에 대한 관찰 때문이라고 밝혔다.

깊은 밤 조각달. 그 얼마나 처량하게
눅눅한 광채로 떠오르는가.

'눅눅한 광채로 떠오르는 조각달'로 표현하기까지 그의 고심과 몰입이 헤아려진다. 파우스트 박사는 자신의 지적 탐구가 욕구를 충족시키지 못하는 것에 절망하여 악마와 계약을 맺고 만다. 천지天地의 진리를 가르쳐주는 대신 영혼을 가져가도 좋다는 계약이었다.

『파우스트』제5막에서 그가 외친 말.

"지혜의 마지막 결론은 이렇다. 자유도 생명도 그것을 매일매일 싸워 얻는 자만이 누릴 자격이 있는 것. (…) 그때는 순간을 향해 이렇게 외쳐도 좋은 것이다. 이 순간이여 멈추어라. 너 참으로 아름답다고. 나의 지상의 날 뒤에는 영겁 멸망할 날은 오지 않는다. 그와 같은 커다란 행복을 예감하면서 나는 지금 최고의 순간을 누린다."

이 말을 끝내자 100살이 된 노학자 파우스트는 쓰러지고. 천사들이 파우스트의 불멸의 영혼을 안고 나타나 이렇게 노래한다.

"영靈의 세계에서 거룩한 한 사람이 악의 손에서 구원되었도다. 언제나 노력하며 애쓰는 자를 우리는 구할 수가 있다."

그가 우리에게 주는 메세시지가 아닐 수 없다.

민속본이나 인형극에서는 메피스토페레스의 〈저 여자는 심판을 받았다〉는 마지막 대사로 혹은 〈파우스트는 영원히 저주받았다〉는 대사로 막이 내리는데 괴테는 1808년 판 『파우스트』에서는 〈구원받았다〉는 천상의 소리를 가필하여 넣었다.

그것은 어릴 적 가슴에 이입된 파우스트 영혼과 함께 성장한 자신의 모습일 것이다. 괴테가 추구하던 천지(자연)의 진리, 지혜의 결론. 그것은 '노력하며 애쓰는 실천하는 자'이다. 실제로 그는 "나는 운이 좋은 사람으로 치부되어 왔다. (…) 그러나 내 인생에는 노력과 근심만 있었을 뿐이며 안락을 구가했던 기간이라곤 단 한 달도 되지 않았다"고 말한다. 형제와 같았던 아우구스트 대공이 죽고 외아들의 비보에 각혈을 하면서도 의자를 당겨앉아 『파우스트 제2부』를 완성하였다. 82세, 죽기 한 해 전이었다.

괴테는 「자연 단장斷章」에서 말한다.

"자연 속에는 영원한 생명과 영원한 변화와 영원한 움직임이 있다. 그렇지만 자연은 급격하게 움직이지 않는다. 자연은 계속적으로 변화하며 그 속에는 한순간의 정지도 없다. 자연은 정지를 모르며 정지에 대해서는 저주의 딱지를 붙인다. 자연은 굳건하다. (…) 그것의 법칙들은 변경될 수 없다"고 썼다.

자연의 모든 조화를 포괄하되 어긋남이 없는 주역. 괴테는 당시 예수회 신부들의 번역을 통해 『주역』을 읽었다.

'천행天行은 건健'하여, 대자연의 운행은 건장健壯하여 어김이 없으니 군자는 이를 본받아 '스스로 강해서 힘쓰며 쉬지 않는다'는 『주역』건乾 괘의 '자강불식自强不息을 그는 이해하고 있었다. 은나라 폭군 주紂왕에 의해 유리옥에 갇힌 문왕의 침착한 각오와 고통 속의 정진을 남다른 가슴으로 이해한 그는 바이마르공화국 시절 힘들었던 자신의 일기장에 "오! 문왕이여"라는 짧은 글을 남기기도 했다. 언제나 최상의 노력으로 애쓰는 자의 동병상련이라고나할까.

'자연은 굳건하다'는 건괘의 천행건天行健과 자강불식自强不息을 몸소 실천한 괴테는 도를 아는 사람이었다. '도법자연道法自然', 자연을 이해한 사람이었다.

황제의 총사령관으로 습지를 매립하여 낙토樂土를 민중들에게 나눠주려고 덮쳐오는 조수와 싸우는 파우스트. 그는 다름 아닌 자강불식의 괴테의 완성된 모습이라고 할 수 있다.

죽음은 자연의 한 과정이다.

숨을 거두기 직전, 일본의 어느 시인은 "아름답구나, 장지문 구멍 사이로 보이는 은하수!"라고 외쳤다고 하는데 나는 파우스트처럼 "멈추어라. 너 참으로 아름답구나!" 이런 순간에 죽음이 와주면 좋겠다는 생각이다. 누가 가르쳐주지 않아도 요즘 몸이 자연회귀回歸로 향하고 있다.

괴테가 남긴 마지막 말은 "좀 더 빛을!"이었다.

『인간·철학·수필』(제5집) 2023년 9월

깨우치니 삼라만상이 모두 공空이더라
─ 허균과 불교

역적이라는 죄명으로 비명非命에 간 천재, 허균(1569~1618)의
불명은 백월거사白月居士이다. 스스로 성성옹惺惺翁이라 부르기도
했으며, 그의 별호는 교산蛟山이다. 고향 강릉의 바닷가에 솟아 있
는 교문암蛟門巖에서 따온 호로, '이무기의 산'이란 뜻을 지닌다.
용이 되지 못한 이무기의 좌절을 그는 미리부터 예감했던 것일까.

명리학에서는 사람의 운명이 대체로 '환혼동각環魂動覺'에 의해
좌우된다고 한다. 환環이란 인간에게만 있는 생로병사요, 혼魂이
란 조상의 영혼과 DNA, 그리고 가정교육이며, 동動이란 그가 태
어난 시대적 배경이다. 각覺이란 당사자의 깨달음으로 운명을 넘
어설 수 있는 힘을 말한다.

덕망 있는 명문가의 후손으로 태어난 허균은 강직한 그의 혈통
과 문학에 대한 비범한 감수성, 그리고 불법에서 만난 깨달음으로
혼탁한 시대를 살아냈다. 사람은 환경을 넘어서기가 어렵고 특히

어릴 때의 경험은 평생을 지배한다.

허균의 아버지 허엽은 서경덕의 문인門人으로 학자이자 문장가이며 정치가로 동인의 우두머리였다. 조광조의 신원伸冤을 청하다가 벼슬에서 쫓겨나기도 했으며, 청백리로 기록에 올랐다. 전처소생에게서 두 딸과 아들 성筬을 두었고, 후처에게서 둘째 아들 봉篈과 초희 난설헌과 균筠을 두었다.

허균은 다섯 살 때부터 글을 배우기 시작해 아홉 살에는 시를 지을 줄 알았다. 둘째 형의 친구, 손곡 이달의 문하에서 누이 난설헌과 함께 시를 배웠으며, 그 시절을 일생 중 가장 행복했다고 술회한다. 손곡 이달은 대제학을 지낸 이첨의 서손으로 서얼 금고禁錮라는 신분차별제도에 갇혀 뜻을 펼칠 수 없었다. 좌절한 스승의 영향 아래 허균은 양명학에 심취되고 핍박받는 불우한 서자와 문사들과 어울리며 신분 차별이 없는 이상사회를 꿈꾸었다. 양명학은 학문과 행동의 일치를 중시하고 직업의 귀천을 따지지 않으며 인간의 평등을 지향한다.

왕양명은 내 마음의 본체는 천리天理라는 '심즉리心卽理'를 주창하였다. 즉 그는 인간은 태어나면서부터 자연의 이치와 합일한 '마음'을 가지고 있어서 모든 인간은 성인이고, 모든 인간의 생명은 고귀한 것이라는 인간 평등관을 부르짖었다. 허균의 이러한 개혁의지는 그의 소설『홍길동전』에 잘 나타나 있다.

의적 홍길동은 첩의 자식인 이유로 스승 이달처럼 집에서는 호

부호형을 못하고 사회에서는 벼슬길이 막힌 모순된 현실에 울분을 느낀다. 의적이 된 칠서들은 가렴주구를 일삼는 토호들의 재산을 빼앗아 가난한 백성들에게 나누어준다. 홍길동은 지배층의 부정부패가 없고 신분의 차별이 없는 이상사회 건설을 위해 율도국을 세운다. 실제로 허균이 살던 시대는 임진왜란과 네 차례의 당쟁사화士禍로 사회는 말할 수 없이 어지럽고 민생고는 참담했다. 가뭄에 흉년까지 겹치자 도적떼들이 도처에서 일어났다.

임진왜란 피란길에 오른 허균의 처는 단천에서 첫아들을 낳았으나 출산한 지 사흘 만에 죽고, 아들도 곧 어미의 뒤를 따랐다. 그녀의 나이 22세, 허균은 24세였다. 잇따른 가족들의 죽음. 열두 살 때는 아버지를 여의고, 스무 살 때는 스승 같은 둘째 형을, 스물한 살 때는 애지중지한 누이 난설헌(27세)이 죽었다. 어머니의 장례는 서른세 살에 치렀다. 이른 나이에 겪은 시련, 생사의 덧없음과 통절한 무상無常감이 그를 공문空門으로 기울게 했으리라.

그의 둘째 형 허봉은 대간으로서나 어사로서 기강을 바로잡는 데에 조금도 흔들림이 없었다고 전한다. 성격이 곧고 분명했으며 유성룡, 임제, 이달, 사명대사 등과 교분이 두터웠다. 창원 부사로 있을 때 군정을 소홀히 한다는 이유로 탄핵당하여 종성으로 유배되었다가 3년 만에 겨우 풀려났다. 이후 주어진 벼슬자리를 모두 거절하고 유랑산천을 떠돌다가 백운산에 들어가 불문에 귀의했다.

허균은 형에게 글을 배우려고 백운산으로 찾아갔다. 형과 친분이 두터운 사명당 스님을 만나 불교에 눈뜨기 시작했다. (2년 뒤 봉은 38세 나이로 금강산에서 죽었다.) 허균은 서산대사의 비문을 쓰고 사명대사의 문집에 발문을 남겼으며 그가 쓴 사명당 비명은 지금 해인사에 보관되어 있다.

허균은 관아 별실에 불상을 모시고 아침저녁으로 예불했으며 염불과 참선을 게을리하지 않았다.

1604년 황해도 군수로 있을 때, 불교를 믿는다고 탄핵당하여 자리에서 물러났고 1606년 명나라 축하 사절로 온 주지번을 맞아 해박한 지식으로 그를 감동시킨 공로로 삼척 부사에 임명된 지 석 달 만에 이단의 책을 읽고 또 부처를 받들었다며 쫓겨났다.

『선조실록』에는 사헌부의 탄핵문이 다음과 같이 기록되어 있다.

"삼척 부사 허균은 유가의 아들입니다. 그런데도 그의 아비와 형을 배반하여 불교를 믿고 불경을 읽습니다. 평소에는 중 옷을 입고 부처에게 절했으며 수령이 되어서는 재齋를 올리고 중들을 먹이면서 여러 사람이 보는데도 전혀 부끄러워할 줄을 모릅니다. 명나라 사신이 왔을 때는 제멋대로 선禪과 부처를 좋아하는 말을 늘어놓아 유교의 교화를 현혹시켰습니다. 지극히 해괴합니다. 벼슬자리에서 몰아내어 선비의 풍습을 바로잡으소서."(『선조실록』)

삼척 부사에서 파직된 그는 친구 최천건에게 자신의 심경을 담은 편지를 보냈다.

"제가 세상과 어긋나서 죽거나, 살거나, 얻거나, 잃거나 간에 마음에는 조금도 걸림이 없습니다. 점차로 도교나 불교의 무리에 쫓아가 거기에 의탁해서 스스로 세상을 도망친 지 이미 오래되었습니다. 깊숙이 빠져들어가게 된 것을 깨닫지 못하면서 더욱더 불교의 글을 좋아하게 되었습니다. 그 진리에 통달한 견해를 보니 골짜기가 갈라지고 강물이 터지며 불경의 문자는 경황없이 아득하여 마치 나는 용이 구름을 타고 날아가는 듯해서 꼬리, 지느러미, 발톱 껍질을 가려낼 수 없었습니다. 그것을 읽어보니 묘연하여 정신이 저 하늘 끝에서 노니는 것과 같았습니다. 이 글을 읽지 않았더라면 거의 한평생을 헛되이 보낼 뻔했다고 늘 말했습니다. 거듭 연구하여 그 숨은 뜻을 꿰뚫어보니 심성이 저절로 밝아져서 깨달은 바가 있는 듯했습니다. 그때 제가 배운 장자나 주자의 학설을 취하여 그들 학설 중에서 심성에 관한 것을 비교해보았습니다. 그 같고 다른 견해와 참과 거짓이 서로 경계됨을 분석하고 논증했더니 자못 저절로 얻은 바가 있었습니다. 이에 글을 지어 그 뜻을 밝혔는데 부처를 믿었다고 한 것은 이를 가리킨 듯합니다. 제가 오늘날 미움을 받아서 여러 번 명예를 더럽혔다고 탄핵을 받았으나 한 점의 동요도 없습니다. 어찌 이것으로 제정신을 상하게 하겠습니까."

그의 유일한 문집인『성소부부고』문부 서에 적혀 있다. 허균은 장자와 주자의 학설을 비교하며 심성에 관한 참과 거짓을 분석하고 논증했고, 그 결과 얻은 바를 글로 남겼다. 불교를 믿었다는 탄핵은 바로 이 사유의 흔적을 가리킨다.

허균은 신분제도에 갇힌 서손 스승을 만났고 양명학에 빠졌고, 서얼들과 어울리며 새 세상을 꿈꾸었다. 불교를 배척하고 유교를 숭상하던 시대에 태어났으니 그의 핍박은 예상된 것이었다.

1602년, 서른네 살의 허균은 서산대사에게 네 차례나 서신을 보내 가르침을 청했는데 편지글에는 '남과 나 그리고 만물이 모두 공空이다'라고 쓰여 있다.

1610년, 해안 스님에게 보낸 편지 글에도 같은 글이 적혀 있다.

"나도 또한 불교를 좋아해서 일찍이 그 글들을 읽어보았더니 환하게 마음에 깨우쳐지는 것이 있었고 삼라만상을 비추어보니 모두 공空이었다.(『성소부부고』문부 서) 마땅히 무생법인無生法忍을 얻어서 무여열반에 들어 잠잠히 소림, 황매와 더불어 나고 죽는 큰 환란을 없애 번뇌의 바다 건너는 것을 함께한다면 머리는 깎지 않고 가사를 입지는 않았더라도 해안(전라도의 중. 동갑내기 친구)과 나는 같은 석가모니의 무리이다"라고 쓰고 있다.

달마대사(소림)와 5조 홍인 스님(황매)과 더불어 일체 제법의 무생무멸無生無滅의 이치를 체득하여 무여열반에 든다니 그는 이미 적멸위락寂滅爲樂의 경지에 도달했음을 보여준다. 공관空觀을 체득하신 그러나 무참했던 백월거사의 참수 현장을 떠올려보게 된다.

1618년 8월 26일, 늦더위가 한창인 날. 서쪽 저잣거리의 형장에서 많은 벼슬아치가 지켜보는 가운데 허균은 효수되었다. 그의 머리는 '역적 허균'이라는 팻말을 단 막대 묶음에 매달려 저잣거리에 효시되었다. 그의 나이 50세. 죄목은 인목대비 폐출사건에 연루된 것이었다.

"대비 폐출을 반대하던 유생들이 죄를 몽땅 허균에게 덮어씌우고 기준격의 상소문에 따라 국문할 것을 날마다 요청하였다. 실질적인 가담자 이이첨은 자기에게 쏟아지는 비난을 교묘하게 허균에게 돌린 탓이라"고 외손자 이필진은 『성소부부고』 말미에 적고 있다. 이이첨은 허균과 과거 동기생으로 선조가 죽고 광해군이 즉위하자 막강한 권력을 행사하기 시작했던 것이다.

인도의 제24조 사자sinha 존자께서도 목이 댕강 잘려나갔다. 돈독한 불자였던 임금은 외도들에게 시해를 당할 뻔하자 화가 몹시 나서 사자존자에게 따져 물었다.

"존자는 오온이 공空함을 깨달았는가?/ 예, 깨달았습니다.
생사는 여의었는가?/ 예, 여의었습니다.
이미 생사를 여의었다면 나에게 존자의 머리를 줄 수 있겠는가?/ 몸도 내 것이 아니거늘 어찌 머리를 아끼겠습니까?"

칼은 즉석에서 내리쳐졌다. 땅에 떨어진 존자의 머리. 그때 허균의 심정도 그와 같지 않았을까. 이미 본무생사本無生死, 구경무아를 체득한 성성옹惺惺翁이시니까.

성성하게 깨어 있는 각자覺者로서 죽음 없는 열반不死에 드셨으리라.

막대에 목이 걸린 백월거사白月居士의 모습을 생각한다.

"세상의 불우한 사람은 모두 우리들의 책임"이라고 울부짖으며 가난한 벗들과 밥을 나누고, 세상에 버림받은 사람을 책임지려고 애쓴 백월거사 허균의 동체대비사상과 그 평등심에 경의를 표하며 삼가 긴 묵념을 바친다. (참고문헌, 이이화의『허균의 생각』)

현대불교신문, 2023년 10월

'말해질 수 없는 것'에 관한 철학정신의 회통會通
— 맹난자의 『하늘의 피리 소리』

허만욱/ 남서울대 교수·문학평론가

1. '말해질 수 없는 것' 보여주기

디지털시대의 우선적 가치는 현상적 사태들을 가장 확실하고 정확하게 파악하는 속도이고, 정보화와 지식화의 급속한 보급과 확산은 사회 전반에 걸쳐 전면적이고도 광범위한 변화를 가져왔다. 사회가 공유하고 있던 공통적 가치와 믿음, 문제해결에 필요한 해법 등이 예전과 달라진 것이며, 이는 결과적으로 이전의 사회 구조와 삶의 양식, 그리고 사유 방식의 변화를 추동한다. 그러나 이러한 사회 변화에 부응하는 개인 삶의 양식은 크게 달라지지 않았다. 오히려 물질이 정신을 지배하고 이기주의가 팽배하면서 인간 삶의 가치판단과 신념 체계가 근본적으로 흔들리고 있다. 올바른 가치관과 바람직한 삶의 태도에 관한 질문이 필요해지고, 지금껏 살아온 삶의 방식에 대한 진지한 성찰이 요구되는 것이다. 바로 맹난자의 수필집 『하늘의 피리 소리』는 이러한 질문과 성찰에 관해 삶의 틀을 세우는 철학적 사유의 선취選取다.

맹난자의 이 책은, '삶은 어떻게 달라지는가?'라는 질문으로부터 시작된다. 사회적 경쟁구조가 충돌의 위험을 수반하고 있고, 오늘날 우리가 존재론적 위기에 처해 있는 것이 "다름 아닌 인간의 이기심과 욕망이 불러들인 과보"라고 진단하는 작가는 이런 상황의 타개를 위해선 변화가 필요하며, 그 변화는 삶이 달라지는 데서 출발한다고 간주한다.

"한 시대의 병病은 사람의 '양식 변화'로 치료된다"고 말한 이가 있다. 오스트리아의 철학자 비트겐슈타인이다. 그는 사람의 '사유'가 삶의 양식 변화를 일으킨다며 삶을 변화시켜야 진짜 철학이라고 언급한 바 있다. 생각이 바뀌어야 삶이 달라진다."(「책을 펴내며」에서)

작가의 사상적 기반을 제공해주는 전거典據는 비트겐슈타인의 논설이다. "한 시대의 병病은 사람의 '양식 변화'로 치료된다"는 작가의 인용대로, 그는 삶에서 발견하는 문제의 해결책은 문제 있는 것을 사라지게 만드는 삶의 방식이라고 한다. 즉 삶이 문제가 있다는 사실은 자신의 삶이 삶의 형태에 맞지 않는다는 것을 의미하므로 삶을 바꾸어야 하며, 일단 삶이 그 형태에 맞게 되면 문제가 있는 것은 사라진다는 것이다. 그런데 비트겐슈타인에게 있어 가장 중요한 삶의 문제는 엄밀하게 '말해질 수 없는 것'에 해당한다. 삶의 의미는 가치의 문제와 매우 밀접한 관련성을 가지고 있다. 윤리적인 것이 과학적인 것이 아니듯, 삶의 의미에 관한 문제들 또한 과학적 문제들이 아니다. 다시 말해 지금까지 철학이 난해한 문제를 다루었던 게 아니라 언어 사용의 잘못으로 그 문제들이 난해해졌고, 철학이 매달려도 해명할 수 없는 문제는 어려워서가 아니라 원래 말로 표현할 수 없는 것을 말하려 하기 때문이라는 것이다.

그래서 말로 표현할 수 없는 것은 그저 보여주는 수밖에 없다. "의미와 무의미의 경계를 정하려는 시도는 바로 의미의 경계 너머에 속한 것이기 때문에 말할 수 없는 것에 관해서는 침묵해야"(「왜 침묵해야 하는가」)만 하는 것이다. 즉 언어와 의미의 영역은 과학 언어나 사실언어에 한정되는 것처럼, 가치나 윤리에 관계된 언어는 비사실적이고 비의미적인 것이기 때문에 과학적 방법을 통해서는 대답 될 수 없음을 말한다. 그렇다면 삶을 변화시키고자 하는 의지, 삶의 문제들에 대한 성찰을 숙고하게 하는 『하늘의 피리 소리』는 이러한 성찰의 활동을 구체화하는 작가의 '안구眼句'로써 보다 더 높은the higher 가치 영역에 속하는 삶의 문제, 곧 '말해질 수 없는 것'을 '보여주는' 하나의 시도라고 할 수 있다.

한편 『하늘의 피리 소리』에는 '한 줄로 읽는 고전'이라는 부제가 달려 있다. 고전古典은 동서양을 막론하고 인간과 자연을 탐구하는 가운데 인간 삶의 근원적인 가치 추구와 그 내면에 있는 문제 해결의 실마리를 제공하는 정보의 보고이자, 인간 영위를 충실하게 향상시키고자 하는 지성과 교양이 동반된 인류의 문화적·과학적·정신적 유산이다.

"나는 나면서부터 도를 깨달은 사람이 아니다. 옛것을 좋아하여 이를 재빨리 알아내기에 힘쓴 사람이다我非生而知之者 好古敏以求之者也"라는 공자의 '호고好古'라는 말씀을 나는 숭상한다. 어찌 고古가 없이 금今이 있으랴?(「온고지신」에서)

고전이 고전일 수 있는 이유는 그것이 여전히 우리의 삶과 공동체를 설명할 수 있고 이해시킬 수 있는 보편적 가치와 지혜를 담은 어떤 '상징적 형식Symbolic form'이기 때문이다. 따라서 이것에 대한 파악은 문화에 대한 총체적 접근을 용이하게 하며, 그 보편성은 '지금, 여기'로 수신되면서 현재적 의미를 획득하게 되는데, 이는 작가가 말하는 "고古가 없이 금今이 있"을 수 없는 이유이기도 하다. 나아가 작가는 "호고好古"라는 말을 숭상한다. 호고란 단순히 옛것을 좋아하는 것이 아니라, 공자가 자신의 인격 수양은 물론 저술작업과 당대 제도의 개선에 이르는 모든 것을 옛것에 근거하여 이를 더욱 발전시키고 새로운 지식체계로 정립하고자 했던 학구적學究的 이념을 응집하는 말이다. 『하늘의 피리 소리』에서 작가의 호고 대상은 삼현三玄의 서書를 비롯하여 사서삼경四書三經과 제자백가의 경전, 그리고 동서양의 철학과 문학, 사상 등을 모두 망라한다. 엄청난 독서량과 공부가 뒷받침되지 않으면 이렇듯 다각적 시점에서 정신의 전체상을 사유하기는 결코 쉬운 일이 아니다.

그런데 고전 독해에서 중요한 것은 현재적 맥락의 획득이다. '지금, 여기'에서 재해석되고 새로운 의미와 가치를 부여받지 못한다면, 고전들은 그냥 '옛날' 책일 뿐이다. 일반적으로 현대성 담론은 성찰적, 비판적, 그리고 대안적 논의를 포함한다. 작가는 『하늘의 피리 소리』에서 고전의 내용을 형상화 방식으로 분석하고 추려내어 이미지 중심의 단장斷章 형태 글쓰기로 재구성한다. 고전 텍스트가 지닌 언술 형식의 대항목들이, 단장 형태라는 아포리즘 aphorism적 글쓰기에 의해 200자 원고지 5매 남짓한 분량의 또 다른 텍스트로 재창조되는 것이다. 아포리즘은 우선 짧다. 그래서 빨리, 또 어떤 의미에서는 쉽게 읽히고 이러한 속도감은 성찰의 흐름에 대한 추진력을 증가시킨다. 뿐만 아니라 비밀스러운 모티프들을 드러내는 것은 아포리즘이 유일하다고까지 한 니체의 말대로, 그 압축성과 간결성으로 인한 강렬한 직관성은 '말해질 수 없는 것'을 '보여주는' 유일한 방법이 될 수 있다.

"장난으로 어머니를 등에 업었네. 너무나 가벼워, 세 발자국, 그만 걸음 멈춘다"라고 썼다. 일본인이 가장 사랑하는 시인 이시카와 다쿠보쿠石川啄木(1886~1912)의 하이쿠다. 아들을 세 걸음에서 멈추게 하는 각성.(「여자의 뼈는 검고 가벼우니라」에서)

현재 순간의 지시성과 간결한 형식을 지향하는 작가의 단장 사용법은, 기의signifié를 증발시키거나 사라지게 하여 기표signifiant만 남기는 것이야말로 언어의 충일성을 알리는 기호라고 하며 하이쿠俳句의 미학적 특징에 주목하고자 했던 바르트의 생각과 상통하는 교점이 있다. 요컨대 찰나적이고 감각적인 글쓰기란 진리와 형식의 순간적인 포착과 결합으로서, 사고의 일반화와 고착을 경계하는 데 가장 효율적인 방식으로 여긴다는 점이다. 이는 "각성"과 같이 섬광처럼 이루어지는 정신작용과도 무관하지 않으며, 존재의 본질성을 드러내는 요소들의 포착을 위해 긴장을 늦추지 않는 작가 자신의 자기 검속檢束이다.

2. 동서 정신철학의 해석학적 개안開眼과 회통會通

『하늘의 피리 소리』는 역대 지성들의 방대한 경서經書와 문학 속에서, 작가의 엄선으로 정전화 과정을 거친 총 158개의 아포리즘이 주제에 따라 열 개의 장으로 나뉘어 구성되었다. 그리고 그 각각의 장에는 도道, 주역周易, 자연, 죽음, 문학, 어떻게 살 것인가, 생명/실존/자유, 학문/수기修己, 마음, 불교 등의 세목이 달려 있는데, 문헌적 출발점이자 미학적 의미 규명의 단초가 될 소제목만 보더라도 작가는 크게 인간과 자연에 관한 본원적 인식과 심층적 이해를 지향하고 있음을 짐작하게 하며, 결론적으로 이러한 인식과 이해는 도가의 도, 주역의 음양, 유가의 예, 불교의 법을 아우르는 작가의 자유자재한 통철通徹에 의해 반성과 성찰의 서사를 확장하면서 의식과 정신의 진화라는 주제를 단일한 효과로 수렴하는 데 성공한다.

이 책의 첫 단장「도道를 형통하여 액을 뚫다」는 존재를 둘러싼 세계에 대한 사고의 폭을 확장하고 이러한 완성을 지향하며『하늘의 피리 소리』가 펼쳐나갈 지적 여정의 대장정을 알리는 동시에, 작가가 분명하고도 궁극적인 관심을 가지고 도道의 연원을 찾아들어가는 이유가 밝혀진다.

즉 무無의 본체와 유有의 현상을 같이 보아야 진정한 도를 알게 된다는 것이다. 그리하여 노자의 유有와 무無, 불교의 공空과 색色, 그리고 주역의 음과 양의 이치를 알지 않으면 안 되었다. (「도道를 형통하여 액을 뚫다」에서)

작가는 자신의 개인사적인 쓰라림과 곤비함을 사상적 대응으로 극복하기 위해『채근담』의 마지막 구절 '형오도亨吾道'를 붙잡고 일생을 도道의 천착에 몰두한다. 도는 동양사상의 관점에서 가장 많은 함의를 가진 개념이며, 특히 도가道家사상의 가장 높은 범주다. 노자는 "하늘과 땅은 이름할 수 없는 데서 생겨난 것이다. 만물의 시작에는 오직 도道가 있을 뿐"(「무명無名이 천지의 근원이다」)이니, "도는 하나를 낳고, 하나는 둘을 낳고 둘은 셋을 낳고 셋은 만물을 낳으니 만물은 음陰을 짊어지고 양陽을 안아서 빈 기운冲氣으로 조화를 이룬다"(「도道는 하나를 낳는다」)고 하였고, "도와 덕이 존귀한 이유는 늘 변함이 없어서 저절로 그러할 따름이기 때문"(「도道와 덕德」)이요, "하늘의 도道는 이利하되 해치지 않으며, 성인의 도는 하되 다투지 않는다"(「하늘의 도, 성인의 도」)고 하였다.

이렇듯 도는 우주만물의 생성과 변화의 근거이자 최고원리로 도가의 대표개념이기도 하지만, 여타의 동양사상에서도 도는 인간을 둘러싼 세계의 존재 양상에 대한 총체적 인식의 기초로서 유비적 대응을 통한 자연과 인간의 상호관련성을 확인하는 유효한 개념으로 활용되었다. 그러므로 궁극적 관심이었던 도를 알기 위해서는 "노자의 유有와 무無, 불교의 공空과 색色, 그리고 주역의 음과 양의 이치를 알지 않으면 안 되었"고, 이는 작가로 하여금 다수의 내외 문헌을 통한 사상적 섭렵을 견인하는 동력이 되었을 것이다.

자연自然이란 글자 그대로 '스스로 그러함'의 자연이다. 스스로 그러함이란 무엇인가. 한번 양陽가 되었다가 한번 음陰가 되

는 그 운행의 자체 조직성이 그러하다는 것이다. 음양변화의 작용
에 의해 헤아릴 수 없이 나타나는 이 '음양의 불측不測'을 일러 신神
라고 한다. 때문에 변화의 도를 알면 그 신神이 하시고자 하는 바
를 알게 되며, 삶과 죽음의 이치까지도 알 수 있게 된다고 한 것이
다. (「변화의 주재자가 신神이다」에서)

『주역』의 「계사전」에 전하는 공자의 '지변화지도자知變化之道者
기지신지소위호其知神之所爲乎'를 설명하는 말이다. 「계사전」은 공
자의 소술所述로 공자 역학易學의 진수를 보여주는 한편, '역易'을
수용한 유가儒家의 관점을 알 수 있는 중요한 정보를 제공하고 있
다. "주역 책의 가죽끈이 세 번이나 끊어졌다는 '위편삼절韋編三絶'
의 고사"(「우환의식」)가 유래될 만큼 만년에 공자는 주역에 심취
해 있었으며, 그것을 더 깊이 깨달을 기회가 모자라는 것을 안타
까워했다. 그런데 공자 자신이 괴력난신怪力亂神을 말하지 않았다
고 하였거니와, 그렇다면 여기서 언급되는 신의 의미가 궁금해지
지 않을 수 없다.

이에 작가는 "한번 양陽가 되었다가 한번 음陰가 되는" 것을 도
道라고 명제화한 주역의 음양 관념을 통해 이러한 "음양의 불측不
測"을 깨닫는 자가 곧 공자가 말하는 신이라고 보는 것이다. 주역
은 음양의 변화를 통해서 만물이 생겨나고 변화한다고 하며, 이
변화의 원리를 설명하는 두 가지 큰 개념이 대대對待와 변역變易이

다. 주역 사상의 기저에는 음양과 같이 모든 사물이 서로 대립되는 두 개 힘이 작용한다고 사유하는데, 대대란 이를 규정하는 관념으로서, 이 두 개가 서로 대립 혹은 분리된 '상대'를 가리키는 것이 아니라, 항상 동시적으로 존재하는 하나의 상황을 가리키는 것이다. 바로 음양의 자기 구현인 '일음일양'이야말로 대대 관계에 의해 서로 대립하는 대립물들이 상호 전화轉化하는 변역의 과정을 가장 잘 표현한 말이라고 할 수 있다.

그리고 변역의 관점에서는 세계 자체가 변화이므로, 그 밖의 세계가 따로 존재하지 않는다. 따라서 죽음은 세계 밖의 문제가 아니라, 하나인 전체 세계 내의 문제에 속한다. 작가가 "삶과 죽음의 이치까지도 알 수 있게" 되는 것은 삶과 죽음을 통전적通全的으로 이해하는 일이다.

『아함경』의 말씀이다. 업業과 과보는 있지만 왜 그것을 짓는 자는 없는가?

짓는 자는 실체성이 없는 무아無我이기 때문이다. 그렇다면 무아가 어떻게 윤회하는가? 상속이론에 의하면 우리들이 '존재' 또는 '아我'라고 부르는 것은 간단間斷없이 순간순간 발생하고 소멸하는 요소들의 연속을 가리키는 것에 불과한 것이다. 마치 영화의 영사映寫와 같다. (「윤회는 없지만 새로운 생존은 있다」에서)

작가에게 있어 특히 불교적 생사관은 세계에 대한 인식을 쇄신하고, 인간의 존재 문제를 삶의 가치 염원으로 승화시키고자 하는 의식적 경지가 반영된 중요한 정신적 기질이었다. 불교는 무자성적 연기관을 바탕으로 생사를 동일개념, 곧 생사일여生死一如로 파악한다. 이러한 관점에서 죽음이란 우주적 순리에 부합하는 것이므로 관조적이고 초탈하게 수용될 수 있을 것이다. 더욱이 공空이라는 것은 끊임없이 생멸변화를 거듭하나 생멸변화의 주체, 즉 작자作者는 없는 것이다. 그 "짓는 자는 실체성이 없는 무아無我이기 때문이다". 그래서 "업業과 과보", 즉 생멸은 있으나 짓는 자는 없으며, 실實이 아니면서 생기고 사라지며, 있지 않으면 생겨나고 있으면 사라지지만 생길 때는 오는 곳이 없고 사라질 때는 가는 곳이 없는 것이 이 세계다. 그래서 "우리들이 '존재' 또는 '아我'라고 부르는 것은 간단間斷없이 순간순간 발생하고 소멸하는 요소들의 연속"일 따름이며, 업을 형성하고 그 업에 따라 윤회를 거듭하게 되므로 중생이 끊이지 않고 상속相續되는 것이라고 한다. 따라서 여기 순간만이 절대적 실재로서 '참'이며, 영원은 피안이 아닌, 변화하는 현장의 주체로서 인간 자신에게 있는 것이다. 이러한 까닭에 무엇보다 중요해진 관심은 우리가 본디부터 가지고 있는 본각本覺으로서의 마음이다.

'소리'는 분별을 일삼는 우리의 언설言說일 테고 '바람'은 포착하기 힘든 우리의 '마음'을 상징하는 것 아닐까. 그것(바람)이 울리지 않으면 '구멍'은 본디 무심無心이다. 마음의 작용은 현상이요, 구멍은 희언자연, 본질이다. 마음이 멎으면 세상도 따라서 고요하다. 그러므로 하늘의 피리 소리天籟는 나로부터 연유한 것임을 짐작이나마 해본다.(「하늘의 피리 소리」에서)

「하늘의 피리 소리」는『장자』제2편 「제물론」의 첫 이야기에 대한 것이다. 스승인 남곽자기南郭子綦가 제자 안성자유顏成子游에게 사람의 피리 소리人籟는 들어봤는지, 땅의 피리 소리地籟는 들어봤는지, 하늘의 피리 소리天籟는 들어봤는지를 묻는다. 사람의 피리 소리는 대나무 악기에서, 땅의 피리 소리는 대지가 뿜어내는 숨결인 바람이 일면서 온갖 사물의 구멍에서 나는 소리다. 사람들은 자신이 원하는 대로 깎고 숨을 불어넣어 대나무 피리에서 소리가 나는 것이고, 땅은 제 구멍의 모양에 따라 각기 다른 소리가 나는 것이라 생각한다. 그러나 인간의 감각적 경험에는 한계가 있다. 옳고 그름, 이것과 저것, 있음과 없음을 분별하는 데에 그치는 자에게 하늘의 피리 소리는 귀 기울여도 들리지 않고 닿을 수도 없는 저 멀리의 것이 된다.

하늘의 피리 소리를 듣기 위해서는 나와 너, 내아內我와 외물外物의 구분이 사라진 마음의 경지가 되어야 한다. 이에 따라 작가는 "'바람'은 포착하기 힘든 우리의 '마음'을 상징하는 것"이며 "'구멍'은 본디 무심無心"이므로, 옳음과 이것과 있음 등으로 우리 마음이 경계 지었던 분별의 함몰에서 벗어날 때 비로소 하늘의 피리 소리가 들려올 것이라고 침량斟量한다. 결국 "하늘의 피리 소리天籟는 나로부터 연유"하는 것이다. "모든 것은 마음이 지은 바心造諸如來"(「모든 것은 마음이 지은 바」)이며, "마음은 본래 생겨나지 않았으나 대상을 따라서 있게 된"(「마음은 오직 현상일 뿐이다」) 것일 뿐이다. 존재나 삶의 참됨 혹은 온전함은 마음과 내면에 이미 있다. 하지만 그것은 가려져 있어 마음과 인지 능력의 전의적轉義的 향상을 통해 그 지평에 눈을 뜨고 체득함으로써 품게 될 수 있는 것이다.

‘동귀이수도同歸而殊塗’의 ‘동귀同歸’란 천하의 만물이 모두 진리로 돌아감을 뜻한다. 진리는 정점에서 만난다. 만물이 마침내 돌아가는 곳은 하나이며, 하나로 시작해도 시작한 그 하나가 없고, 하나로 마쳐도 마친 그 하나가 없는 원시반종原始反終인 것이다.(「모든 길은 하나로 통한다」에서)

‘동귀이수도同歸而殊塗’는 『주역』「계사하전」의 "천하가 돌아가는 곳은 같으나 그 길이 다르며, 이르는 것은 하나지만 백 가지 생각이니"라고 이르는 공자의 말에서 언급된다. 이때 "‘동귀同歸’란 천하의 만물이 모두 진리로 돌아감"을 의미한다. 표현은 다르지만 불이不二, 만법귀일萬法歸一, 귀일심원歸一心源, 환귀일심還歸一心, 그리고 태극太極, 원시반종原始反終 등과 동궤의 질료적 자기장을 형성하는 개념이라고 할 수 있다. "만물이 마침내 돌아가는 곳은 하나이며, 하나로 시작해도 시작한 그 하나가 없고, 하나로 마쳐도 마친 그 하나가 없는" 그 '하나'는 본체本體로서 만물의 근본이 된다. 이제 작가는 '하나'에 도달하는 사물 내부의 대립하는 측면이 어떻게 통일되고 어떻게 조화를 이루는지 전면적으로 인식하게 된 것으로 보인다. "진리는 정점에서 만난다"라는 작가의 정의가 그 직접적 증거다.

도법자연道法自然, 인간은 자연을 따른다. '도를 배운다는 생각이 문득 미迷함이 되나니' 나, 이제 그것마저 내려놓는다. (「방한암 스님의 편지」에서)

이 말은 수필집 『하늘의 피리 소리』를 끝맺는 작가의 결사結辭다. 도道를 간절히 궁구窮究하여 부단히 사유의 층위와 변폭을 확장해온 작가의 여정이 마침내 마무리되었다. 그동안 작가의 문학과 학문과 수기修己는 모두 도를 철저히 깨닫는 데 있었다. 「도道를 형통하여 액을 뚫다」를 시작으로 「방한암 스님의 편지」에 이르기까지의 과정이 이를 대변한다. 그런데 이 과정의 맨 마지막에 놓이는 도달점에서 작가는 "도를 배운다는 생각이 문득 미迷함이 되나니"라고 깨닫는다. 곧 도는 배울 수도, 발견할 수도 없는 것을 깨치는 순간이다. 도의 영역 속에서 인간이 필요로 하는 인식은 합리적이고 과학적인 것이 아니라, 직관적이고 총체적인 체득으로서의 인식이다.

작가는 노장철학의 무위자연을 전폭적으로 수용한다. "도법자연道法自然", 즉 도는 자연을 본받는다는 말은 '함爲이 없이無 있는 그대로'를 보려는 것이다. 삶과 죽음, 희망과 절망 등의 문제는 인간이 피해갈 수 없는 일들이지만, 그것도 한순간에 지나지 않는 일일 수 있다. 또한 그것은 그 일을 어떻게 보는가에 따라 달라지는 일이기도 하다. 모든 것은 한순간에 일어나는 일이고, 그것은 또한 영원한 일이기도 하다. 인위人爲가 가해지지 않은, 있는 그대로 사물을 바라보는 눈이야말로 최고의 선인 것이다. 이렇게 작가의 도에 대한 궁구의 과정은 역설적이게도 도를 자신의 삶으로 실체화할 수 있었던 하나의 조건이 된 셈이다. 그래서 "나, 이제 그것마저 내려놓는다"라는 언표는 자연 속에 존재하는 사물의 심원과 감응하면서 회통會通하는 자리에 있는 작가의 아려雅麗한 품격이 된다.

도가, 주역, 유가, 불교를 비롯하여 동서양의 사상을 일이관지一以貫之하여 '하나'에 이르는 종합은 결코 각각 세워져서 격절한 것이 아니다. 그것은 각각을 포함하고 융화한 극점에서 이루어지는 회통이다. 회통이 서로 어긋나는 뜻이나 주장을 해석하여 조화롭게 함을 뜻한다는 사전적 의미에서 볼 때, 작가가 보여주는 회통은 융회관통融會貫通의 의미에 가깝다.

작가는 책에서 회통을 직접적으로 정의하거나 거론한 적이 없다. 왜냐하면 작가에게 있어 회통이라는 말은, 달리 설명을 필요로 하지 않는 선험적이고 선재적인 당위적 언사에 해당하는 것이었을지 모른다. 일반적으로 사상이나 철학을 비교할 때 다름을 주장하기 쉽고 유사성을 발견하기도 어렵지 않으나, 근본이 같다는 것을 깨닫는 것은 어려운 일이다. 이는 매우 정미하고 난해한 작업이기 때문이다. 모든 것은 존재하는 것으로 스스로 존재할 뿐이다. 그리고 작가는 해석학적 개안開眼을 통해 이들의 영역 안에서 자재하게 회통하고 있었다.

3. '생명력 회복'을 위한 인문학적 통찰

작가는 『하늘의 피리 소리』를 펴내는 말에서 그 글제를 '생명력의 회복을 위하여'라고 올렸다. 자연에 대한 관심과 함께 부각된 생명이라는 화두는 자연 생태계와 인간의 관계에 주목하면서 등장했기 때문에, 자연을 파악하고 지배하는 데서 출발한 근대 과학 문명에 대한 비판과 맞물리지 않을 수 없다. 즉 근대기를 거쳐 생태계의 파괴가 결국 인간에게 부메랑이 되어 돌아온다는 것을 실감한 인류는 새로운 세계관을 찾고 있다. 예를 들면 자연과 생명이 과학적 분석의 대상을 넘어선 것임을 말하기 위한 유기체적 생명관이 그것이다.

자연과 인간을 분리하지 않고 하나의 큰 생명체로 파악함으로써 사람은 자연의 주인이 아니라 대자연의 생명 현상 속에 포함되며, 자연의 일부에 불과하다고 보는 것이다. 특히 쇼George Bernard Shaw는 우주의 생명체 속에는 창조를 준비하는 신비한 힘이 있다고 보고 이를 '생명력'이라고 명명했는데, 이는 생의 더 높은 단계로 나아가는 거대한 힘인 동시에, 우주 속에서 창조적 진화를 추진해나가는 힘이다.

이러한 흐름에는, '인간다움'의 여러 속성에 대한 탐구로서의 인문학이 기여할 부분이 많아진다. 그러나 근대 과학에 압도되어 인문정신을 잃어버리고 인간 존재의 의식 내면 탐구로 후퇴한 근대 인문학으로는 오늘날의 과제를 감당할 수 없다. 오히려 근대적 인간중심주의를 극복하는 데는 '사람됨', '인간다움'을 최고의 학문적 가치로 삼았던 전통 인문학의 성과가 더 소중한 자산이 된다. 이 전통에 의하면 인간의 '사람됨'은 세계 구성의 일원으로서 그 '인간다움'을 인간 본연의 사회성으로 온전히 체현하는 것이며, 이러한 인문정신의 구심점은 타자를 대상화하지 않는 공공성公共性에 있다.

괴테의 파우스트 박사나 헤르만 헤세의 『유리알 유희』에서 크네이트 명인이 보여준 이들의 완성된 삶도 남을 위한 이타행의 실천이었다. 인문학이 추구하는 귀결도 역시 같은 지점이라고 생각된다. (「우리는 왜 더 많은 날들이 있기를 바라는가?」에서)

바로 작가가 말하는 "이타행의 실천"이 곧 공공성의 인문정신이라고 할 수 있다. 수많은 보살대중이 한결같이 모든 중생을 구제하겠다는 서원誓願을 세우고 그 서원을 실천하는 이타행利他行은, 광범위한 타인들에게 긍정적인 영향력을 미칠 수 있는 과제의 적극적 수행을 가능하게 한다. 그리고 이러한 자원의 축적은 전체로서의 생태적 삶에 공헌하고, 그래서 우리에게 바람직하다. 자연은 물론, 타인의 삶도 소중히 여기는 삶을 위해 노력하는 것이 곧 생명력을 회복하는 일이고, 자기를 실현하는 실천이라는 점에서 작가는 "인문학이 추구하는 귀결도 역시 같은 지점"으로 합치되어야 할 것으로 생각한다. 인간의 자유와 평등을 실현할 수 있는 '보편적 행복'에 대한 성찰은 인문학의 주된 영역인 것이다. 즉 작가가 상정하는 인문정신의 본령이다.

인문학은 인간의 본성과 조건을 성찰하고 삶의 의미를 해석하는 학문이다. 따라서 인문학은 실존 개념과 깊은 관련을 맺게 되는데, 실존이란 인간만의 고유한 존재방식이다. 이때 모든 인간은 각자 자신의 방식으로 삶을 살아가면서 상황에 대처하게 마련이지만, 그 상황에 대응하는 자신만의 정서적 반응과 심리적 기질 등에는 사람마다 큰 차이가 있다. 다시 말해 개인적 삶에 있어

'철학함'을 얼마나 잘하는가 또는 아닌가에 따라 개인의 삶은 크게 달라진다.

이에 작가 맹난자는 『하늘의 피리 소리』와 같은 철학수필을 통해 '철학함'의 태도를 제시하는 것이다. 철학은 인간의 지금까지의 모든 경험과 사유와 신념, 그리고 상상해낼 수 있는 앞으로의 또 이것들에 대한 총체적이면서도 세밀한 체계화를 도모하는 산물로서, 이러한 철학적 사유에 의해 우리는 사유하는 방법을 배우고, 가장 정돈된 세계와 인간상에 가까워지며, 더 바람직한 삶을 재구성할 수 있는 가능성을 획득하게 된다. 그렇다면 '철학함'은 일종의 '뒤돌아보기'이면서 '내다보기'인 것이다. 인간의 문제는 '지금 여기'의 해결을 넘어 '저기' 차원의 해소를 성취할 때 비로소 궁극의 답에 이르게 될 것이다. '지금 여기'는 흘러가고 있는 순간이고, 과거와 미래를 잇는 접점이다. 그리고 그 접점에 바로 『하늘의 피리 소리』가 있다.

맹난자孟蘭子 연보

1942년 7월 18일 서울 종로구 삼청동에서 맹영호孟英鎬와 김묘연金妙蓮의 2남 3녀 중 차녀로 태어났다.

1948년 서울 재동국민학교 입학했고 6·25 피란 후 수복하여 서울 정덕국민학교를 졸업했다. 어릴 때 학교가 파하면 집에 돌아와 안채와 떨어진 책이 가득한 아버지의 서재에서 혼자 놀았다. 문고판 하이네와 괴테의 시집을 읽으며 서고에 세로로 쓰여진 책 제목의 한자를 짚어나가기도 하고 어둠이 내릴 때까지 정물처럼 그곳에 앉아 있곤 했다.

1954~1960년 숙명여자 중·고등학교를 졸업했다.

1958년 9월 이화여자대학교 주최 전국여고문예콩쿠르 대회에서 희곡 〈산비둘기〉(심사위원 유치진) 입선했으며 본인의 연출로 모교의 무대에 올렸다.

1959년 12월 한국일보에서 황진이의 시조 "동짓달 기나 긴 밤을…" 답시를 구한다는 응모 기사를 보고 남자의 입장에서 반장난으로 써본 것을 우편함에 넣고는 잊어버렸다. 고문을 가르치던 김종윤金鐘潤 선생께서 호출했는데 한국일보에서 맹난자 이름과 노산 이은상 선생의 심사평을 보고 크게 칭찬하셨다. 그 후 대학시절 이태극(시조시인) 선생께서 학교의 시조반 모임에 들라고 하셨는데 어찌어찌하여 거기에도 들지 않고, 이은상 선생의 권유에도 불구하고 시조와의 인연도 빗겨가고 말았다.

1960년 이화여자대학교 국어국문학과에 입학했다. 이 무렵 하라다 야스코의 『만가』, 미우라 아야코의 『빙점』, 가와바타 야스나리의 『설국』, 미시마 유키오의 『금각사』 등 일본 작품이 쏟아져 들어왔다. 나는 바쁘게 읽어야 했고, 그중에서도 다자이 오사무의 『사양』에 심취되고 이시카와 다쿠보쿠의 시에 매료되었다. 다자이 오사무의 『사양』과 『인간실격』을 읽기 위해 일어강습소를 다녔다. 생텍쥐페리의 『인간의 대지』는 리포트를 쓰느라고, 카뮈의 『이방인』은 특별히 좋아했기에 뫼르소를 무슨 동지처럼 생각하며 옆구리에 끼고 다녔다. 외국문학과의 만남이었다. 그리고 대학 1학년 국어 교과서에 실린 「하이데거의 실존주의와 공사상호 思想」에 관한 박종홍 선생의 논문을 읽고 불교서클을 조직했다. 삼선교에 있는 정각사正覺寺에 나가 일요일마다 김동화金東華 선생의 『금강경』 『유마경』 등의 경전 강의와 홍정식 선생께 『법화경』을 공부했다.

1960년 11월 극단 '실험극장'에 입단했다. 아서 밀러 작 〈다리 위에서의 조망〉 조연출(연출 이기하), 이근삼 작 〈거룩한 직업〉 기획(연출 황은진), 1인극 판토마임 연출 등 다수 작품에 참여했다. 정기적 공연 외에도 우리는 작가별로 조組를 짜서 공부를 했다. 나는 허규와 『파랑새』의 작가 메텔링크 조組였다. '실험극장' 단원은 거의 대학생이어서 자기네 학교 연극을 주도해야 했고 그때마다 우리 패들은 신이 나서 남의 학교 연습 때마다 가서 늦게까지 어울리곤 했다. 고려대에서는 여운계, 김성옥, 유용환, 나영세, 유길촌, 손숙 등의 연기로 〈안티고네〉 〈상복이 어울리는 엘렉트라〉 〈우리 읍내〉 〈삼각모자〉 등을, 서울대학팀으로는 허규, 김의

경, 유달훈, 김학천, 이순재, 이낙훈, 김동훈이 있었으며, 〈유리 동물원〉
〈뻐스정류장〉 같은 작품을 공연했다. 우리 '실험극장'의 마지막 공연이
끝나는 날은 이근삼, 여석기 선생의 강평이 있은 다음 모두 대취大醉해
서 통행금지 시간에 발이 묶일 때도 있었다.

1962년 8월 3학년 1학기 말 고사를 치르고, 그해 여름부터 서울시청 부녀
과에서 촉탁근무를 시작했다. 가정 사정으로 휴학계를 제출했다.

1963년 5월 서울지방 4급 공무원 채용고시에 합격했다.

1965년 6월까지 서울시청 산하기관에 근무했다.

1964년 7월 24일 오후, 퇴근해 돌아오니 어머니가 심장마비로 빈집에서
혼자 별세別世하셨다. 어린 동생 셋의 보호자가 되나 힘에 부쳐, 아버지
가 계신 서모집으로 동생들을 들여보내고 외톨이가 되어 혼자 방랑하
다가 통도사 극락암의 경봉 스님을 친견하고 기행문 「극락지일야極樂之
一夜」를 대한불교신문에 게재하였다.

1965년 9월 동국대학교 불교철학과에 편입하나 그것도 끝까지 계속할 수
없었다. '동대 불교문학' 서클에 가입하여 헤르만 헤세의 『싯다르타』를
중심으로 한 「서구 작가와 불교적 경향」이란 어쭙잖은 글을 동대학보
(주간 고익진)에 게재해서 남학생들의 눈길을 받았다. 허열虛熱 같기도
한 문학과 연극에 대한 열정을 잠재우고 일상 속으로 돌아왔다.

1967년 12월 노산 이은상 선생의 주례로 노광식과 결혼. 노신정, 노영민
두 아이의 어미가 되었다.

1969년 2월 포교 불모지이던 시대에 '등불의 역할'이 되었다고 평가되는 월간『신행불교』의 편집 일을 맡아 스스로 약속한 10년 기한을 채웠다. 편집 일을 보는 동안 불교 관련 잡지나 신문 등에서 원고청탁이 들어왔다. 변변찮은 글이 게재될 때마다 이름 뒤에 수필가란 명칭이 나붙어 마음이 불편했기에 수필가가 되는 길밖에 없다고 생각했다.

1972년 시인 김구용金丘庸 선생의『벽암록』강좌를 정각사에 마련, 지금은 원로문인인 그분들에게 불교문학을 알리는 계기가 되었다.

1974년 성자聖者 이차돈 추모선양회에서 현상모집한 추모시에 당선(심사위원은 미당 서정주) 시비는 공군사관학교에 건립되었다.

1977년 봉선사 신도회인 '무문회無門會'를 조직, 총무(회장 정보현행)로 이운허 스님의『능엄경』법회를 세종문화회관 별관에서 개최했으나 운허 스님의 노환으로 월운 스님께서 강의를 마쳤다. 서성운 스님의『반야심경』강의와 김구용 선생의「법성게」강의는 호평을 받았다.

1978년 12월~1984년 8월 정수직업훈련원(현 정수기능대학) 국어교사로 6년 간 재직(직업훈련교사 자격증 취득)했다. 도서실에 근무하며 원생들과 자연스런 상담이 이루어졌다. 교지를 만들고 예술제를 실시하여 정서회복에 기여했다.

1984년 시부모님의 병환으로 사직하고 간병에 매달렸다. 이때부터 죽음에 대한 관심이 부쩍 고조되어,『남산이 북산을 보며 웃네』의 자료들을 모으고, 운명과 세상의 이치에 대해 알고 싶어『주역』과 명리命理 공부를 시작했다. 도계 박재완 선생과 노석 유충엽 선생, 그리고 약연 서정기 선생에게 사사했다.

1990년 '역문관서우회' 회장으로 박재완 선생의 명리실관인『도계실관』과 『이름, 22의 주술』을 펴냈다.

1990년 12월~1994년 7월 서울시립목동청소년회관에서 교육문화과장으로 청소년과 주부들의 교양강좌 운영과 500석의 소극장을 운영했다.

1994년 8월 한국일보 문화센터 수필반에 나가 박연구, 손광성 선생의 강의를 들었다.

1996년 계간『수필공원』봄호에「소지」가 초회 추천되고 여름호에「찻물을 끓이며」로 완료추천되었다. 그해 11월에 첫 수필집『빈 배에 가득한 달빛』을 상재했다.

1997년 1월부터 2002년까지 수효사문화원에서『주역』을, 능인선원에서 『명리』를 강의하며『수필과비평』에 '이야기로 읽는 주역에세이'를 연재했다.

2000년『에세이문학』에서 편집위원, 기획위원을 지냈다. 8월부터 국민일보에 '여의도 에세이'(주 1회)를 두 차례에 걸쳐 1년간 집필하고『책과 인생』에 '고사성어 에세이'를 1년간 연재했다.

2002년 한국수필문학진흥회 사무국장, 송현수필문학회 회장을 지냈다.

2002년 11월부터 2008년 3월까지『에세이문학』발행인으로 한 권의 결호 없이 발간하였다.

2003년 지하철 〈풍경소리〉 편집위원장으로 응모된 글을 선정, 포스터로 제작하여 지하철역에 게시하고 그것을 모아 『풍경소리』 글모음집을 샘터사에서 펴냈다.

2003년 대한불교 조계종 불교여성개발원의 제1차 여성 108인에 선정되었다. 3월 〈달마문예대학〉에서 수필 강의를 맡았다. (시 고형렬, 소설 김성동, 학장 신경림)

2005년 월간 『까마』에 「천지현황天地玄黃」 주역 에세이를 연재했다.

2005년 11월 숙명여고 출신 작가들의 모임인 '숙란문인회'를 결성하였다. 총무(회장 한말숙)로 동인지 『행복하게 사는 법』(박완서 외 21명)을 펴냈다.

2006년 3월 한국수필문학진흥회 제7대 회장에 당선되었다.

2007년 국제펜클럽 한국본부 이사가 되었다.

2007년 11월 『에세이문학』 지령 100호 기념 특대호 발간. 권말부록으로 창간호부터 100호까지의 총 목차, 작가별 작품 목록을 수록했다. 11월 29일 『에세이문학』 창간 25주년 기념식 및 전시회를 가졌다. 제24회 가을세미나는 '한일 양국간의 수필문학에 대한 이해와 전망 그리고 접점을 찾아보는 국제심포지엄'을 기획하고 7년 동안 모은 『에세이문학』 20선 작품을 중심으로 엮은 일어판 『한국현대수필선집』(공덕룡 외 57편 수록)鴻農映二譯을 텍스트로 했다. 주제/ '한일 수필문학의 이해와 전망' 강사/손광성, 성기조, 다니가와 다카시谷川俊, 오사마 히토시大嶋仁(장소

: 보령제약 대강당). 조선일보를 위시해 문화일보 국민일보 연합신문 등에서 『에세이문학』을 '한국 수필계의 맏형' 내지는 '종가집'으로 평가 한 기사가 여러 언론 매체에 보도되었다.

2008년 월간 『묵가』에 「주역산책」을 2년 동안 연재, 『주역에게 길을 묻다』 로 묶어졌다.

2008년 3월 한국수필문학진흥회 회장과 『에세이문학』 발행인을 사임했다.

2009년 5월 불교여성개발원이 주최하는 웰다잉 특강, 『삶을 원하거든 죽 음을 기억하라』와 book 사인회를(한국불교역사문화기념관 지하 공연 장) 가졌다.

2009~2012년 『월간문학』 편집위원을 역임했다.

2010년 5월 모교 총동창회에서 '자랑스런 숙명인상' 수상했다.

2011년 『젊은수필』(문학나무 황충상 주관) 선정위원으로, 당해연도 우수 수필을 선정, 2011 『젊은수필』로부터 2014 『젊은수필』까지 제4집을 발 간했다.

2012년 한국수필문학진흥회 고문, 『에세이스트』 편집고문을 지냈다.

2012년 10월 불교여성개발원에서 공자의 '주역 계사전'을 1년 동안 강의 했다.

2013년 6월 대한출판문화협회가 주최하는 '서울국제도서전'(코엑스)에서 『그들 앞에 서면 내 영혼에 불이 켜진다』로 저자와의 대화 및 book 사인 회를 가졌다.

2013년 『나 이대로 좋다』(연암서가)를 출간했다.

2013년 『문학나무』 자문위원, 『국제펜 한국본부』 자문위원을 맡았다.

2015년 『본래 그 자리』(도서출판 북인)가 출간되어 2016 세종도서 문학나눔에 선정되었다.

2017년 봄 도서출판 북인과 『The 수필, 빛나는 수필가 60』을 기획하여 2018년부터 매년 60편의 수필을 엄선한 무크지를 7년째 이어오고 있다.

2018년 『시간의 강가에서』(도서출판 북인)가 출간되었고 2018년 문학나눔 우수도서에 선정되었다.

2019년 『보다 느끼다 쓰다』(도서출판 북인)가 출간되었다. 도서출판 북인 조현석 대표와 이혜연, 노정숙, 송마나, 엄현옥, 유병숙, 김은중, 정해경, 한복용 등 후배 수필가들이 마련한 '맹난자 수필을 말하다'(부제)라는 비평모음집을 깜짝 선물로 받았다. 생일날(7월 8일) 점심을 하자고 해서 따라간 중식당 '루이'에 출판기념회 겸 헌정식 자리가 준비되어 있었다. 많은 후배 수필가들이 장미꽃 한 송이씩 들고 일렬로 서서 맞아주었고, 먼 길을 찾아준 홍혜랑, 유한근, 신재기, 허만욱, 우웅순, 지혜경 등 평론가들도 참석했다. 내 생애 잊을 수 없는 제일 호사스러운 날이었

다. "쉿! '수필가 대모 몰래'…후학들이 희수기념 비평집 헌정"이란 제목
으로 문화일보(7월 31일자)에 소개되었다.

2019년부터 2년간 문화일보에 '한 줄로 읽는 고전'『하늘의 피리 소리』를
연재했다.

2021년 수필선집『까마귀』(도서출판 북인)가 출간되었다.

2022년『하늘의 피리소리』(도서출판 북인)가 출간되어 2022 세종도서 교
양부문에 선정되었다.

2025년 11월『흰 연꽃의 눈』(도서출판 북인)이 출간되었다.

『에세이문학』발행인, (사)국제펜한국본부 자문위원,『젊은수필』과『The
수필』선정위원장, (사)한국문인협회 상벌제도위원장 역임, 현재 (사)한국
수필문학진흥회 고문이다.

저서

1996년 11월 첫 수필집『빈 배에 가득한 달빛』(우리출판사)

1998년 역사 속으로 떠나는 죽음 기행『남산이 북산을 보며 웃네』(세훈출
판사)

1999년『남산이 북산을 보며 웃네』개정판

2001년『사유의 뜰』(우리출판사)

2002년『삶을 원하거든 죽음을 기억하라』(우리출판사)

2003년 선우명수필선『탱고, 그 관능의 쓸쓸함에 대하여』(선우미디어)

2004년『인생은 아름다워라』(김영사)

2007년『라데팡스의 불빛』(수필과비평사, 법정 스님이 졸저를 구입, 군부
대와 교도소에 보냈다.)

2010년 수필선『만목의 가을』(좋은수필사)

2011년 작가묘지기행『그들 앞에 서면 내 영혼에 불이 켜진다』Ⅰ·Ⅱ(수필
과비평사)

2012년『주역에게 길을 묻다』(연암서가) 2013 문화체육관광부 우수도서
선정

2013년『나 이대로 좋다』(연암서가)

2015년『본래 그 자리』(도서출판 북인) 2016 세종도서 문학나눔 선정

2018년『시간의 강가에서』(도서출판 북인) 2018년 한국문화예술위원회
문학나눔 우수문학 도서 선정

2021년 선집『까마귀』(도서출판 북인)

2022년『하늘의 피리 소리』(도서출판 북인) 세종도서 교양부문 선정

2025년『흰 연꽃의 눈』(도서출판 북인)

편저

1993년 『도계실관』(너른터)

1995년 『이름, 22수의 주술』(중앙일보사)

2003년 『풍경소리』 I · II (샘터사)

2005년 『한국의 명수필 II 』(손광성, 김종완, 맹난자, 을유문화사)

2006년 『세계의 유명작가 명수필』(청조사)

2007년 일어판 『한국현대수필선집』 맹난자편/鴻農映二譯. (동경문예관 발행)은 일본의 『도서圖書신문』 등 여러 언론에 소개되고 마흔 곳이 넘는 도서관과 일본 PEN작가들에게서 감사의 카드와 손편지를 받았다. 한국 수필을 알리는 가교의 역할을 했다.

2018년 『불교로 읽는 고전문학』(신아출판사)

2024년 불교인문학살롱 『붓다의 길을 따라』(연암서가)

희수 헌정 문집

2018년 『모과 한 알』(에세이스트사)

2019년 『보다·느끼다·쓰다』(도서출판 북인)

공저

1999년 중국문학기행집 『서호로 가쟈스라』(생명의나무)

2001년 중국문학기행집 『장강에 배 띄우고』(생명의나무)

2004년 『불교와 나의 삶』(대한불교 조계종출판사)

2008년 일어판 『한국여류수필선』(홍혜랑, 민명자, 맹난자 3인집 鴻農映二 譯 동경문예관)

2010년 『아름다운 마침표』(불교여성개발원 웰다잉 운동본부 10인 공저, 민족사)

2011년 『행복하게 사는 법』(숙란문인회 작가문집, 연암서가)

2013년 『나는 문학으로 출가했다』(불교신문 엮음. 조계종출판사)

2018년 『한국실험수필』 2015년 제1집~4집 발간(문학관)

2019년 철수회 동인지 『인간·철학·수필』 제1~7집 참여

수상

2001년 제19회 현대수필문학상

2008년 제3회 남촌문학상

2009년 제2회 정경문학상

2012년 제17회 신곡문학 대상

2013년 제6회 조경희수필문학 대상

2014년 제12회 현대수필문학 대상

2024년 제15회 김우종문학 대상

2025년 제17회 시대의 에세이스트상 수상

맹난자 수필집
흰 연꽃의 눈

지은이_ 맹난자
펴낸이_ 조현석
펴낸곳_ 북인
디자인_ 푸른영토

1판 1쇄_ 2025년 12월 10일

출판등록번호_ 313 - 2004 - 000111
주소_ 121 - 842 서울 마포구 서교동 460-34, 501호
전화_ 02 - 323 - 7767
팩스_ 02 - 323 - 7845

ISBN 979-11-6512-516-5   03810
ⓒ맹난자, 2025